미래의 부자인 _____ 님을 위해

이 책을 드립니다.

포스트 차이나
아프리카를 공략하라

포스트 차이나
아프리카를 공략하라

초판 1쇄 인쇄 | 2022년 5월 18일
초판 1쇄 발행 | 2022년 5월 25일

지은이 | 이홍균
펴낸이 | 박영욱
펴낸곳 | 북오션

경영지원 | 서정희
편　집 | 고은경·장정희
마케팅 | 최석진
디자인 | 민영선·임진형
SNS마케팅 | 박현빈·박가빈

주　소 | 서울시 마포구 월드컵로 14길 62 북오션빌딩
이메일 | bookocean@naver.com
네이버포스트 | post.naver.com/bookocean
페이스북 | facebook.com/bookocean.book
인스타그램 | instagram.com/bookocean777
전　화 | 편집문의: 02-325-9172　영업문의: 02-322-6709
팩　스 | 02-3143-3964

출판신고번호 | 제 2007-000197호

ISBN 978-89-6799-674-1 (03320)

포스트 차이나
아프리카를 공략하라

이홍균 지음

북오션

　사실 아프리카는 오래전부터 만년 유망주였다. '미래 시장'이라는 타이틀을 늘상 달고 있다. 독립 이후 줄곧 과거 유럽의 식민 통치가 만들어 낸 '암흑의 대륙'에서 벗어나지 못하였다. 아프리카의 키워드는 '풍부한 자원' '기아와 질병' '내전' 등이 꼬리표처럼 달라붙어서 빈곤의 이미지로 각인되어 있다. 결국 20세기 중국과 아시아를 비롯한 개발도상국의 비약적인 경제발전을 바라만 보고 '잃어버린 대륙'으로 세계 경제의 변방에 머물러야 했다.

　지금 아프리카 대륙이 깨어나고 있다. 그동안 잠자고 있었던 '아프리카의 사자'가 본격적인 사냥을 준비하고 있다. 아프리카 경제성장의 열기가 매우 뜨겁다. 경제성장은 천연자원을 바탕으로 정치안정,

경제개혁, 기술혁신의 삼두마차가 이끌고 있다. 과거 산업화로 경제성장을 주도한 '아시아의 호랑이'처럼, '아프리카의 사자'는 중간 단계를 뛰어넘는 도약과 혁신으로 빠르고 역동적으로 성장하고 있다.

아프리카 경제성장의 핵심 연결고리는 다름 아닌 글로벌 공급망의 이동이다. 글로벌 공급망 재편으로 생산기지가 과거 중국과 동남아에서 인도를 거쳐 아프리카로 돌진하고 있다. 경제성장으로 형성된 중산층은 향후 아프리카가 세계의 시장이 될 것이라는 예고편이다. 아프리카의 폭발적인 인구 증가율과 젊은 연령층은 덤이다.

2021년 아프리카 자유무역지대(AfCFTA)가 서명되었다. 세계 최대 규모로 49개국이 참여하고 인구 12억 명, GDP 2조 5천억 달러 규모의 아프리카의 단일 경제권이다. 아프리카 국가 간 역내 경제 통합이 가속화되고 FDI 유치도 더욱 확대될 전망이다.

세계 강국도 역시 아프리카를 주목하고 있다. 중국을 필두로 아프리카를 선점하기 위한 新쟁탈전이 벌어지고 있다. 중국과 곳곳에서 충돌하고 있는 미국은 물론이고 유럽도 식민 통치 시절의 과거사를 시죄하면서 과거의 영광을 되살리려고 노력하고 있다. 일본, 인도도 여기에 가세하고 있다.

세계 경제 10위권의 한국은 아프리카에 대해서는 아직 후발국이다. 늦었지만 아프리카를 통해 한국경제의 새로운 돌파구를 찾을 시

점이다. 최근 한국경제는 요소수와 같은 글로벌 공급망의 취약점을 보이면서 중국에 편중된 글로벌 공급거점을 다변화할 필요가 제기되고 있다. 아프리카의 급변하는 환경에서 차별화를 통해 기회를 찾아야 한다.

아프리카 시장에 진출하고자 한다면 다양한 문제에 직면하게 된다. 아프리카 시장은 우리가 아는 상식과는 다를 수 있다. 글로벌 표준과는 다른 아프리카만의 경제학이 있다. 아프리카는 큰 대륙인 만큼 다양한 국가로 구성되어 있다. 아프리카의 특유한 문화를 이해하는 게 중요하다. 그리고 시장을 세분화한 맞춤형 전략이 필요하다. 아프리카 시장에 성공적으로 진출을 하기 위해서는 현지화와 같은 고전적인 마케팅 개념뿐만 아니라 다른 관점에서 아프리카를 이해하여야 한다.

정보 수요자의 입장에서 출발하여 책을 쓰게 되었다. 아프리카로 부임 준비를 하고 아프리카에서 근무할 때 느낀 점 중의 하나는 아프리카에 대한 자료가 많지 않다는 것이다. 그래서 근무를 마치면 꼭 아프리카의 경험을 정리해서 공유하겠다는 생각을 하게 되었다. 평균 이하의 글솜씨라고 생각하는 평범한 필자에게는 무모한 시도일 수도 있다. 미래 시장을 찾아 더 넓은 세상을 개척하려는 독자들에게 조금이라도 도움이 되었으면 좋겠다.

학술 서적이 아닌 만큼 정보의 출처를 모두 다 밝히지 않았음에 대해서도 독자들의 양해를 구한다. 끝으로 흔쾌히 출판을 맡아 준 북오션 출판사 박영욱 사장님과 관계자에게도 감사드린다.

2022. 5.
저자 이홍균

• 차 례 •

들어가며   4

chapter

1 **아프리카 없이 미래 성장은 없다**

01. 글로벌 공급망이 재편되고 있다   14

02. 젊은 아프리카   20

03. 과거의 편견은 버려라!   24

04. 아프리카는 가난하지 않다   34

05. 왜 가난한가?   44

06. 누가 아프리카를 선점하는가? : 아프리카 新쟁탈전   56

07. 중국은 왜 아프리카를 주목하는가? : 차이나프리카   64

08. 하나로 뭉치는 아프리카 : 최대 지역공동체로 거듭날까?   74

09. 한국은 늦었다. 그러나 지금이 가장 빠를 때다   78

 chapter

 변화에서 기회를 찾아라

01. 산업화와 고용 창출   92

02. 현금이 필요 없다 : 모바일 결제   101

03. 가치를 찾아라 : 떠오르는 관광산업   107

04. 더 이상 블랙 아프리카가 아니다 : 에너지 및 천연가스   112

05. 블랙 다이아몬드가 소비시장의 변화를 주도한다   123

06. 하늘 길이 열린다   129

07. 철도가 물류 혁신을 이끈다   134

08. 동아프리카 관문, 항구가 넓어진다   142

09. 달아오르는 의료기기 시장   148

chapter

3 동아프리카를 주목하라

01. 동아프리카 공동체 : 뭉쳐야 뜬다　156

02. 아랍과 유럽의 쟁탈지 : 동부 아프리카의 과거　163

03. 식민 지배로부터 독립 : 동아프리카 현대사　168

04. 동물의 왕국, 동부 아프리카　178

05. 동아프리카에 인도가 있다　186

06. 그들의 언어 스와힐리어　191

07. 도시로 나온 마사이족　195

08. 동아프리카가 품은 생명의 근원　200

chapter

4 이렇게 해야 성공한다 – 알면 전승, 모르면 전패

01. 코끼리를 먹으려면 작은 조각으로 나눠라   206

02. 아프리카형 상품이 필요하다   220

03. 아프리카 경제학은 다르다 : 최대 바이어는 정부   231

04. 넓게 보고 좁게 승부하라 : 소비재 공략   238

05. 상대의 칼을 활용하라 : 제조업에 주목   245

06. 반드시 관심을 가져야 할 PPP   250

07. 정부 통계는 참고만 하라   256

08. 비효율을 이해하고 지역사회를 배려하라   261

09. 사기에 유의하라   267

10. 건강과 안전이 우선이다   274

마치며   282

chapter 1

아프리카 없이
미래 성장은 없다

글로벌 공급망이 재편되고 있다

　대부분의 선진 국가에서 경제성장의 기반은 제조업이었다. 19세기 영국에서, 21세기 한국, 중국, 베트남의 경제성장이 그것이다. 가난한 국가에서의 제조업은 선진국의 생산성을 따라잡으며 산업화를 유도하고 경제성장을 견인한다. 개도국의 경제개발 이론을 연구한 공로로 노벨경제학상을 수상한 영국의 경제학자, 아서 루이스(Arthur Lewis)는 "경제개발은 노동력이 비생산적인 전통적인 산업에서 현대적인 자본 활동으로 이동할 때 발생한다"라고 주장하면서 제조업의 중요성을 역설하였다. 제조업의 성장은 고용 창출로 이어지고 도시화, 소비수요 증가 등의 선순환 효과를 가져오게 한다. 즉 제조업의 성장은 경제성장의 출발점이다.

　세계 경제의 글로벌화가 심화되면서 글로벌 공급망도 빠른 속도로 재편되고 있다. 상품의 생산처와 소비처가 국제적인 수요 공급과 비교 우위의 원리에 따라 새로운 시장을 찾고 있다. 노동집약적인 생산기지는 한국에서 중국으로, 지금은 동남아로, 보다 매력적이고 비교 우위가 있는 지역을 찾아 계속 움직이고 있다. 과거에 생산기지 역할을 하였던 한국, 중국 이후 베트남과 인도 등으로 저렴한 인건비를 찾아서 서진을 계속하고 있다. 그럼 다음의 생산기지는 어디인가?

세계의 많은 연구소와 석학들은 아프리카를 중국과 동남아시아를 대체할 수 있는 유망한 제조업 생산기지로 예견하고 있다. 여러 원조 기관이나 컨설팅 기관(UKAID, WB, E&Y)에서 에티오피아, 케냐, 탄자니아 등 동아프리카와 나이지리아, 모잠비크, 가나의 제조업 성장을 기대하고 있다. 세계은행(WB)에 따르면 중국 제조업 임금은 10년 사이 3배 이상 인상되었고 제조업의 일자리가 중국에서 동남아와 아프리카로 이동할 것으로 전망하고 있다. 미국 민간 연구소 스트랫포는 향후 중국을 이을 만한 유망 제조업 기지로 16개국(PC 16; Post China 16)을 선정하였는데 탄자니아, 에티오피아, 우간다, 케냐 등 아프리카의 여러 국가가 포함되었다.

글로벌 제조 기업들의 탈중국은 이미 지나간 유행가가 되었다. 중국에 진출한 한국 기업의 탈중국도 시작된 지 오래다. 당시 중국을 떠나 새롭게 안착지역으로 정한 동남아시아도 이제는 블루오션화되고 있다. 글로벌 의류업계는 최근 베트남, 방글라데시 등 동남아 국가에서 생산 비용이 증가하여 새로운 다운 스트림 생산기지를 찾고자 노력하고 있고, 그 대안으로 동아프리카 지역을 주목하고 있다. 여기에 아프리카의 인구 증가, 도시화 진전에 따른 공산품 수요 증가와 같은 내수시장 제조업의 아프리카 진출을 더욱 촉발시키고 있다.

필자는 중국에서 2012년부터 2016년까지 4년간 근무하였다. 근무할 당시에는 한국과 중국의 관계가 매우 활발한 시기였다. 한국의 노동집약적인 산업들은 중국으로 이미 이전하였거나 준비하던 시절이었다. 중국의 지방정부에서는 한국 기업을 유치하기 위해 적극적인 구애를 펼쳤고 한국의 기업을 유치하고자 다양한 인센티브를 제시하였을 뿐만 아니라 한국에도 연락사무소를 만들어 한국의 지자체나 기업과 직접 접촉할 만큼 적극적이었다.

그러나 그것은 오래가지 않았다. 글로벌 밸류체인의 변화에 따라 중국의 산업구조도 바뀌게 되고 중국에서도 환경 친화적이고 기술집약적인 산업에 관심을 갖기 시작했다. 중국에서도 선별적으로 기업을 유치하기 시작하였다. 중국 기업의 기술 향상으로 더 이상 단순한 제조 기술은 중국에 필요 없었기 때문이다.

중국의 인건비도 덩달아 급상승하였다. 인건비 절감을 목적으로 중국에 진출한 제조공장은 더 이상 생산비 절감을 이유로 중국에 살아남을 수 없게 되었다. 중국 시장에 내수 수요를 겨냥하거나 생산비 인상보다 더 큰 부가가치를 창출할 수 있는 기업만이 중국에 살아남을 수 있었다. 결국, 신발과 같은 경공업 공장은 상대적으로 높아진 인건비를 줄이기 위해 베트남과 같은 동남아로 생산기지를 다시 옮겨야 했다.

그 당시 중국의 경험이 동남아에서도 재현되고 있는 듯하다. 동남아와 인도로 옮긴 생산기지도 지금은 한계에 직면하고 있다. 이미 베트남에서는 이전 중국에서 한국 기업이 겪었던 무시하기 풍조를 피부로 느낀다고 한다. 먹고 사는 것이 중요했던, 고용 창출과 산업화를 갈구하는 10년 전의 베트남과 지금의 베트남은 다르기 때문이다.

아프리카 정부에서도 선진국 정부와 마찬가지로 고용 창출이 큰 과제이다. 아프리카에서도 '민심이 천심'이고 국민이 먹고 사는 문제를 해결해 주는 것이 급선무이다. 아프리카의 실업률은 공식통계를 언급하지 않더라도 30~40%에 이른다는 것이 현지 정설이다. 짐바브웨의 무가베 정권도 결국 배고픔을 참지 못한 시민들의 시위로 결국 퇴위를 하게 되었다. 그래서 아프리카 정부에서도 고용 창출을 외치며 그 대책으로 제조업 육성을 부르짖고 있다.

그래서 아프리카 국가들의 최대 화두 중의 하나는 "산업화를 통해 제조업을 육성하고 고용 창출을 늘려 경제발전을 이끌겠다"라는 것이다. 천연자원이나 수입에 지나치게 의존하는 경제 구조를 탈피하고자 한다. 산업화를 위해 아프리카 대부분의 국가에서 제조업 육성 정책을 시행 중이다. 현지 언론에서도 공장 신설을 보도할 때마다 투자금액이나 기술이전 등의 산업 파급효과보다는 고용 창출을 우선해서 대서특필한다.

아프리카 제조업은 정부 육성의 결과로 아시아에 이어 가장 빠른 성장세를 보이고 있다. 국제연합공업개발기구(UNIDO)에 따르면 아프리카 제조업의 부가가치 생산 증가율은 전 세계 평균을 상회하고 있다. 2000년 이후 세계 제조업 부문에서 아프리카는 아시아에 이어 가장 크게 증가하고 있다. 특히 같은 기간 중국의 제조업 생산 증가가 대부분을 차지했던 점을 감안하면 아프리카 제조업 성장세는 주목할 만하다. 이런 기세라면 조만간 아시아와 태평양지역을 추월할 날이 멀지 않았다.

원조기구도 비슷한 입장이다. UN과 같은 국제기구에서도 아프리카 원조의 핵심 목표를 기존의 '단순 원조'에서 지금은 '산업화 지원'

〈대륙별 제조업 부가가치 생산 연평균 증가율〉

구분	제조업 부가가치 연평균 증가율(%)	
	1990~2000년	2000~2016년
세계 전체	2.9	3.1
아프리카	1.4	4.0
아시아태평양	4.6	5.9
유럽	1.0	1.3
중남미	2.9	1.2

자료 : UNIDO Industrial Development Report 2018

으로 변경하고 UN, AU, AfDB에서 다양한 육성 정책을 지원 중에 있다. AfDB에서는 2018년 부산에서 개최한 연차총회 주제를 '아프리카 산업화 촉진'으로 설정하기도 하였다. 원조를 위해 '생선을 지원하는 것'이 아니라 '생선 잡는 방법'을 알려주는 것으로 바꾸는 것이다.

글로벌 기업들의 투자도 잇따르고 있다. 스웨덴의 의류업체 H&M 과 터키의 Ayka, 일본의 SPA 등도 에티오피아에 투자하여 상품을 생산하고 생산설비 확대를 모색하고 있다. 중국에서는 화쟝(华建)그룹이 의류 및 신발 생산을 위해 20억 달러를 투자했으며, 리판(力帆)자동차는 수도 아디스아바바에 자동차 조립공장을 건설했다.

제조기지로써 아프리카의 강점은 무엇보다 풍부한 노동력과 저렴한 인건비다. 에티오피아는 인건비가 중국의 25%, 동남아의 50% 수준이다. 특히 에티오피아의 경우 1억 명에 달하는 인구와 저렴한 인건비로 아프리카 제조업 기지로 부상하고 있다. 에티오피아와 케냐 등 자원 의존도가 낮은 국가들은 제조업 투자를 통한 경제성장 정책에 더 적극적이다. 특히 에티오피아 제조업 분야는 외부 투자로 가시적인 성과를 거두고 있다. 에티오피아에는 이미 중국 기업들이 산업단지를 조성해 의류, 피혁, 신발 등 경공업에서 가전, 휴대폰, 자동차에 이르기까지 투자를 늘려가는 중이다.

아프리카는 중국과 동남아를 대체할 수 있는 유망한 제조업 생산기지이다. 또한 한국경제는 2021년 가을, 요소수 사태와 같은 글로벌 공급망의 취약점을 보이면서 중국에 편중된 글로벌 공급거점을 다변화할 필요가 제기되고 있다. 천연자원이 풍부한 아프리카에 한국 기업과 정부 차원의 진출 전략이 요구되고 관심을 가져야 하는 이유이다. 그러기 위해서는 아프리카의 급변하는 환경에서 차별화를 통해 기회를 찾아야 한다.

젊은 아프리카

과거나 현재나 인구는 국가의 힘을 나타내는 여러 지표 중의 하나이다. 인구는 노동력으로 생산요소이자 동시에 소비자이기 때문이다. 최근 들어 대부분의 국가들은 낮은 출산율로 인해 인구 감소, 고령화 등의 사회 문제가 제기되고 있다. 고령화될수록 국가가 부담해야 할 복지비용도 급증하는 반면, 생산인구는 점차 줄어들고 있기 때문이다.

유엔(UN)은 2020~2100년 사이에 90개국이 인구 감소를 경험할 것으로 전망한다. 인구 상위 30개국 중 19개국의 출산율이 대체율과 같거나 밑돈다. 인구 최대 감소국은 중국으로 3억 7,400만 명, 이어 일본 5,200만 명, 브라질 3,200만 명, 타이 2,400만 명이다. 세계 최저 출산율 국가인 한국도 2,200만 명으로 인구 감소 예상 순위 5위에 올라 있다.

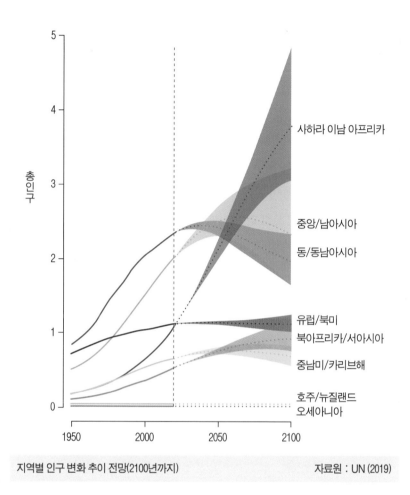

지역별 인구 변화 추이 전망(2100년까지)　　　　　　　자료원 : UN (2019)

　인류의 고향이라 할 아프리카 대륙이 세계 인구의 중심으로 등장하고 있다. UN에 따르면 아프리카 인구는 향후 10년 내 중국, 인도를 추월할 가능성이 높다. 아프리카 인구는 2018년 12억 명에서 2030년 20억 명으로 늘어날 전망이다. 2025년 중국(14억)과 인도(16억)를 추월해 최대 인구권역으로 성장하는 수치다. 2050년에는 25억 명으로 증가해 세계 인구의 25%를 차지하고, 2100년엔 38억 명으로 전 세계 인구의 35%에 육박할 전망이다.

인구 증가의 가장 큰 힘은 역시 높은 출산율이다. 아프리카는 높은 출산율로 베이비 붐이 한창이다. 미국의 여론조사기관인 퓨리서치센터는 2100년엔 전 세계에서 태어나는 아이의 절반이 아프리카 아기일 것으로 예상한다. 세계 최고의 출산율을 자랑하는 국가들은 대부분 아프리카에 몰려 있다. 아프리카 최대 인구국인 나이지리아의 출산율은 5.4명이다. 동아프리카 지역도 마찬가지이다. 여성 1명당 5명 이상의 아이를 낳는 것으로 나타났다.

아프리카 정부에서도 출산을 장려하고 있다. 동부 아프리카 탄자니아의 전 대통령(존 마구풀리)은 경제를 살리려면 여성들이 아이를 더 낳아야 한다고 주장하였다. 그는 "인구수가 많으면 경제를 키울 수 있다" "인구 덕분에 중국 경제가 그렇게 거대한 것이다"라고 말하면서 나이지리아와 인도를 예로 들기도 했다. 또한 마구풀리 대통령은 출산율을 높이기 위해 탄자니아의 가족 계획 공익광고 방송을 금지하기도 했다. 세계은행이 추산한 탄자니아의 여성 1명당 출산율은 2016년 기준 평균 5.02명 정도이다.

아프리카의 인구는 앞으로도 더욱 늘어날 전망이다. 여러 통계에서도 아프리카 미래의 인구는 압도적이다. 25세 미만의 인구는 다른 대륙에 비해 압도적이다. 유엔에서 추산한 2015년 기준 25세 미만 인구 비율은 아프리카 55.5%, 남미 37.8%, 아시아 36.6% 순이다.

중위연령은 전체 인구를 연령순으로 나열했을 때 중앙에 있는 사람의 연령이다. 아프리카 대부분의 나라는 중위연령이 20세가 되지 않는다. 세계은행에 의하면 아프리카 인구의 평균 나이는 2018년 18세에서 2050년 25.4세가 될 전망이라고 한다. 2018년 기준으로 세계

평균은 약 30세, 우리나라의 중위연령은 아쉽게도 42.6세이다.

이만큼 아프리카는 젊다. 출산율이 높고 기대수명이 짧다 보니 사하라 이남 아프리카는 세계에서 가장 젊은 지역이 됐다. 덕분에 생산의 주된 노동력이라 할 25~64세 노동인구 비중은 2019년 35%에서 2050년 43%, 2100년 50%로 이번 세기가 끝날 때까지 계속해서 높아진다. 청·장년층 인구는 향후 30년 동안 2배 이상 증가할 것으로 예상된다. 이 연령대의 노동인구가 2100년까지 계속 늘어나는 지역은 아프리카가 유일하다.

아프리카에서 15~26세의 청·장년층 인구는 '치타세대'로 불린다. 그들은 모바일, SNS를 사용하며 새로운 소비문화를 이끌고 있다. '젊은 아프리카'라고 불릴 정도로 구매력이 왕성한 젊은이들의 천국이다.

사실 출산율 증가에 따른 인구 증가는 국가의 재정을 위협하는 요인이 될 수도 있다. 청소년 교육에는 큰 비용이 들어가고 많은 인구로 인해 빈곤층이 늘어나서 가난에서 벗어나지 못하는 상황이 되는 엄청난 재앙을 가져올 수도 있다. 유엔에서도 아프리카의 높은 출산율로 병원과 학교가 매우 부족한 상황이라고 경고한 바 있다.

그러나 무엇보다도 전 세계 인구가 급속하게 줄고 있고 생산인력이 감소하는 상황에서 아프리카의 인구 증가는 빈곤을 넘어 세계의 시장으로 성장하는 기회가 될 수도 있다. 노동력의 확대라는 관점에서 아프리카 청년 인구 증가는 산업경쟁력을 높일 수 있는 기회요인이다.

과거의 편견은 버려라!

우리의 편견

아프리카는 인류의 기원이다. 인류가 가장 오래전부터 살아온 대륙이다. 또한 광활한 대륙이다. 미국, 중국, 유럽, 아르헨티나, 인도, 일본 영토를 합한 것보다 크다. 그러나 아프리카는 우리에게 '잠재력 있는 기회의 땅'이기보다는 '가난하고 낙후된 대륙'으로만 인식된다. 매스컴에 보도되는 아프리카의 가난과 기근, 내전과 학살, 독재, 가뭄과 같은 부정적 이미지는 우리에게 아프리카를 매우 편협하게 각인시키고 있다.

과연 그럴까? 일부는 맞다. 그동안 아프리카 경제발전의 걸림돌은 노예제도와 수백 년에 걸친 유럽의 식민지 경험이다. 아프리카 국가들은 1960년대 초반을 전후하여 유럽 열강으로부터 오랜 식민 지배를 청산하였지만 끊이지 않는 내전과 정책 실패 등으로 정상적인 경제발전의 궤도에 올라서지 못한 국가가 많았다.

그러나 지금의 아프리카는 더 이상 가난과 분쟁이 끊이지 않는 '위기의 땅'이 아니다. 무한한 성장 가능성을 가진 기회의 시장이자 실제로 광활한 대륙이다. 전 세계에서 경제와 인구성장률이 가장 높은 국가들이 즐비한 대륙이기도 하다.

정치적 안정과 원자재 가격 상승의 호재로 아프리카 국가들은 2000년대에 들어 괄목할 만한 성장세를 계속 유지하여, '암흑의 대륙'에서 기회와 희망이 가득한 대륙으로 인정받기 시작했다. 앞으로 세계시장으로서의 잠재력도 키워나가고 있다. 아직 아프리카 대륙 전체의 평균 경제성장률은 3.4% 정도에 불과하지만, 앞으로의 성장 가능성과 잠재력은 여전히 무시할 수 없다. 여러 가지 면에서 무한한 발전 가능성을 뽐내고 있다.

세계적인 경영 석학인 와튼스쿨의 마우로 기엔 교수는 "2030년 우리는 지금보다 더 큰 변화의 물결을 맞이하고, 지금과는 완전히 다른 세상이 펼쳐질 것이며, 특히 아프리카로 경제의 중심축이 이동할 것이다"라고 단언했다. 주간 경제지 〈이코노미스트(Economist)〉는 세계에서 가장 빨리 성장하는 10개국 중 7개국을 아프리카 국가로 지목했다.

수출은 우리나라의 고도 경제성장 과정에서 경제 버팀목의 역할을 충실히 수행해 왔다. 앞으로도 수출이 우리 경제의 지속 가능한 성장 동력이 되기 위해서는 새로운 시장을 개척하여 수출지역을 다변화할 필요가 있다. 지구상 남은 마지막 미개척 시장인 아프리카에 대한 진출 확대가 필요한 이유이기도 하다.

아프리카의 진짜 모습을 알기엔 이미 늦은 감이 있지만 우리는 지금까지의 편견에서 벗어나 미래에 집중해야 한다. 아프리카의 전략적 가치에 대한 새로운 인식의 전환과 함께 성장 잠재력이 높은 아프리카의 신흥국가에 대한 관심이 필요하다.

아프리카에 대한 착각과 함정 : 7가지 편견

아프리카에 근무하면서 아프리카를 향한 외부의 편견과 내부 현실 사이의 차이를 느낀다. 아프리카에 대한 잘못된 편견에 깜짝 놀랄 때도 많다. 물론 아프리카에 처음으로 근무하는 필자도 부임 이전에는 잘못된 선입관에 사로잡혀 있었다. 이렇듯 한국인에게 매우 익숙한 아프리카에 대한 편견은 실제 사실과 다른 부분이 있다.

우리가 생각하는 아프리카는 TV에서 방송되는 국제 원조 단체의 기금 광고를 떠올린다. 아프리카 대륙 전체가 생각만큼 원시적이지는 않다. 아프리카의 도시를 동물의 왕국에서 볼 수 있을 법한 초원, 동물 등이 가득한 곳으로만 생각해서는 안 된다.

한국의 더운 여름, 특히 더운 도시의 이름과 아프리카를 연결한 '대프리카'는 더위를 대표하는 보통명사가 되었다. 실제 아프리카가 그렇게 더운가? 그렇지는 않다. 남반구에 있는 도시는 한국이 여름철일 때 겨울이다. 일부 높은 곳에 위치한 도시들은 추위를 느낄 정도로 서늘하다 못해 춥기까지 하다. 아프리카 남단의 남아공은 말할 나위도 없다.

필자가 살았던 탄자니아 경제수도 다르에스살람 중심에는 영국 식민지 시절 건설된 오래된 골프장이 있다. 영국 식민지 시절에 총독이 만들었다고 한다. 본국의 벗들은 골프장에 사자와 같은 야생동물이 있는 거 아니냐고 농담을 던진다. 맞다. 실제로 사자까지는 아니지만 원숭이가 있어서 페어웨이를 걸을 때는 원숭이와 마주하기도 하고, 본의 아니게 갤러리로서 원숭이의 박수를 받을 때도 있다. 미국 골프장에서 다람쥐를 쉽게 볼 수 있는 것처럼 말이다.

이곳 사람들은 우리 기준으로 볼 때, 부족한 게 많아서 매우 불편하게 생활하는 듯 보이지만 그들은 후진적인 것이 원시적이라고 생각하지는 않는다. 국가와 아프리카 대륙에 자부심을 갖고 있는 사람들도 많다. 아직 외부의 도움에 익숙하게 살아가고 있지만 전 세계에서 가장 빠르게 성장하고 있는 도시들이 점점 증가하고 있다. 인구도 매우 젊다. 일반적으로 생각하는 아프리카에 대한 편견(오해)과 실제는 다음과 같다.

① 아프리카는 가난하다

아프리카 국가는 가난하고, 저성장 지역으로 아직까지 성장은 더디다. 도시화율도 매우 낮고 원주민들이 많다. 우리는 아프리카 국가들의 낮은 1인당 국내총생산에 주목하며 아프리카는 가난한 대륙이라고 쉽게 생각한다.

그러나 모두가 다 가난하지 않다. 시장조사업체 베인 앤 컴퍼니(Bain & Company)에 따르면 아프리카 지역은 1%의 최상위 계층이 발달한 시장으로 2014년 기준 12만 명의 백만장자가 있는 것으로 나타났다. 국가의 전체적인 부를 가늠할 수 있는 국내총생산(GDP)을 따져보면 이야기가 달라진다. 나이지리아 GDP는 5,380억 달러로 세계 21위, 남아공 GDP는 2,662억 달러로 세계 38위이다. 2017년 세계은행이 발표한 명목 국내총생산 순위에서 나이지리아는 세계 23위로 홀

쩍 뛰어오른다. 나이지리아 국내총생산은 4,810억 달러로 이는 4,747억 달러의 폴란드, 3,883억 달러의 노르웨이와 같은 유럽의 중견 국가를 넘어서고 있다.

그리고 모든 지역이 개발되지 않은 사막이나 황무지는 아니다. 방송매체에서 접하는 비포장도로와 먼지, 무질서하게 세워진 양철 지붕 집들을 떠올린다면 오산이다. 최근 고성장국 10개국 안에 아프리카 7개국이 포함되어 있다. 높은 건물, 은행, 프랜차이즈 매장을 어렵지 않게 발견할 수 있다. 아프리카의 대도시는 개발도상국가의 도시처럼 고층빌딩과 고가도로, 분주하게 걸어 다니는 사람들, 상점 등으로 매우 활발하다. 주요 도시 어디에서나 글로벌 외식 프랜차이즈 브랜드들을 이용할 수 있다.

② 아프리카는 덥다

대부분 아프리카는 무더운 곳이라고 생각하는데, 일부분만 맞다. 아프리카라고 해서 모든 지역이 더운 건 아니다. 눈이 내리고 영하의 온도가 되는 곳이 많지 않은 건 사실이다. 동부와 남부 아프리카 기후는 매우 온난하고 쾌적하다. 우리나라의 여름보다 가을에 가까운 날씨를 보이는 곳도 매우 많다.

적도가 아프리카 중단을 관통하고 있다. 적도가 관통하는 아프리카 동부 우간다의 대부분은 고산지대라 그렇게 덥지는 않다. 일 년 내내 기온이 21~24도 사이에서 왔다 갔다 한다. 이 정도면 우리나라 봄, 가을 날씨다. 아프리카 남단 남아공과 동부 케냐의 5월과 10월은 17도에 이른다. 에티오피아의 연평균 기온은 16도이다. 냉건기(10월부터 이듬해 1월)의 추운 날 새벽엔 0도 가까이 기온이 떨어지기도 한다. 한여름 날씨를 생각하고 반바지만 입었다간 낭패를 본다.

현지인과 한인들은 전기장판을 애용할 정도이다. 연평균 기온이 15~18도인 남아프리카공화국도 겨울엔 춥다. 주남아프리카공화국 대사관은 방문 전 "겨울 취침 시 전기담요와 전기장판이 필요하다"라고 안내하고 있다. 아프리카에도 겨울이 있다. 기온이 가장 높은 시기에도 긴팔 셔츠에 코트를 갖춰 입는 사람이 많다. 현지인들은 날씨가 좀 쌀쌀하다 싶으면 오리털 잠바에 털모자와 목도리까지 두른다.

③ 아프리카는 위험하고 치안이 불안하다

아프리카도 한국처럼 행정이 법과 절차에 따라 진행되고, 그만큼 능력 위주의 사회가 되어가고 있다. 이러한 투명성은 아프리카에 투자와 원조를 하려는 이들에게 신뢰를 준다. 모든 아프리카가 불안하고 부패한 것은 아니다.

국제기구에서 발표한 통계에는 한국보다 더 좋은 평가를 받는 아프리카 국가도 제법 많다. 2020년 세계평화지수(GPI; Global Peace Index)에 따르면 한국의 평화지수는 1,829로 48위를 기록했지만, 세네갈 1,824(47위), 시에라리온 1,820(46위), 잠비아 1,794(44위), 가나 1,776(43위), 보츠와나 1,693(33위), 모리셔스 1,544(23위)로 아프리카 6개국이 한국보다 평화지수가 높은 곳으로 나타났다.

프레이저에서 발표한 2021 세계경제자유지수(EFW index)도 보츠와나가 한국(47위)을 제치고 45위를 기록하였으며, 뒤이어 우간다(58위), 르완다(64위)의 순이었다. 또한 국제투명성기구가 발표한 2020 국가청렴도지수 평가 결과 한국은 33위를 기록하였고 이를 이어 보츠와나(35위), 르완다(49위)가 그 뒤를 차지하고 있다.

④ 아프리카 물가는 매우 싸다

아프리카에선 바나나가 10원이라는 둥, 물가가 말도 안 되게 싸다고 주장하는 이들이 가끔 있다. 사실 필자도 그렇게 생각하였다. 아프리카 부임 준비를 하면서 아프리카로 같이 가야 하는 가족에게 위안 삼아 "아프리카에 가면 라면에 랍스터를 넣어 끓여 주겠다"라고 호언장담했지만 실상은 그리 녹록지 않았다. 밀가루와 같이 현지인들의 주식과 관련된 물가는 매우 저렴한 편이다.

그렇지만 외국인의 물가는 그렇지 않다. 현지에서 생산되는 농산품은 저장, 유통시설이 좋지 않아서 저렴한 가격으로 현지에서 유통되지 않는다. 호텔은 중간급이 많지 않다. 특급 호텔은 최선진국 정도는 아니지만 부담되는 가격이며, 출장자가 머무를 100달러 내외의 적정한 비즈니스 호텔을 찾는 건 쉽지 않다.

공산품의 가격도 마찬가지다. 현지 제조업이 발달되지 않아 전량 수입에 의존하는 경우가 많다. 현지품은 없거나 있더라도 너무 조악하여 사용이 곤란하기 때문이다. 그런 비용을 감안하면 아프리카의 물가를 싸다고만 할 수는 없는 노릇이다. 주요 관광지는 입장료 등이 만만치 않다. 사회주의를 경험한 탓에 현지 거주자와 외국 관광객이 지불하는 비용이 다르게 책정된 경우도 많다. 대부분의 관광객이 유럽인들이기 때문에 그들의 소득을 감안한 가격이 물가에 이미 반영되어 있다.

⑤ 아프리카는 더럽다

탄자니아에 거주하면서 놀란 점이 하나 있다. 도시가 비교적 깨끗하다는 것이다. 이전 근무지였던 파키스탄과 비교가 안 될 정도로 깔

끔하고, 미국이나 중국에 비교해서도 전혀 손색이 없을 정도였다. 물론 다운타운과 외국인 거주지역에 국한될지도 모른다.

아프리카에는 모기와 벌레가 득실거린다는 이미지는 반은 맞고 반은 틀리다. 예상보다 그렇게 더럽거나 벌레가 많진 않다. 탄자니아의 경우에는 2019년 7월부터 환경보호를 이유로 비닐봉투 사용을 금지하기도 하였다. 지금 탄자니아의 모든 슈퍼마켓에서 비닐봉지는 사라졌다. 부직포로 된 봉투를 유료로 구입해야 한다. 그만큼 아프리카 정부에서도 정갈한 환경을 위해 노력을 하고 있다.

⑥ 인터넷이나 모바일 결제가 낙후되어 있다

IT 강국이라고 자부하는 한국도 모바일 뱅킹이 활발하게 사용된 것은 불과 수년 전으로 기억된다. 컴퓨터를 통한 온라인 뱅킹에 비해서 모바일은 한참 늦었다. 물론 이것도 IT에 익숙한 세대에 국한된 얘기다. 그런데 동부 아프리카의 케냐와 탄자니아에서는 꼬부랑 할머니도 휴대전화를 이용하여 익숙하게 돈을 주고받는다. 핸드폰으로 문자 메시지 보내는 법을 모르는 사람은 있어도 엠페사 등으로 모바일 뱅킹을 사용하지 못하는 현지인은 없다고 한다. 푸른 초원을 배경으로 사바나 초원 흙집에 사는 마사이족 사람들도 모바일 뱅킹을 즐겨 사용할 정도이다. 우리가 상상하지 못했던 새로운 아프리카의 모습이다.

아프리카는 은행 지점과 ATM이 많지 않기 때문에 금융 거래가 쉽지 않다. 그런 불편함을 해소하는 대안이 모바일 결제 시스템이었다. 또한 많은 현금 소지를 선호하지 않는 아프리카인의 특성도 반영되었다고 할 수 있다.

⑦ 아프리카는 한국과 너무 멀다

인천공항에서 미국 대륙의 서쪽 관문인 로스엔젤레스까지는 비행 시간으로 11시간 40분, 아프리카 대륙의 동쪽 관문인 에티오피아의 아디스아바바 공항까지는 12시간 40분, 딱 1시간 차이다. 우리가 생각하는 것보다 한국과 아프리카는 멀지 않다. 심리적으로 우리 한국 기업이 느끼는 아프리카와의 거리는 실제 거리보다 훨씬 더 멀다. 마치 한국과 아프리카의 거리를 한국과 지구의 정반대 쪽에 위치한 중남미를 가는 것과 같이 느끼는 사람들이 많다. 심리적으로 아프리카가 멀게 느껴질 뿐, 그렇게 먼 곳은 아니다.

⑧ 아프리카에는 고대 문화가 없다

아프리카에 도착한 유럽인들은 역사가 없는 암흑의 땅을 발견한 것으로 생각하였다고 한다. 그래서 유럽인들이 작명한 이름으로 나라를 불렀다. 가령 가나는 1957년까지 황금 해안, 말리는 1960년까지 세네갈로 불렸고, 프랑스 연방의 일부였다. 또한 짐바브웨는 1980년까지 로디지아라는 다른 이름으로 불렸다. 20세기에 이르러 독립해서야 비로소 가나, 말리, 짐바브웨 등으로 자기 이름을 찾을 수 있었다.

아프리카가 암흑의 땅이라는 유럽인들의 생각은 사실과 다를 가능성이 높다. 과거 아프리카 문명들은 독자적으로 지속적인 발전을 거듭하였으나 15세기에 이르러 유럽인들에 의해 중단되었다는 주장이 있다.

짐바브웨 왕국은 모잠비크, 동부 아프리카 해안까지 뻗어 나가면서 스와힐리 문화를 발전시켰다고 알려져 있다. '짐바브웨'는 반투족의 일부인 쇼나족의 언어로 '왕의 궁정'이라는 뜻이다. 짐바브웨의 쇼나족은 황금과 구리를 수출하고 동부 항구도시를 통해 중국의 목화와 도자기를 수입하였다. 1100년경 쇼나족의 건축가들은 거대한 돌담으로 궁성을 짓기 시작했고, 이는 고대 이집트 피라미드 건축과 비교될 만큼 발전된 건축 기술이었다. 가장 큰 궁성은 쇼나족의 예배 장소로 사용되었다. 그들은 독립적인 여러 개의 무역도시를 만들었다. 바로 탄자니아의 킬와나 몸바사 같은 해안가의 도시들이다. 그러나 짐바브웨의 마지막 왕 마토페의 사망 후 1480년 두 왕국으로 갈라져 쇠락하였다.

이 외에도 서아프리카에는 베닝의 다호메이 왕국, 가나의 야산티 제국, 나이지리아의 자자우 에미르국 같은 문명이 존재했으며, 남아프리카에는 마다가스카르의 메리나 왕국, 지금의 남아공에는 줄루족이 왕국에 준할 정도의 강력한 세력이었다고 한다.

아프리카는 가난하지 않다

도약 경제와 혁신, 개선되는 경영환경

아프리카에서는 선진국에서 말하는 도약과 혁신이 대세다. 아프리카의 불확실성에도 불구하고 많은 국가가 중간 단계를 뛰어넘어 기술을 이용한 '건너뛰기식' 도약으로 선진국과의 격차를 좁히고 있다는 점에 주목해야 한다.

대부분의 아프리카 국가들은 선진국이나 아시아 국가와 달리 산업화 단계를 거치지 않고 현재에 이르렀다. 그래서 산업발전의 중간 단계를 거치지 않고 단계를 뛰어넘는 도약(leaping)을 시도한다. 즉 기존의 산업화 단계를 뛰어넘는 도약으로 산업화를 이끌고 있다. 도약 경제를 통해 부족한 아프리카의 인프라를 극복하고자 하는 것이다. 반면 인프라가 부족한 아프리카는 그 덕분에 인프라가 잘된 선진국에 비해 기존 단계를 뛰어넘을 수 있는 도약을 위한 여건이 상대적으로 나은 편이다.

통신의 경우 2G에서 바로 4G 혹은 5G로 넘어간다. 유선 전화기를 뛰어넘어 모바일 시대로 바로 진입한다. 케냐는 10년 전 모바일 결제를 선도하는 국가 중 한 곳이 되었다. 현재 케냐 전체 인구의 4분의 3이 모바일 결제를 사용한다. 나이로비는 미국의 실리콘밸리를 빗대어 '실리콘 사바나'로 불리는 도시가 되었다.

새로운 기술에 대한 적극적인 수용과 기존 단계를 뛰어넘는 도약은 아프리카 경제의 '혁신'을 유도하고 있다. 드론 배송서비스가 세계 최초로 상용화되었다. 교통 인프라 부족으로 의약품 배송이 어려움을 겪자 르완다 정부와 미국 스타트업이 손을 잡은 것이다. 혈액 수송용 드론은 2018년 〈타임〉지가 선정한 최고의 발명품에 오르기도 했다.

ICT 부문은 최근 성장세가 높고 아프리카에서 가장 각광을 받고 있는 분야이다. 4차 산업혁명 기술 분야에서 정책적인 지원, 예산, 투자를 늘려가며 어떻게 하면 2, 3차를 뛰어넘어 4차 산업으로 도약할 수 있는지에 대한 혁신적인 방법들이 모색되고 있다.

ICT 관련 혁신 기술은 아프리카의 주된 산업인 농업 분야에서 두드러지게 나타난다. 나이지리아에 본사를 둔 Zenvus는 데이터를 기반으로 농작물 상태에 대한 정보를 제공함으로써 농가에서 토양 데이터를 수집하여 관개, 비료 등을 추적할 수 있도록 지원해 주는 지능형 솔루션을 제공하는 프로그램이 상용화 중이다. 잠비아에서는 AI 기술로 작물 관련 질병과 지역 날씨를 제공하는 앱을 개발하여 과실의 상태를 AI가 인식해 질병을 파악하고 날씨에 대한 정보를 제공하기도 한다. 우간다의 커피 생산 기업은 커피 유통 시스템에 블록체인을 도입하여

QR코드를 스캔하면 커피 원두의 생산부터 운송까지의 모든 기록을 확인할 수 있게 하여 소비자들에게 투명한 데이터를 제공하고 있다.

글로벌 시장에서는 이미 이것을 간파하고 벤처 캐피털사의 아프리카에 대한 관심도 높아지고 있다. 이를 반영하듯 2014년부터 대 아프리카 해외 직접 투자 금액은 416억 달러로 해외 원조액 406억 달러를 추월하고 있다.

아프리카 국가의 비즈니스 환경 또한 전반적으로 개선되고 있다. 세계은행에 따르면 아프리카 54개 국가 중 45개 국가의 비즈니스 환경이 개선되고 있다고 한다. 정치적 안정성을 바탕으로 아프리카 주요 국가들은 거시경제 정책(물가안정, GDP 성장)의 개선을 통해 글로벌 경제에 본격적으로 편입하고 있다.

감정가는 높다, 잠재력을 인정하라

전문가가 매긴 감정가격이라는 것이 있다. 현재의 상태뿐만 아니라 미래의 희소성과 잠재력을 감안한 가격이다. 반면 경매가격은 실제 소비자들이 책정한 가격이다. 감정가격과 실제 경매가격, 즉 판매가는 가끔 일치하지 않는 경우가 있다. 아프리카의 경우가 그렇다. 전문가가 보는 감정가보다 판매가격, 즉 경매가가 거기에 미치지 못한다. 아프리카의 가치를 제대로 알고 가격을 책정하기보다 아프리카에 대한 편견에 사로잡혀 현상의 가격만을 책정하기 때문이다. 즉 아프리카의 잠재력에 대한 가치를 인정하는가의 차이다.

아프리카의 잠재력에 대해서는 이견이 없다. 아프리카의 잠재력이 강조되는 이유는 실제 비즈니스에서 아프리카의 현실에 집중하는 것을 경계하고자 함이다. 현실도 중요하지만 가급적 가까운 미래를 예측하고 잠재력을 감안하여 미래에 투자하여야 한다. 지금의 가난한 아프리카를 염두에 둔다면 비즈니스의 반은 벌써 실패한 셈이다.

아프리카의 풍부한 자원은 진부한 주제이다. 그러나 아프리카 주도권 다툼의 이유는 무엇보다 아프리카가 자원의 보고이기 때문이다. 아프리카의 자원을 확보한다는 측면에서 전략적 중요성이 커지고 있다. 특히 최근 들어 한국에서 요소수와 같이 불거지고 있는 공급망 다변화 해결책 중의 하나가 아프리카이다.

아프리카는 앞으로 중국이나 동남아를 대체할 생산기지이자 거대한 소비시장으로 부상될 가능성이 매우 높다. 내전과 분쟁으로 희망이 없다는 인식이 있는 아프리카 대륙이지만 실제로는 세계에서 가장 빠른 경제성장을 기록하고 있다. CNN의 2018년 보도에 따르면 세계에서 가장 성장률이 빠른 나라는 에티오피아(10%, 10년간 연평균), 르완다(7.2%, 2018년 예상치), 세네갈(7.0%, 2017년), 탄자니아(6.8%, 2018년), 가나(6.4%, 2017년)로 이들은 세계에서 가장 빠른 성장률을 기록한 5개국이다. 2018년에도 에티오피아는 8.2%의 성장률로 가나(8.3%)에 이어 세계에서 가장 빠른 성장을 이룩한 국가로 기록되었다. 아프리카 전체적으로 보면 코트디부아르, 지부티, 세네갈, 탄자니아 등의 나라가 7% 내외의 높은 성장률을 기록했다. 높은 경제성장률은 구매력 있는 중산층을 형성하고 도시화를 촉진시킨다.

이와 아울러 사하라 이남의 아프리카 소비재 시장도 연평균 10% 이상의 성장률을 기록하고 있다.

아프리카 국가들은 자국의 산업을 다각화하기 위한 노력도 진행 중이다. 아프리카의 자원은 풍부하지만 아직까지 연관된 제조업의 발달은 더딘 편이다. 아프리카의 성장을 이끌었던 동력은 주로 천연자원이었다. 그러나 최근 아프리카 정부에서도 천연자원의 부가가치를 높이기 위해 제조업을 육성, 고용 창출과 산업화를 강조하고 있다. 원조기관에서도 과거의 '단순 원조'에서 벗어나서 산업화를 지원하는 '기술 원조'를 천명하고 나섰다. 아프리카 산업이 기존의 1차 산업 위주에서 제조업, 서비스, IT 기술 개발, 농업 현대화 등으로 다각화되면서 아프리카의 제조업도 서서히 움직이고 있다.

무역 규모가 성장함에 따라 과거 유럽, 미국, 중국 중심 일변도의 교역 구조도 다양화되고 있다. 30년 전 1%에 불과하던 브라질, 인도, 중동 국가들과의 무역이 지금은 20% 이상으로 확대되었고, 일본, 인도, 사우디아라비아 등으로 교역국의 범위를 넓혀가고 있다.

2021년 아프리카 대륙 자유무역지대, AfCFTA(African Continental FTA)가 발효되었다. 이것은 세계 최대 규모로 49개국이 참여하고 인구 12억 명, GDP 2조 5천억 달러 규모의 단일 경제권이다. 아프리카 국가 간 역내 경제 통합이 가속화되고 FDI 유치도 더욱 확대될 전망이다.

한국 기업과 정부 차원에서의 아프리카 진출 전략이 요구되는 이유이다. 그러기 위해서는 성장 잠재력이 높은 아프리카 신흥 국가와의 협력 인프라 구축이 중요하다.

자원 부국 아프리카, 축복인가 저주인가?

'아프리카' 하면 제일 먼저 떠오르는 것 중의 하나가 천연자원이다. 아프리카의 천연자원은 그만큼 압도적이다. 아프리카 사람들은 비록 가난하지만, 아프리카가 가난하지 않은 첫 번째 이유이다.

아프리카 대륙은 땅만 큰 것이 아니라 오래되었다. 아프리카 땅의

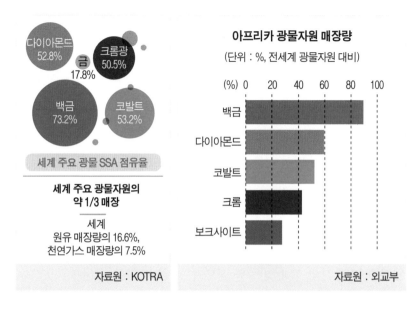

다이아몬드
52.8%

금
17.8%

크롬광
50.5%

백금
73.2%

코발트
53.2%

세계 주요 광물 SSA 점유율

세계 주요 광물자원의
약 1/3 매장

세계
원유 매장량의 16.6%,
천연가스 매장량의 7.5%

자료원 : KOTRA

아프리카 광물자원 매장량

(단위 : %, 전세계 광물자원 대비)

	(%) 0	20	40	60	80	100
백금						
다이아몬드						
코발트						
크롬						
보크사이트						

자료원 : 외교부

97%는 3억 년 이상 되었다고 한다. 그래서 세월만큼이나 단단해진 지질 구조는 화산 활동, 지진, 해일 등도 많지 않은 것으로 알려져 있다. 더욱이 막대한 양의 광물자원이 매장되어 있다.

아프리카에는 원유를 비롯해 천연가스, 망간, 백금, 다이아몬드 등 다양한 광물이 묻혀 있다. 석유는 세계 매장량의 10%, 천연가스는 8%를 차지하고 있으며, 백금, 우라늄 등 세계 주요 광물자원의 약 30% 이상을 보유하고 있는 것으로 알려져 있다. 이 밖에도 크롬 46%, 다이아몬드와 백금 48%, 금 29%가 아프리카에서 생산된다. 뿐만 아니라 천연가스도 풍부하다. 모잠비크 근해에서 잇따라 가스전이 개발되고 있다. 여러 가지 자원 역시 탐사의 손길이 닿지 않는 곳이 많아서 개발 잠재력이 크다.

아프리카가 보유한 여러 자원은 제조 기업에 생산 단가를 낮출 수 있는 유리한 기회를 제공한다. 그렇지만 자원은 양날의 검이다. '기회'이자 '위협'인 셈이다. 풍부한 자원을 효율적으로 잘 활용한다면 경제성장에 매우 유리하다. '자원의 축복(resource blessing)'이다. 반대로 국가가 자원과 축적된 부를 효율적으로 분배하지 못하고 관련 산업과 기술 발전으로 연계하지 못한다면 자원의 부가가치는 매우 한정적일 수밖에 없다.

결국 천연자원을 바탕으로 경제성장을 이끌 수는 있지만 관련된 연관 산업이 동반 성장하지 못한다면 산업 경쟁력이 떨어지고 경제성장은 명확한 한계에 봉착한다. 즉 자원이 풍부할수록 경제성장이 둔해지고 국민의 삶의 질과 민주화 정도가 낮아지게 되는 역설이 있을 수 있다. '자원의 저주'이다.

세계에서 가장 크고 오래된 대륙, 경이로운 자연환경

아프리카는 우리가 생각하는 것보다 훨씬 넓다. 아프리카는 세계에서 가장 큰 대륙이다. 미국, 중국, 인도는 물론 일본, 스페인, 프랑스, 독일, 이탈리아, 영국 및 동유럽을 다 합한 것만큼 넓다. 대륙으로 따지면 아프리카 대륙의 면적은 3,020만km²로 아시아 대륙(4,500만km²)을 제외하고 알래스카와 하와이를 포함한 미국 전체 면적의 약 3배 혹은 유럽의 약 3배에 달하는 면적이다.

아프리카의 남쪽 끝인 희망봉에서 북부 카이로까지는 8,000km, 서부의 다카르에서 동쪽 뿔(Horn of Africa)까지는 7,000km에 달한다. 주요 도시로 보면 남단 케이프타운에서 북아프리카 모로코의 카사블랑카까지는 약 12,000km에 이른다.

콩고민주공화국(DR콩고)의 면적은 인도보다 크다. 아프리카 동쪽의 주요 도시인 아디스아바바, 나이로비, 다르에스살람과 서부 아프리카의 아비장, 아크라와의 시차는 3시간에 이른다. 북부 카이로와 남부 요하네스버그는 비행기로 8시간이 소요된다.

실제 면적에 비해 아프리카가 작게 보이는 것은 지도를 만드는 데 사용된 메르카토르 도법 때문이라고 한다. 제작 기술상 적도에서 멀어질수록 그 면적이 커 보인다고 한다. 그래서 미국, 러시아 및 유럽 대부분은 실제보다 크게 보이고, 적도에 걸쳐져 있는 아프리카 대륙은 상대적으로 작게 보이는 것이다. 일반적으로 통용되고 객관적일 거라고 믿는 지도조차 아프리카 대륙은 왜곡과 편견의 대상이 되고 있다.

아프리카는 땅이 넓은 만큼 국가 수도 압도적으로 많다. 아프리카 대륙에는 54개 국가가 있다. 진정한 아프리카라고 할 수 있는 사하라 사막 이남에도 48개의 국가가 있다. 국가 수가 많은 것만큼이나 아프리카의 기후와 지형도 다양하다. 그렇지만 고원에 위치한 도시는 사람이 살기에 매우 쾌적하다.

아프리카는 지구상에서 가장 오래된 대륙 중의 하나이기도 하다. 오래된 만큼 아프리카는 인류의 고향이다. 비록 민 옛날 얘기지만 아프리카는 인류 기원의 터전이다. 가장 오랜 시간 인류가 살아온 대륙일지도 모른다. 학계에서는 동아프리카 지역을 현생 인류의 발상지로 여기고 있다. 초기 호모 사피엔스와 더불어 유인원들의 화석이 발견된 지역이다.

현생 최초의 인류 호모 사피엔스는 약 20만 년 전 동아프리카 지구대의 초원지대에 출현한 것으로 알려져 있다. 먹거리가 풍부한 초원에서 사냥과 채집 생활을 했고, 육식동물들과 경쟁을 하기도 했으며,

육식동물의 먹잇감이 되기도 하였다. 인류는 지능과 두 손, 언어를 가지고 도구를 이용하였고 무리를 지어 사냥을 하였다. 이런 월등한 기술력은 인구 증가를 가능하게 하였으며 인류는 동아프리카 초원에서 아프리카 전역으로 퍼져 나갔다.

그럼에도 불구하고 인류 문명의 역사에서 아프리카는 비교적 최근에 등장한다. 18~19세기 식민지 건설과 함께 아프리카는 본격적으로 세계 역사에 등장하게 된다. 아시아 다음으로 면적이 넓고 인구가 많은 대륙인 점을 감안하면 세계사의 한 부분으로 매우 늦게 편입된 것이다.

아프리카는 그만의 독특한 야생동물과 경이로운 자연환경을 가지고 있다. 중부 아프리카는 울창한 적도성 열대우림이 발달해 있고 남부와 동부에는 많은 야생동물이 서식하고 있는 지구 자연 생태계의 보고이다. 빅토리아 폭포가 잠비아와 짐바브웨 국경을 가르고 있으며, 탄자니아의 세렝게티 국립공원과 같은 지역에는 적색토가 있다. 킬리만자로산의 최정상과 남아프리카공화국의 드라켄즈버그산맥, 레소토의 말루티산맥에서는 눈도 볼 수 있다. 아프리카만의 가치로 관광산업을 이끌어낼 수 있는 조건을 갖고 있는 것이다.

기회와 위험이 상존하는 아프리카, 아프리카의 자원, 크기 그리고 앞으로의 성장 잠재력을 감안하면 아프리카는 절대 가난하지 않다.

아프리카의 미래 전망을 낙관적으로 보는 아프로-옵티미즘(Afro-Optimism)을 대표하는 것은 먼저 탄탄한 소비층이다. 12억 시장의 아프리카는 소비시장으로써 미래 성장 동력으로의 역할이 기대된다. 천연자원은 보너스다. 우리나라의 새로운 시장으로 충분한 가치가 있다. 아프리카는 중국과 인도에 견줄 만한 소비시장과 풍부한 자원을 배경으로 개발에 탄력이 붙기 시작한 신규 시장이다. 이미 국제사회의 투자가 몰리고 있다. 아프리카를 인정해야 하는 이유이다.

그러나 아직까지 위험 요인도 상존하고 있다. 2000년 〈이코노미스트〉에서는 아프리카를 '희망 없는 대륙'으로 표현하면서 정치적인 불안, 투자 리스크, 해적 출몰 등 안전에 대한 위험 그리고 질병, 가난, 전쟁 등 부정적인 이미지와 함께 4D(Difficult, Dirty, Dangerous, Distant)로 인식하고 있다.

아프리카는 노예무역과 식민 지배로 대표되는 서구 열강의 착취로 희생되었고, 현대에 이르러 내전, 인종청소와 같은 폭력 사태와 가뭄과 가난, 기근으로 인하여 대부분 단점을 중심으로 어둡게 묘사되고 있다.

왜 가난한가?

천연자원의 역설

앞서 말한 것처럼 아프리카는 인류의 고향이라고 불릴 정도로 인류 역사상 가장 빠른 출발을 하였다. 그러나 아프리카는 지금 가난과 저개발, 정치적 불안정 등을 떠올리게 한다. 그 이유는 뭘까?

먼저 아프리카가 자랑하는 천연자원의 역설이다. 자원이 발전의 걸림돌이 되는, 이른바 '자원의 저주'가 될 수 있다. 이유는 다양하다. 자원 수출로 얻은 부(富)가 공정한 분배로 이뤄지지 않은 채 일부 계층이 이를 독점하기 때문이다. 천연자원을 경제발전에 제대로 활용하지 못해 국가의 정치와 경제 시스템에 영향을 미치게 되는 것이다.

독재자들은 풍부한 자원을 활용해 기득권 세력과 부패한 거래를 이어가고 권력 구조를 튼실하게 만들고 있다. 미 외교전문지 〈포린어페

어스)는 "민주주의와 석유는 물과 기름처럼 잘 섞이지 않는다"라고 지적하면서 "결과적으로 막대한 자원이 아프리카 민주주의의 걸림돌이 된다"라고 주장하였다.

아프리카는 풍부한 자원들 때문에 오히려 강대국과 다국적 기업으로부터 무차별적인 착취의 대상이 되었다. 자원을 선점한 외국 기업은 채굴 외에 어떠한 투자도 하지 않고, 이익의 일정액만 생산 국가에 주면 되기 때문에 기술의 이전이나 발전이 느릴 수밖에 없다. 정부 역시 주어진 이익 챙기기만 하고 장기적으로 다른 산업을 육성하는 데 신경을 쓰지 않는다. 국가 생산의 대부분이 지하자원에 의존하기 때문에 광업에 생산력을 집중하여 서비스업이나 제조업과 같은 연관 산업의 발전이 더딜 수밖에 없는 구조이다.

그러다 보니 자원을 가공할 만한 제조업이 발달할 수 없게 된다. 아프리카의 제조업은 아프리카 전체 GDP의 약 10% 수준으로 다른 개발 도상국들에 비해 크게 낙후되어 있다. 아프리카는 천연자원을 수출하고 가공된 제품을 수입하는 구조이다. 부가가치가 만들어낼 수 있는 제조업 기반이 취약하여 밑지는 장사를 하는 셈이다. 가나를 비롯한 서부 아프리카에서는 초콜릿의 주원료인 코코아를 수출하고 초콜릿 완제품은 수입하는 형국이다. 또한 아프리카 산유국들은 원유를 수출하고, 정제한 석유를 달러로 책정된 가격으로 다시 수입한다고 한다.

사하라 사막

아프리카 북부의 사하라 사막은 세계 최대 규모를 자랑한다. 사하라 사막의 '사하라'는 아랍어 '사흐라(Sahra, 불모지)'에서 유래되었다. 사하라의 면적은 860만km²(미국 906만km²)로 북쪽으로는 지중해, 서쪽으로는 대서양, 동쪽으로는 홍해와 접해 있다. 동서 길이는 약 5,600km이며 남북 길이도 1,700km 정도 된다.

사하라 사막의 거대함은 아프리카를 진정한 섬으로 만들었다. 아프리카의 대륙은 크다. 그러나 사하라 사막은 아프리카 북부와의 연결을 단절시켰다. 결국 아프리카 대륙은 섬처럼 사방이 바다로 둘러싸여 있는 형국이다. 유럽이나 중동의 문물을 받아들이는 데 큰 장애가 되었던 것이다.

지금도 사하라 사막을 기준으로 북부와 남부 아프리카는 많이 다르다. 남부에 비해 북부의 소득수준은 훨씬 높다. 북부 아프리카는 백인종이 대부분이고, 이슬람교를 주로 믿는 반면 중남부 아프리카는 흑인종이 대부분이고, 민족과 언어, 종교와 문화가 다양하다. 사하라 북부는 아프리카와는 다른 별개의 지역으로 봐도 무방할 정도이다. 진정한 아프리카는 사하라 사막 이남이다.

이 외에도 아프리카는 주로 사막과 정글, 사바나 초원으로 구성되어 있다. 북부 사막, 중부 정글, 남부 사막과 사바나 초원 등으로 서로 부족 간의 교류에 걸림돌이 많다. 강 중간에 위치한 폭포는 내륙 간의 연결을 방해한다. 동아프리카 대지구대의 건너편인 열대우림도 인류가 살기에는 위험한 곳이다. 대륙 한가운데 적도가 지나고 있어서 주로 무더운 지역이 많다. 풍토병도 한몫을 한다. 지금도 치명율이 높다는 말라이아, 에볼라와 같은 인류가 정복하지 못한 질병들이 곳곳에 산재해 있다.

아프리카의 이런 자연환경은 원활한 인적 교류의 장애 요인이 되었다. 사상과 기술의 교류, 더 나아가 거대한 도시국가 건설을 방해하였고 거대한 문명이나 단일국가를 형성하는 데 제약 요인이 되었다. 결국 규모의 경제로 일컬어지는 산업화의 흐름과는 다소 거리가 있다. 이런 자연환경과 노예교역으로 인한 희생 탓인지 지금의 아프리카 인구는 전 세계 인구의 1/10 정도밖에 되지 않는다.

상호교류가 어려운 열악한 자연환경은 소규모 부족국가 단위의 다양한 문화를 이끌어낼 수 있었다. 어족 5개, 소수 고유 언어 등이 많고 인종도 다양하다. 북아프리카는 아랍계, 중앙·남부 아프리카는 흑인계, 유럽에서 유입된 남부 아프리카의 백인, 마다가스카르의 아시아계, 동부 아프리카의 인도계 등이 공존하고 있다.

해외 출장을 가게 되는 비즈니스맨들은 시간적 여유가 있을 때면 상품의 유통현장인 시장 혹은 박물관 등을 찾아가고 싶어 한다. 그러나 아프리카는 변변한 박물관도 찾기 어렵다. 물론 가난이 주요 이유일 수 있지만 이전의 전제적인 고대 왕국이 없어서 그럴지도 모른다. 중국의 진시황이나 인도의 무굴제국처럼 견고한 왕권이 있었다면 거기에 맞는 문화유산이 있었을 것이고, 그랬다면 지금의 아프리카와는 확연히 다른 모습이 되었을 것이라 예상한다.

원조의 빛과 그림자

세계 각국의 유무상 원조 또한 아프리카의 가난과 연계되어 있다는 주장도 있다. 아프리카 내부에서도 개발원조나 차관보다는 시장경제 원칙을 바탕으로 경제가 성장해야 한다고 주장한다. 원조 활동이 아프리카 경제발전에 큰 도움이 되지 않는다는 것이다. 그럴 만도 할 것이 개발원조는 거대 관료주의의 재정으로 유용되고, 정치인들의 부패와 자만심을 부추기며, 아프리카인들이 자생적으로 성장할 수 있는 기반을 지원해 주기보다는 타국에 대한 의존도만 높이는 경우도 많다. 그저 원조만 바라고 있고 무엇보다 아프리카에 시급히 필요한 지역 시장과 기업가 정신을 약화시키고 있는 것이다.

서구 열강의 식민지에서 벗어난 이후 대부분의 아프리카 국가들은 유럽과 미국을 비롯한 선진국의 유무상 원조에 크게 의존하고 있다. 한국의 경제발전 초기에는 해외 원조가 기여한 바가 크다. 우리나라의 1950년대 GDP는 876달러로 남아공(2,251달러)은 물론이고, 케냐(976달러), 가나(1,193달러)보다 못한 수준으로 국가 재정이 빈약하였으니 당연하다. 반대가 많았던 경부고속도로 건설의 경우에도 70%를 해외 차관으로 도입함으로써 가능하게 되었고 훗날 한강의 기적을 이끄는 원동력의 하나가 될 수 있었다.

유무상 원조를 인도주의적인 관점에서만 보는 것은 순진한 것이다. 원조는 다분히 정치적인 목적에서 이뤄진다. 1991년 소련이 무너지면서 미국이나 유럽의 퍼주기식 아프리카 원조 금액도 대부분 삭감되었다. 냉전 시대에 동맹국가를 확대하기 위해 아프리카 국가들의 협조가 필요하였지만 소련의 붕괴로 그 필요성이 줄어든 것이다. 원조의 목적이 얼마나 정치적인 것인가를 보여준다.

지원 동기가 정치적이니 실제 집행도 다를 가능성이 높다. 아프리카의 현실을 반영하기보다는 자국 산업이나 정치와 어떤 관계로 어떤 이익이 오는지가 주요 관심사항이다. 그래서 선진국의 유무상 원조금은 아프리카 대륙의 개발보다는 원조국의 입맛에 맞는 산업 혹은 정권에 도움을 주기 위해 사용되기도 한다. '고기를 잡기'보다 '고기를 주기'에 집중한 탓이다.

부패한 정치도 큰 이유이다. 국민이라는 개념보다는 부족의 개념이 강한 것, 식민 지배로 외세에 지나치게 의존하려는 경향, 쿠데타와 같은 비민주의적인 형태가 되풀이된 것들은 선진국으로 진입할 수 있는 시민사회 형성을 방해한다. 독재 정권을 무너뜨리고 쿠데타로 집권한 새 정부는 다시 장기 집권을 시도하고 또 다른 쿠데타로 이어지는 반복되는 불행을 겪고 있다. 이것은 서구 열강이 임의대로 국경선을 지정한 후유증도 있다. 동일한 나라에 다른 종교, 다른 언어가 섞이기도 하고 이는 아프리카의 지속적인 내전의 원인이 되기도 하였다. 또한 서구 열강과 기업은 독재 정권을 선호한다. 상대해야 할 고객이 분명하기 때문이다.

여기에 부패한 공무원도 한몫을 한다. 식민 통치 기간 동안 익숙해진 책임 회피, 무사안일, 뇌물 요구 등 다양한 방법으로 여러 분야에서 부패가 일어난다. 불안한 정치체계와 밀접한 관련이 있지만 구조적인 시스템의 문제이다.

유무상 원조에 대한 어두운 그늘을 조명하는 사례가 있다. 저개발국의 공무원이 좀 더 형편이 나은 개발도상국의 공무원 집에 초대되었다. 개발도상국 직원의 집이 매우 넓고 화려하여, 저개발국 공무원은 개발도상국 공무원에게 "어떻게 공무원 월급으로 이런 좋은 집에서 사십니까?"라고 물어보았다. 개발도상국 공무원은 잠시 멈칫거리며 창밖의 교량을 가리킨다. 그러면서 "저 교량을 지으면서 일부 자금으로 제 집을 지었습니다"라고 대답했다. 몇 년이 지난 후, 지개발국 공무원은 개발도상국 공무원을 아프리카의 자기 집으로 초대하였다. 저개발국 공무원이 사는 집은 개발도상국 공무원 집보다 더 으리으리하고 화려했다. 깜짝 놀란 개발도상국 공무원이 저개발국 공무원에게 물었다. "당신은 어떻게 이렇게 좋은 집을 마련하셨습니까?" 저개발국 공무원은 창밖을 가리키며 자랑스럽게 말했다. "저기 강에 교량을 건설해야 하는데, 그 돈으로 제 집을 지었습니다."

이와 같은 일이 실제로 일어나지는 않아야겠지만, 그만큼 정부의 청렴성이 떨어지고 부패 수준이 심각하다는 얘기다. 현지 유무상 지원사업(EDCF) 관계자들은 아프리카 국가들이 선진국가에서 제공하는 각종 유무상 원조에 너무 익숙해져 있다고 불평한다. 원조를 하는 공여국 입장에서는 처음부터 끝까지 다 해줘야 하는 것에 진저리를 칠 수도 있다. 갑을 관계를 떠나 지나치게 고압적이고 형식적인 아프리카 국가 공무원의 수동적인 자세를 겨냥한 말이기도 하다. 전문성은커녕, 늦은 행정 처리는 기본이고 교통비와 같은 거마비 요구, 눈에 보이지 않는 각종 뇌물을 요구하는 경우가 비일비재하다고 한다. 외부 국가의 재원 사업이 이 정도이니 자기 정부의 재원으로 발주하는 프로젝트는 어떨지 겁나기도 한다. 앞으로 좀 더 나아지기를 바랄 뿐이다.

다른 이야기도 있다. 현실에서 유무상 원조가 필요한 것과는 거리가 멀다는 것이다. 말라리아 등 모기 감염에 따른 풍토병이 많은 아프리카에 각종 구호품이 답지한다. 그중 모기장도 있는데, 실제 아프리카 주민들에게는 강이나 바다에서 생선을 잡기 위한 어망용 그물로, 결혼식 때 사용할 면사포로, 나무에 매달아 쓰는 침대보로 활용되는 경우도 적지 않다고 한다. 생활이 더 먼저이기 때문이다. 당초 원조의 목적과는 다른 용도로 사용되는 경우이다. 현지인에게 필요하다고 생각하는 것이 원조자가 아닌 피원조자의 관점이 필요한 이유이다. 원조국의 의도와는 달리 피원조국에서 원조 품목이 다르게 사용될 수도 있다.

우리나라가 지원하는 원조에도 비슷한 사례가 있었다. 2016년 박근혜 전 대통령의 아프리카 순방 때의 에피소드이다. 당시 화두가 된 것이 '코리아에이드'였다. 에티오피아, 우간다, 케냐의 아프리카 3개국에 대해 개발협력과 문화외교를 결합한 새로운 형태의 개발원조 모델로 이동 검진 차량과 앰뷸런스(K-medic), 푸드트럭(K-meal), 문화영상트럭(K-culture)으로 구성된 봉사단이 직접 소외계층을 찾아가 서비스를 제공하는 것이다. 많은 시민단체에서 현지 상황을 제대로 고려하지 않은 보여주기식 원조라는 지적이 많았다. 기아에 허덕이는 현지인들에게 불고기 한식은 어색한 호사였으며 이유식처럼 물에 타 먹으라고 배급한 쌀 파우더조차 깨끗한 식수가 없어 먹을 수 없었다. 현실에 맞지 않게 우리 눈높이에 맞춰 지원하는 것은 아프리카 경제에 도움이 되지 않는다는 사실을 보여주는 사례이다.

노예무역의 피해자

노예제도의 최대 피해자는 아프리카이다. 아랍이나 유럽 상인들에 의해 팔려간 아프리카의 노예들이 그 사회를 유지한 노동력의 근간이 되었고, 경제발전에 기여하였음은 간과할 수 없는 사실이다.

아프리카는 8세기 이후 1,000년 이상 다른 대륙의 노예 사냥터가 되었다. 초기에는 페르시아에서 온 이슬람 상인들이 흑인 노예들을 중동, 북아프리카와 아라비아로 내다 팔기 시작하였다. 이 노예들은 시남아시아와 인도, 동남아시아까지 팔려나갔다. 이후 유럽의 노예 상인이 노예 비즈니스를 이어받는다. 아프리카에도 노예제도가 있었지만 전쟁에서 승리한 부족들의 전리품 수준으로 차원이 전혀 다른 것이었다.

아프리카와 유럽과의 접촉은 아프리카 역사의 시작이 아니라 아프리카 문명의 종말을 알리는 시발점이 되었다. 아프리카에서 16세기부터 300년간 성행한 노예무역은 아프리카의 노동력을 급격히 감소시켜 경제발전의 원동력이 되지 못하였다. 특히 아프리카인들에게 1492년 콜럼버스의 신대륙 발견은 재앙에 가까웠다. 브라질은 거의 절반에 가까운 흑인 노예를 흡수하여 노동력을 충당하였다. 호주를 제외한 지구 남반구가 흑인들의 터전이 된 것은 대서양 노예무역 때문이다. 인류 역사상 대대적인 강제 이주가 시작되었다.

아랍과 유럽 상인들은 말라리아나 황열 등의 무서운 풍토병, 전염병 때문에 아프리카 내륙 깊숙한 곳으로 들어가지 못하고 주로 안전한 아프리카 해안 쪽에 머물렀고, 이들과 거래하던 아프리카 부족장 등이 내륙 마을을 침략하여 흑인들을 포로로 만들어 대가를 받고 상인들에게 넘겼다. 즉 노예를 잡아 아랍과 유럽 상인들에게 팔아넘긴 것은 바로 그들, 아프리카 원주민들이었다.

아랍은 아프리카 노예교역의 원조이다. 유럽에서는 1441년 포르투갈의 서아프리카 해안 탐사가 아프리카 노예무역의 출발로 서술되고 있으나, 이전부터 이미 아랍의 노예무역은 활발하였다. 이슬람교에서는 같은 이슬람교 신자를 노예로 삼지 못하는 법이 있어서 아랍인들은 다른 종교를 가진 노예를 찾았다. 유럽의 그리스도교인, 러시아와 동유럽의 슬라브인, 유라시아의 튀르크인이 그 대상이었다.

아랍인들은 사하라 사막을 통과하는 북아프리카, 아라비아, 인도 등으로 노예를 끌고 갔다. 1450년까지 끌려간 흑인 노예는 대략 700만 명에 달했으며, 북부 아프리카인 튀니스, 트리폴리 등에서는 일주일 단위로 노예시장이 섰다고 한다.

지금의 아랍과 아프리카는 지리적 인접성, 반서구 의식 그리고 이슬람교라는 여러 가지 요인이 연계되어 표면에 표출되지 않지만 아랍이 아프리카에서 벌인 노예무역은 둘 사이의 숨길 수 없는 영원한 비극적인 역사적 사실이다. 리비아 카다피 대통령은 2010년 노예무역에 대해 사과를 한 바 있다.

인도양이 이슬람의 바다였다면 유럽은 대서양을 아프리카 노예교역의 주된 항로로 활용하였다. 1400년대 들어 포르투갈이 신항로를 개척하여 대서양을 횡단하는 노예무역을 본격적으로 시작하였다. 그 뒤 영국, 프랑스, 네덜란드 등 여러 유럽 국가들이 차례로 아프리카에 식민지를 건설하고 노예무역에 나서게 된다.

이후 15~16세기에는 유럽인들이 노예 거래에 본격적으로 참여하였다. 15세기부터 포르투칼을 시작으로 본격적인 아프리카 흑인 노예 매매가 이루어진 것이다. 1500년대부터 1800년대 초까지 유럽인들이 사거나 잡아간 서아프리카 흑인 노예는 1,200만 명이나 된다고 한다.

15세기부터 시작된 아프리카 흑인들의 노예무역은 주로 영국, 에스파냐, 포르투갈에 의해 이루어졌다. 16세기 이후 유럽의 경제는 아메리카와 아프리카의 희생 위에 눈부시게 발전하였다. 16세기에는 라틴 아메리카에서 수탈한 은을 기본으로, 17~18세기에는 흑인 노예와 설탕 등의 삼각무역으로 막대한 이윤을 얻었다. 영국을 비롯한 유럽 여러 나라 산업혁명의 성공은 아프리카 흑인들의 수많은 눈물과 희생 위에 이루어진 것이다.

유럽 상인들은 수천만 명에 달하는 흑인들을 '사냥'하여 노예로 만들어 상품과 교환했고 아메리카 대륙, 남미, 유럽으로 팔았다. 주된 교역품은 카카오, 커피, 사탕수수, 담배였다. 이런 물품들은 다시 유럽에 내다 판다. 노예와 교환한 것은 상품만이 아니었다. 총과 술과 담배도 거래되었다.

아프리카 노예무역은 아프리카, 아메리카 대륙, 유럽을 잇는 삼각무역 형태로 이루어졌다. 유럽인들은 아프리카로부터 노예를 사들여 그들의 식민지인 아메리카 대륙의 플랜테이션 노동자로 공급했다. 유럽인들은 아프리카인들에게 각종 화기, 모직, 유리구슬, 장신구, 술 등 비생산적인 물품들을 노예 구매의 대가로 지급하였다. 유럽인들은 아프리카 노예의 노동을 통해서 얻은 향료, 금, 설탕, 담배 등을 모국인 유럽으로 보냈고, 이를 통해 부유해진 유럽은 공산품을 아메리카 대륙에 노예 값을 치르기 위한 대가로 아프리카에 수출했다.

유럽인들의 대서양을 통한 노예무역은 19세기까지 약 500년 동안 지속되었다. 노예제도는 결국 영국은 1838년, 미국에서는 1865년 남북전쟁과 함께 공식적으로 폐지되었다. 유럽의 노예무역은 주로 서아프리카 기니만 일대에서 이루어졌는데, 그래서 기니만 일대 해안에는 노예해안, 황금해안, 곡물해안, 상아해안 등의 이름이 붙게 되었다. 서부 아프리카 흑인 노예는 대서양을 통해 유럽으로 팔려갔고 17세기 이후에는 아메리카 대륙으로 확대되었다. 아프리카 해안의 도시들은 노예무역의 중심지가 되었다.

노예를 이용한 삼각무역의 최대 수혜자는 영국이다. 영국은 18세기 이후 대서양의 주인으로 성장하게 되었다. 18세기 노예무역이 절정을 이룰 무렵 영국은 에스파냐로부터 노예무역권을 빼앗아 독점하기 시작했다. 노예무역은 이익이 많아 국가적인 사업으로까지 확대되었다. 영국의 산업혁명을 이끈 면직물 공업은 바로 삼각무역으로 얻은 돈을 기반으로 했다고 해도 지나친 말이 아니었다. 영국인들은 북아메리카에서 담배, 사탕수수, 설탕을 재배했다. 그러나 거기에는 많은 노동력이 필요했다. 원주민이나 영국에서 보낸 사람들로 충당하기에는 인력이 턱없이 부족하였다. 그런 문제를 해결하고자 아프리카의 서남 해안에서 흑인들을 사냥해 왔다.

대서양 노예무역으로 아프리카는 노동력이 감소되었다. 다른 대륙의 인구가 증가하는 동안 아프리카 인구는 1850년까지 정체된 것으로 알려져 있다. 노예무역으로 인해 아프리카는 인구가 감소되었을 뿐만 아니라 생산력도 급속히 줄었다. 유럽과 북미의 인구가 급속히 증가하고 있을 때 아프리카에서는 인구가 감소하고 있었던 것이다.

결국 아프리카는 비생산적인 물품을 수입하는 대신, 엄청난 규모의 인적 자원을 유출하게 되었다. 다른 나라들이 산업혁명 등으로 경제 발전을 이루는 동안 아프리카는 생산적이지 못한 시스템을 유지하게 된다. 세계 무역체제에 300여 년 동안 발이 묶인 셈이다.

누가 아프리카를 선점하는가? :
아프리카 新쟁탈전

중국과 미국 누가 먼저?

아프리카는 새롭게 정치·경제적으로 관심을 받는 국가로 재조명되면서 매력적인 비즈니스 기회를 제공하는 대륙으로 변화되고 있다.

과거 19세기 유럽 열강이 아프리카를 활보하였던 것처럼 지금도 아프리카에 대한 세계 각국의 관심이 뜨거워지고 있다. 과거와 동일한 아프리카를 놓고 벌이는 신쟁탈전이다. 과거와 다른 점이라면 이전에는 유럽 국가의 전유물이었으나 지금은 미국, 중국, 일본, 인도로 다양화되었다는 것이다.

아프리카 국가들이 식민지에서 독립한 이후 가장 적극적인 구애를 펼치는 나라는 중국이다. 중국은 1950년대부터 자국의 어려운 경제 사정에도 불구하고 아프리카에 지속적인 지원을 하고 있다. 최근에는 일대일로 정책을 아프리카 지역으로 확대하면서 거의 독주 체제를 준비하고 있다. 중국은 정상급에서 아프리카를 최우선으로 방문하는 것은 물론이고 정기적으로 고위급 협력 포럼을 개최하고 있다. 1991년 이후 약 30년간 중국 외교부장의 첫 순방지가 아프리카라는 점은 중국이 얼마나 아프리카에 공을 들이고 있는지를 나타내 준다. 아프리카의 젊은 학생들을 중국에 초청하여 공부를 시키는 것은 물론 전후방을 가리지 않고 아프리카 국가들과 긴밀한 네트워크를 구축하고 있다.

중국 국영기업의 주된 타깃은 자원 개발권이다. 중국은 대규모 차관을 통해 국가 기반 시설이나 대형 인프라를 건설해 주고 자원을 직접 받는 연계 방식(package deal)이 많은 것으로 알려져 있다. 민간 기업은 아프리카에서 인프라 구축이 활발한 건설 분야를 중심으로 진출해 가격 경쟁력을 무기로 아프리카 시장을 잠식하고 있다.

중국의 퍼주기식 부채 외교는 아프리카 여러 곳에서 나타나고 있다. 아프리카 북동쪽 인구 100만의 작은 나라인 지부티는 아프리카 대륙 최대의 미군 군사 거점지로, 아프리카와 중동 국가를 견제하는 지역이었다. 그러나 중국의 막대한 대출 때문에 지부티의 부채 비율은 2014~2016년 50%에서 85%로 급등했다. 지부티가 대출을 상환하지 못하고 그에 대한 대가로 미군기지가 주둔하는 항구를 중국에 넘긴다면, 미국의 아프리카와 중동에 대한 능력은 심각하게 위협받을 수 있다.

미국은 오마바 정부 시절 아프리카를 자신의 뿌리로 언급한 바 있다. 원조 예산은 대폭 확대했지만 원조의 조건으로 민주주의와 깨끗한 경제를 도입해야 한다고 강조하였다. 중국의 내정불간섭 원칙과는 달리 미국은 아프리카의 민주화를 원조의 조건으로 요구하였다. 이후 트럼프 대통령은 '아메리카 퍼스트' 정책으로 대외 협력에는 다소 소극적인 자세를 취하였고, 국내 이슈에 집중하여 중국, 인도와는 달리 아프리카에 별다른 관심을 표명하지 않았다. 그래서인지 2016년부터 트럼프 행정부에 이르기까지 미국과 아프리카 교역 규모는 전반적으로 감소했다.

현 바이든 정부는 오바마 정부의 정책을 계승하는 듯하다. 이전의 트럼프 정부에서 중단되었던 원조 재개, 기후 변화 협력 확대 등 다양한 분야에서 협력을 재개할 것이라고 밝혔다. 특히 오바마 정부에서 시작한 아프리카 청년 지도자 이니셔티브를 지속 추진함으로써 아프리카의 청년 대상 장학 및 연수사업 교류가 활발해질 것으로 전망된다.

미국은 여러 분야에서 중국과 첨예하게 대립하고 있다. 아프리카에서도 미국은 중국이 급속도로 세력을 확대하는 것을 견제하고자 한다. 특히 정치와 군사적으로는 더욱 그렇다. 그래서 아프리카와 경제·외교·안보를 잇는 인프라를 구축하는 데 열을 올리고 있다. 개발원조 및 통상 협력을 계속 확대하고, 아프리카 미군사령부 창설 등을 통해 경제와 정치적인 안보 차원으로 접근하고 있다.

최근 미국 정부는 중국의 '일대일로'(一帶一路: 육상·해상 실크로드)에 대응하기 위해 인프라 금융 프로그램 B3W(Build Back Better World)를 본격화한다고 발표하였다. B3W는 자금 조달·기후 변화 중시·여성 기업가 등 사회적 약자 계층 지원 등을 골자로 하는 개발도상국 인프라 투자 계획이다. 이 정책은 바이든 정부가 중국을 견제하기 위해 2021년 G7에 제안하였다. 중국이 '일대일로' 정책의 일환으로 중앙아

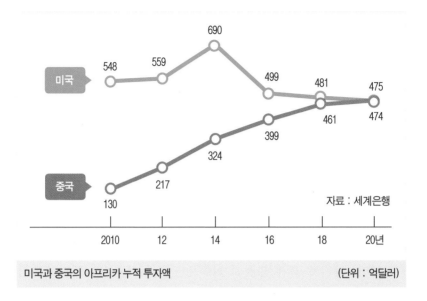

미국과 중국의 아프리카 누적 투자액　　　　　　　　　(단위 : 억달러)

시아·유럽·아프리카에 자금을 조달해 영향력을 행사하는 것에 대응하기 위한 것이다. 블룸버그 통신은 바이든 미국 행정부가 B3W의 일환으로 이르면 2022년 5~10개 프로젝트를 아프리카에서 추진할 계획이라고 전했다.

　지금까지의 아프리카에 대한 미국과 중국의 게임은 중국의 완승으로 보인다. 아프리카의 무역에서 중국이 차지하는 비중은 2009년에 이미 미국을 넘어선 후 2020년에도 25.6%로 미국(5.6%)에 압도적 우위를 나타내고 있다. 또한 세계은행 집계에 따르면 2020년까지 아프리카 전체에 대한 중국의 누적 FDI는 474억 달러(약 57조 원)로 미국(475억 달러)에 근접했다. 앞으로의 누적 FDI에서도 중국은 미국을 넘어 1위가 될 것이 거의 확실하다.

발 빠른 움직임, 일본과 인도도 한몫

아프리카를 놓고 미국과 중국뿐만 아니라 일본과 인도 또한 적극적인 구애를 펼치고 있다. 일본은 아프리카 진출을 공언했다. 아베 전 일본 총리는 아프리카 지원에 적극적이었으며, '인도·태평양 전략'이라고 명명된 개발계획을 수립하여 "일본의 아시아에서의 성공을 아프리카로 확대하겠다"라고 밝힌 바 있다. 또한 중국을 의식하여 아시아, 유럽, 아프리카를 잇는 21세기 실크로드를 만들겠다는 계획도 발표하였다. 중국의 '일대일로' 전략을 견제하겠다는 의도라고 볼 수 있다.

이 외에도 일본 정부는 고위급 채널인 동경아프리카개발회의(TICAD)를 계기로 교역 및 투자 진출 등 경제협력을 아우르는 포괄적인 지원 메커니즘 강화를 천명하고 있다. 5년마다 개최되던 TICAD를 2016년 3년 주기로 변경(6차 개최)하여 협력을 강화하였다.

일본 정부뿐만 아니라 민간 기업들도 진출을 가속화하고 있다. 민간 부문에서는 450여 개의 일본 기업들이 진출해 있으며 기존 자원개발 중심에서 탈피하여 금융, IT, 유통 등 사업을 다각화하며, 현지화 전략을 추진하고 있다. 단순한 자원 확보 차원을 넘어 제품생산까지 진출을 다양화하고 있다. 일본은 인재 양성, 양질의 투자에 집중하여 중국과 차별화한다는 전략이다. 일본은 최근 아프리카의 스타트업 성공사례에 주목하고 약 200억 원의 아프리카 투자 펀드를 조성한 것으로 알려졌다.

아프리카와 가장 오랜 교역국인 이웃 나라 인도 또한 적극적으로 협력을 강화하고 있다. 인도는 인도양을 두고 동아프리카와 교역이 많았던 곳이다. 아프리카에는 영국의 식민지였던 시절 아프리카 철도공사를 위해 현장 관리자로 아프리카에 왔던 인도인들의 후손들이 많아서 이미 인도계 2~3세대가 많이 거주하고 있다. 인도는 아프리카에 거주하고 있는 자국 교민들을 활용하는 계획을 추진하고 있다. 아프리카 내 인도계 아프리카인, 즉 인교(印僑)는 약 280만 명이 거주하고 있으며, 그들의 네트워크를 통해 IT, 통신, 제약 등 인도가 강점을 지닌 신산업 분야를 중심으로 진출하는 추세다.

인도 정부 차원의 협력도 지속되고 있다. 2008년부터 3년에 한 번 꼴로 인도와 아프리카를 번갈아 가며 인도·아프리카 정상회의(IAFS)를 개최해 왔다. 그러나 아직까지 아프리카에서 인도의 경제적 존재감은 중국과 비교하면 미약하다. 실제로 인도의 대 아프리카 교역 규모는 2014년 기준 700억 달러 수준으로 중국의 3분의 1에 불과하다. 하지만 인도는 에너지 분야를 중심으로 아프리카와의 교역을 확대하고 있다.

유럽, 과거를 잊어라

유럽은 과거 아프리카를 주도하던 대륙이었다. 물론 제국 식민주의 시절의 얘기다. 제국주의의 피해자로 식민지를 경험한 아프리카 입장은 어떨까? 케냐 건국의 아버지, 케냐타(Jomo Kenyatta) 대통령은 다음과 같이 말한다.

"어느 날 백인들이 성경책을 들고 찾아왔을 때 우리는 땅을 갖고 있었다. 그들은 우리에게 눈을 감고 기도하는 법을 가르쳤다. 기도를 마치고 눈을 뜨면 우리의 손에는 성경책이 들려 있었고 우리의 땅은 백인들이 차지하고 있었다."

케냐를 포함한 아프리카 국가들에 서구 열강의 침탈사를 상징적으로 표현한 말이다.

과거 유럽의 영화는 지나갔다. 아프리카를 휩쓴 영국을 비롯한 유럽 국가들이 잠시 한눈을 판 사이 미국, 중국, 인도 등의 진출이 활발해지고 있다. 이에 유럽은 과거의 잘못된 유산을 청산하고 새로운 경제협력 파트너십으로 기득권 유지를 위해 노력하고 있다.

먼저 과거사에 대한 사과가 눈에 띈다. 2021년 6월, 독일과 프랑스는 과거 식민지 시절의 과오에 대한 반성과 함께 지원을 약속하였다. 프랑스는 2021년 5월, 1994년 르완다 대량 학살에서 벌어진 프랑스 역할에 대해 사과 성명을 발표하였다. 당시 프랑스는 정치적 영향력을 확대하기 위해 르완다 정부를 지지하였고 대학살의 배후에 있었다는 의심을 받은 바 있다. 또한 프랑스 마크롱 대통령은 2019년 서부 아프리카의 코트디부아르를 방문하여 프랑스 식민주의는 중대한 과실이었다는 입장을 밝힌 바 있다. 독일은 1904년 나미비아에서 발생한 대량 학살의 책임을 인정, 나미비아 후손들에게 용서를 구하고 동시에 나미비아에 30년간 11억 유로를 지원할 것을 발표하였다.

영국은 아프리카에 전통적으로 식민정책을 펼쳤던 종주국과 같다. 그러나 영국과 아프리카의 교역은 360억 달러 규모로, 아프리카와 중국과의 교역 규모의 약 5분의 1 수준이다. 미국과 아프리카의 교역 규모는 530억 달러로 영국과 아프리카 교역량보다 훨씬 많다. 아프리카는 이미 중국, 미국 등이 적극적인 투자 등으로 그 영향력을 확대하고 있다.

영국 정부 차원에서 구애가 있었지만 활발하지는 않다. 2018년 8월 테리사 메이(Theresa May) 영국 총리는 남아프리카공화국, 나이지리아, 케냐 등 영국연방 국가들을 방문한다. 그리고 2022년까지 주요 7개국 (G7) 가운데 미국을 앞질러 아프리카에서 가장 큰 투자국으로 발돋움

하겠다고 발표하였다. 그러나 2016년 총리로 취임한 이후 처음으로 아프리카 순방에 나선 것으로 앞으로 영국은 아프리카에 무엇을 해 줄 수 있을지 고민할 필요가 있다.

프랑스는 과거 아프리카에서 독점적인 지위를 누렸다. 프랑스 정부에서도 "아프리카와 유럽의 운명은 하나로 연결되어 있고, 아프리카 없이는 21세기 프랑스 역사는 없었을 것이다"라고 주장할 정도이다. 지금도 아프리카의 많은 국가에서 프랑스어를 사용하고 있다. 뿐만 아니라 코트디부아르 등 서아프리카 8개국은 2018년 새로운 공용화폐인 '에코(Eco)'로 바꾸기 전까지 '세파(CFA)프랑'을 사용했다. 이것은 전형적인 제국주의의 산물로 자국의 화폐를 직접 통제할 수 없는 식민지 유산 중의 하나이다. 프랑스 식민 지배를 받았던 이들은 독립 후 60년이 지나도록 세파프랑을 사용해 왔다.

프랑스는 과거사를 사죄하며 허리를 잔뜩 구부린 채 아프리카에 다시 손을 내밀고 있다. 아프리카 투자자 협의회(CIAN)를 통해 프랑스 기업인과 투자자들의 모임을 확대하고, 국제무역고문(CCE)이 산업정보를 수집하는 등 정보 네트워크를 활용해 자국 기업의 아프리카 산업 활동을 적극 지원하고 있다.

독일은 아프리카 개발 지원이 유럽으로의 불법 이민을 막는 핵심이라고 판단하고 여러 투자 방안을 쏟아내고 있다. 독일의 앙겔라 메르켈(Angela Merkel) 총리는 2018년 8월 말 아프리카 나이지리아, 가나, 세네갈을 방문했다. 아프리카 투자를 통한 일자리 창출 및 경제 발전 지원이 난민 문제를 해결하고 국내 정치적 지지를 회복하는 중요한 열쇠라는 입장이다.

중국은 왜 아프리카를 주목하는가? : 차이나프리카

아프리카 최대 교역국

세계 여느 나라와 마찬가지로 아프리카에서도 어디를 가든 중국 사람과 중국 기업, 중국 상품을 쉽게 만날 수 있다. 아프리카에서 'Made in China'는 저렴한 가격에 품질도 보장해 주는 가성비 좋은 제품으로 인식되고 있다.

지금 아프리카의 최대 교역 대상국은 중국이다. 2000년대에 접어들어 중국의 아프리카 교역량은 10년간 10배 이상 증가하며 최대 교역 국가로 부상했다. 중국은 이미 2009년 미국을 제치고 아프리카의 최대 교역 상대국이 되었다.

중국과 아프리카 간 교역은 연간 20% 규모로 급증하는 추세다. 1980년 1억 달러에서 2000년 1,000억 달러, 2015년 2,220억 달러,

2018년에는 2,401억 달러를 기록하고 있다.

양국 간의 무역은 수출과 수입이 비교적 균형을 이룬다. 2018년 기준 중국의 아프리카에 대한 수출은 1,049억 달러이고 아프리카의 중국에 대한 수출은 992억 달러이다. 중국의 아프리카를 대상으로 한 무역수지 흑자 규모는 56억 달러에 불과하다.

중국은 그동안 아프리카에 가장 적극적으로 진출해 왔다. 풍부한 자본을 보유한 중국 기업들은 아프리카의 석유, 천연가스, 광산 개발권을 진공청소기처럼 빨아들이고 있다.

2018년 중국 상무부는 중국과 수교를 맺은 아프리카 저개발 33개국의 수출품 97%에 대해 관세를 부과하지 않겠다고 밝히면서 아프리카와의 교역 확대와 아프리카에 대한 영향력 확대를 더욱 강화하는 모습이다.

중국은 생필품이나 도로, 항만 시설이 부족한 아프리카 국가에 값싼 공산품과 인프라를 제공하며 그들의 지배력을 높여 왔다. 아프리카의 에너지, 천연자원에 대한 중국의 적극적인 구애와 아프리카인들에게 가성비 좋은 상품을 제공하면서 만들어 낸 합작품이었다.

중국 상무부가 집계한 중국의 아프리카에 대한 외국인 직접투자(FDI)는 2018년 상반기 16억 달러로 전년 같은 기간보다 22% 증가했다. 글로벌 컨설팅기업 맥킨지에 따르면 2018년 아프리카에 진출한 중국 기업은 1만 개가 넘는다. 2004년 10억 달러였던 총투자금은 2018년 490억 달러 규모로 확대됐다.

'차이나 머니', 양국 간 교역 증가 덕분일까? 양국 간의 인적교류 또한 매우 활발하다. 필자는 아프리카에 근무하면서 수차례 사무실에 필요한 인력을 뽑았다. 워낙 실업난이 심해 1명 뽑는 구인 광고에도 수백 명이 몰려든다. 1차, 2차에서 걸러진 20명의 지원서가 책상 앞에 놓여 있었다. 이력은 좋았다. 인도 상공회의소에서 근무한 사람도 있고, 베이징대학에서 공부한 사람도 있었다. 면접에 참여한 베이징대학 졸업 현지인에게 "몇 명의 탄자니아인이 베이징대학에서 공부를 하고 있는가?"라고 물었다. 대답은 "너무 많아서 잘 모르겠다"였다. 이렇듯 중국 정부는 아프리카의 수많은 젊은 학생을 초청하여 중국에서 공부할 수 있도록 해 준다.

아프리카에 진출한 중국 기업은 수없이 많고, 현재 운영 중이거나 조성 중인 중국·아프리카 공동산업단지도 100여 곳에 육박한다고 한다. 이런 추세는 '일대일로' 프로젝트가 본격화되면서 더욱 가속화됐다.

서울-아프리카 항공편은 많지 않다. 한국을 포함한 아시아에서 아프리카를 가는 최단 거리는 중동의 카타르나 두바이 혹은 에티오피아를 경유하는 것이다. 경유지, 즉 아프리카로 가기 위해 비행기를 갈아타는 항공편 승객 중 대부분이 중국인인 것을 보고 놀란 적이 있었다. 중국의 위세를 아프리카 공항 어디에서나 쉽게 목격할 수 있다.

중국은 자국인을 활용한 방식을 선호한다. 중국은 아프리카에서 프로젝트를 수행하기 위해 중국 기술자를 직접 데려온다. 공사의 품질과 기간을 단축하기 위해 현지의 초보 인력보다 숙련도가 높은 자국의 인력을 선호하는 것이다.

현재 아프리카에서 일하는 중국인 노동자는 총 160만 명으로 추정된다. 그리고 약 35만~40만 명으로 추산되는 중국인이 아프리카에서 살고 있다. 물론 아직까지 유럽이나 한국에 비해 중국의 인건비가 상대적으로 저렴한 것도 이유이다. 프로젝트 등으로 이주한 중국 기술자 수는 아프리카에 의외로 많다. 200만 명에 가까운 중국인들이 아프리카에 진출, 1만 개 이상의 기업을 설립해 다양한 분야에서 활동한다.

이뿐만이 아니다. 중국은 아프리카의 보건의료 분야에 대규모 지원을 했다. 1960년 이후 1만 5,000명에 이르는 의사를 아프리카에 파견하는 보건 외교를 전개했다. 중국으로 향하는 아프리카 국가의 유학생 역시 급증하는 추세이다.

2003년 200명 이하에 불과하던 아프리카 학생들의 중국 유학은 2015년 5만 명 이상으로 급속하게 증가했고 프랑스(9만 2,000명)에 비해 2위 규모로 성장했다. 중국 기업들과 중국인들의 아프리카 진출이 러시를 이루고 있는 동안, 중국 정부는 아프리카 내 '친중파'들을 적극 육성했다. 믿을 수 없을 만큼 많은 아프리카 청년들이 중국에 유학와서 공부를 하는데, 이들은 자국으로 돌아가 정치 사회계의 리더가 되고 친중 인사가 되는 것이다.

중국 기업들도 아프리카에 매우 적극적이다. 중국 기업들의 관심사는 최근 들어 자원 개발이나 농업 부문에서 제조, 서비스업으로 확대되고 있다. 아프리카 대륙 54개국의 면적은 중국의 3배 이상이다. 중국의 임금 상승은 중국 기업의 아프리카 진출을 더욱 가속화시켰다. 생산성을 반영해 산정한 중국의 제조업 임금은 2004년부터 2014년 사이 거의 3배로 뛰었다. 게다가 한 자녀 정책으로 중국의 노동력은 지속적으로 감소하고 있고 연안지대의 제조업이 왕성한 도시에서는 노동력 부족 사태까지 발생한다.

반면 아프리카는 인구 붐이 시작되었다. 2050년까지 인구가 20억 명으로 증가할 전망이다. 비록 양질은 아니라 할지라도 아프리카에는 노동력이 넘쳐난다. 나이지리아의 경우 공식 실업률은 10%대 초반이지만 청년 실업률은 40%를 넘는다. 중국의 제조업이 아프리카의 노동력에 눈독을 들이는 것은 자연스러운 일이다.

아프리카 국가들이 부과하는 높은 수입 관세율 또한 중국 기업들의 구미를 당기고 있다. 이들은 자국의 산업화를 위해 제조업을 보호한다는 이유로 전자 제품 등에 높은 수입 관세를 부과한다. 아프리카 내수 시장에서 가격 경쟁력을 유지하기 위해서는 아프리카 내 생산 거점을 만드는 것이 절대적으로 유리하다. 아프리카에서 생산된 제품에 대한 선진국들의 높은 우대 조치는 덤이다. EU, 미국에서는 중국산보다 아프리카산에 더 많은 관세 혜택과 쿼터를 부여한다.

물론 중국의 기업 진출은 '수요와 공급 시장의 원리'뿐만 아니라 '자원 확보'를 추구하는 중국 정부와 밀접한 관련이 있다. 중국의 아프리카 국가를 대상으로 한 석유 의존도는 어느덧 2013년부터 60%를 초과하였고, 아프리카의 중국 대상 석유 수출 의존도 역시 20%에 육박하는 수치로 올라섰다.

인도인이나 유럽계 백인들은 이미 오래전부터 아프리카에 진출, 현지에서 큰 영향력을 갖고 있다. 반면 아직 중국인의 수는 미약하다. 하지만 인프라 구축을 위해 입국하는 중국 엔지니어들, 이민과 비즈니스, 여행 등 여러 가지 이유로 아프리카로 향하는 중국인들의 발길은 오늘도 이어지고 있다.

아프리카의 新황제, 차이나프리카

아프리카에서 같이 있었던 지상사 주재원 중 인근 국가인 잠비아와 말라위로 자주 출장을 다니는 지사장이 있었다. 그 지사장은 출장 갈 때마다 "중국에 고맙게 생각한다"라는 농담을 자주 하곤 했다. 출장 가는 도시의 호텔과 식당이 변변하지 못했는데 그나마 중국이 지어 놓은 호텔이나 식당이 있어서 조금이나마 불편을 덜어준다는 것이었다. 그만큼 아프리카의 주요 거점 도시에는 어김없이 중국의 손길이 닿고 있다.

에티오피아의 수도 아디스아바바에 있는 높이 99.9m의 아프리카연합(AU) 빌딩은 중국이 건립해 기증한 것이다. 2014년 앙골라 서부 로비투에서 동부 루아오를 연결하는 1,344km의 철도를 개통하고 2016년 아디스아바바와 지부티를 연결하는 735km의 노선을 완공했다. 2018년 5월 케냐의 수도 나이로비와 동아프리카 최대의 무역항 몸바사를 잇는 480km의 철도가 중국의 지원으로 개통되었다. 실제 열차를 운행하는 기관사와 관리 요원의 다수도 중국인이다. 아프리카 동부의 탄자니아와 내륙국인 잠비아를 연결하는 1,860km의 철도노선도 중국이 이미 1975년에 설치해 주었다.

중국과 아프리카의 협력 관계는 하루아침이 아니라 오랫동안 이어진 '공든 탑'에 가깝다. 중국은 1950년대부터 아프리카를 지원했고 UN에서의 영향력을 확대하기 위해 아프리카 신생국을 활용하였다. 더욱이 1970년대 대만을 밀어내고 유엔상임이사국 지위를 확보할 때 아프리카 국가들의 도움을 받았다.

중국은 아프리카의 독립을 지지하며, 아프리카 국가들과 관계를 더욱 강화하였다. 1963년 저우언라이(周恩來) 총리가 최초로 아프리키를 방문한 이래 중국의 국가 수뇌부가 아프리카를 찾은 횟수는 100여 차례에 육박한다.

중국은 매년 중국-아프리카협력포럼(FOCAC)을 개최하고 있다. 아프리카를 중국에 옮겨 놓은 것처럼 아프리카 국가 대부분의 정상들이 중국을 방문한다. 중국은 이에 화답하여 아프리카 개발기금(CAD Fund)을 만들고 2015년 6차 포럼에서는 600억 달러의 자금 투자를 약속하였다. 일부 언론에서 "시진핑 중국 국가 주석이 아프리카 조공국을 맞이하는 황제와 같았다"라고 표현할 정도였다. 중국(China)과 아프리카(Africa)의 합성어인 '차이나프리카'(Chinafrica)가 연상되는 이유이다.

중국의 아프리카 구애는 고위급 방문에만 그치지 않는다. 중국이 경제적인 잠재력을 펼치기 시작한 2000년대부터 중국은 아프리카에 대한 투자를 대폭 강화했다. 유럽이나 미국과 같은 서구 열강에 대응하는 반제국주의 동맹이라는 명분으로 아프리카 식민지의 독립운동을 물심양면으로 지원하는 등 강한 결속과 지원을 아끼지 않았다.

각종 차관도 서슴지 않고 제공하고 있다. 2006~2017년까지 중국이 아프리카에 빌려준 대출은 1,430억 달러로 아프리카 전체 부채의 20%를 차지하고 있다. 미래 기회의 시장인 아프리카, 젊고 매력적인 미래의 시장에 가장 공을 들이고 있는 셈이다. 중국의 투자는 금액 자체가 클 뿐만 아니라 다양한 분야를 대상으로 투자가 이루어진다. 2016년 한 해에만 교통 부문 200억 달러, 에너지 분야 120억 달러를 비롯해 부동산, 각종 기반 시설, 광업 등 광범위한 분야에 대한 투자를 이어 가고 있다.

중국의 아프리카에 대한 원조, 차이나 머니는 이것저것 가리지 않는다. 서방 선진국들의 국제 원조는 까다롭다. 자국의 여론을 중시한다. 미국 등 서방국가들은 원조나 경제협력을 결정할 때 대상 국가의 정치·인권 상황을 문제 삼는다. 원조가 아프리카 국가의 독재정권을 지원하는 결과로 이어지는 것을 매우 꺼린다. 단순히 경제적인 것을 떠나 여러 가지 정치적인 고려사항도 포함하는 이유이다. 그러다 보니 경제적인 요인 외에 더 엄격한 기준을 적용한다.

서구 국가들이 아직까지 인도주의적 입장에서 아프리카를 지원하는 반면 중국은 외관적으로는 경제적인 관점에서 접근한다. 중국은 아프리카 국가의 정치 상황에는 개의하지 않는다. 내정불간섭 원칙으로 아프리카 국가의 복잡한 정치 상황을 고려하지 않는 것이다. 매년 중국에서 개최되는 중국-아프리카 협력포럼에서 채택된 '5불(5不) 원칙' 중에도 "아프리카 내정에 관여하지 않는다" "원조에 정치적 조건을 달지 않는다"라는 항목이 포함됐다. 전통적으로 식민지 지배를 한 유럽이나 미국 등 서양 국가와는 확연히 다르다. 아프리카 국가의 정권이 중국의 지원을 반기는 이유이다.

중국의 아프리카 투자는 금액도 많지만 집행 방식에서도 차이가 있다. 대부분의 국가는 예산 지원에 초점을 맞춘다. 그러나 중국은 중국 내 저렴한 인건비를 무기로 예산 이외에 자국의 엔지니어와 노동력을 직접 투입해 저렴한 공사 비용, 빠른 공사 기간을 제시한다. 단기간 내에 가시적인 성과물을 만들어 낸다. 직접 인력을 투입하는 중국의 방식을 사용하기 때문에 사업속도가 빠르다. 이것은 대다수의 아프리카 국가들에 깊은 인상을 남기고 있다. 중국은 아프리카 국가에 그나마 가뭄의 비처럼 아프리카 정부의 인프라 수요를 충족해 주는 뒷배 역할을 해주고 있다.

중국의 자금은 주로 아프리카의 인프라 건설에 투자되고 있다. 중국 정부는 인프라를 건설해 주고 그 대가로 자원 개발권을 획득하는 '패키지 딜'을 통해 연간 50억 달러 이상을 아프리카의 인프라 분야에 투자하여 석유, 가스, 광물 채굴권 등을 끌어모으고 있다. 아시아, 유럽, 아프리카를 연결하는 '일대일로' 프로젝트를 추진하고 있기 때문이다. 사업의 전후좌우에는 중국 국영기업이 이를 뒷받침하고 있다.

아프리카 곳곳의 교통 및 인프라 개선과 관련된 중국의 진출은 독보적이다. 2018년 기준 아프리카 대륙 전체에서 총 1천억 달러 규모의 인프라 건설이 추진되었는데 그 사업 재원의 4분의 1이 중국 자금이었고 당연히 엔지니어링, 조달, 건설과 관련한 계약의 절반이 중국에 돌아간 것으로 알려져 있다. 전기자동차 배터리의 필수적인 원료 코발트 역시 아프리카 한복판 콩고민주공화국까지 진출한 중국인의 네트워크를 통해 현지에서 수집돼 중국으로 넘어가 정제과정을 거쳐 우리나라를 비롯한 주요 배터리 생산 국가에 공급되고 있다.

아프리카에 건설된 도로, 철도, 교량, 공항 등은 대부분 중국의 설계와 기술, 자본으로 이루어진 것이 많다. 중국은 아프리카 각국에 2,000km가 넘는 철도와 3,000km가 넘는 도로 건설을 지원했다. 또한 아프리카 각국에 차관을 제공하고 있고, 빚을 갚지 못한 국가는 부채를 탕감해 주는 등 호의적인 제스처를 보여 왔다.

여기에는 미국·유럽연합(EU)·일본 등 선진국들과의 아프리카 경제전쟁에서 이겨야 할 뿐만 아니라 아프리카에 적극적인 개발원조로 이들을 끌어안아야 한다는 속사정도 자리하고 있다.

그러나 중국의 과도한 투자, 인력 파견 등은 현지에서의 마찰을 불러일으키고 있다. 중국 기업들이 아프리카 노동자들을 차별 대우하거나 열악한 환경에서의 노동을 강요하는 사례도 늘어나고 있다. 중국의 이런 행태는 과거 서구 제국주의 국가들의 아프리카 진출과 유사하다는 비판도 제기된다. 어찌 되었든 미국·유럽이 손을 놓거나 주저하는 사이 아프리카는 중국의 독무대가 됐다.

우리는 미국을 비롯한 서방의 시각에서 아프리카와 중국의 접근을 위협적이고 부정적인 측면에서 바라보는 경향이 강하다. 중국의 아프리카 진출 및 지원 확대는 강제적인 것이 아니라 유리한 조건을 제시하며 상호 지원이라는 경제적인 관점에서 접근하고 있음을 인식할 필요가 있다. 이러한 점에서 우리는 서방과 우리를 동일시하기보다는 객관적 관점에서 아프리카 그리고 중국을 바라보는 관점이 필요하다 하겠다.

하나로 뭉치는 아프리카 :
최대 지역공동체로 거듭날까?

국가 간 무역이 확대됨에 따라 경제적인 상호 의존도가 높아지고, 국경도 무너지고 있다. 지역공동체는 국가 간 관세, 상품에 대한 각종 차별을 없애고 마치 한 나라와 같은 경제 통합을 실현하는 것이다. 1993년 유럽연합이 그 대표적인 사례이다. 함께 뭉쳐서 '게임 체인저'로서의 역할을 기대하는 것이다. 아프리카에도 '판 아프리카니즘 (Pan-Africanism)'이 있다. 아프리카 국가들이 정치·경제·사회적으로 성장하기 위해서는 끈끈한 연대를 바탕으로 대륙 전체가 통합해야 한다는 것이다.

아프리카 경제공동체는 경제적 낙후, 정치적 불안 등에 공동 대응하고자 역내 경제공동체를 형성하고, 무역 장벽을 제거하여 교역 활성화를 통한 공동 성장 모색이 주된 목적이다. 아프리카연합에

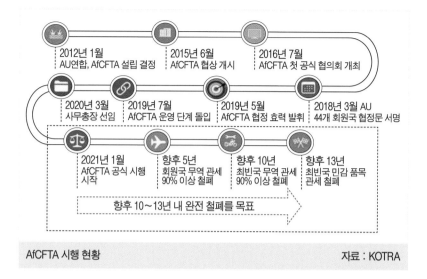

AfCFTA 시행 현황 　　　　　　　　　　　　　　　　　　　자료 : KOTRA

서 인정하는 아프리카 대륙 내 경제공동체는 ECOWAS(서아프리카), COMESA(동·남부 아프리카), MAGHREB(북아프리카) 등 총 8개이다. 권역별 그리고 지리적으로 인접한 5개국 이상의 국가들이 동맹 관계를 구축하고 있으며 대부분 2개 이상의 공동체에 가입되어 있다.

아프리카 전체가 경제공동체로 추진하는 AfCFTA는 2021년 발효, 54개국이 참여해 아프리카 역내 경제 통합 가속화 및 FDI 유치 확대를 도모하고 있다. 인구 12억 명, GDP 3조 달러 이상 규모의 가장 많은 국가가 참여하였다. AfCFTA는 단일 시장 형성을 궁극적인 목표로 하고 있다.

각 지역별로 비관세 무역과 국경 이동을 위해 역내무역은 지속되어 왔으나 2019년 기준으로 아프리카 역내 수출량은 총 수출량의 14.1%에 지나지 않는다. 코로나 팬데믹으로 인한 경기 침체는 아프리카 국가들에 자생적인 역내무역의 필요성을 일깨우는 계기가 되었고 "아프리카의 문제는 오로지 아프리카인들이 풀어나가야 한다"라는 공감대의 바탕이 되고 있다.

AfCFTA로 회원국 간 관세·비관세 장벽이 낮아지면서 기업의 경쟁력이 제고되고 역내무역 또한 더불어 활발해질 것으로 전망된다. 이 기구의 출범으로 새로운 협력의 기회가 도래하게 된 것이다. 아프리카 개발은행은 AfCFTA가 제대로 발효된다면 역내 무역량이 현재의 14%에서 52%로, 대륙 전체적으로 GDP가 2.64% 정도 증가할 수 있다고 전망하고 있다.

역내 교역량이 늘어남에 따라 자국 내 제조와 생산능력이 향상되어 국가 경제와 산업 발달에도 큰 도움을 줄 것으로 기대한다. 아프리카 제조업은 전체 GDP의 약 10% 수준으로 크게 낙후되어 있다. AfCFTA 체결로 자원에 의존하는 단순한 수출 구조보다는 제조 산업의 육성이 용이하다. 중간재 공급도 자유로운 이동이 가능해지기 때문이다.

기존의 다품종 소량 주문으로 주저한 무역도 더욱 활발해질 수 있다. 인근국과의 교역 범위가 무관세 등으로 넓어지기 때문이다. 시장이 넓어지고 이에 따른 투자가 확대될 수도 있다. 역내무역의 증가는 국가 간의 투자 증가로 이어져 기술 이전 등 다양한 형태로 협력이 확대될 전망이다. 핀테크, 전자 상거래 등 디지털 기술이 도입될 수 있는 최상의 기회라는 기대감이 높다.

그러나 AfCFTA는 아직까지 가야 할 길이 멀다. 체결보다 이행이 중요하기 때문이다. 물류 인프라 개선, 비관세 장벽 및 자유로운 인력 이동 문제 등 민감한 과제들에 대한 각 국가의 입장도 다르다. 열악한 도로, 철도 등은 원활한 교역에 장벽이 될 수 있다.

한편 국가 간 경제력 차이에 따라 관세율 및 규제 지침이 차별적으로 적용되어야 한다는 주장도 제기된다. 나이지리아, 남아공, 이집트 3개국이 아프리카 전체 GDP의 44%를 차지하고 있어서 역내 교역의 경우 상대적 불평등이 있을 수도 있다. 취약한 내수 경제로 인근 국가들과의 무역 의존도가 높은 국가일수록 관세 철폐로 인해 단기적으로 세수가 감소하는 반면, 제조력을 갖춘 국가들이 싼 가격에 원재료를 수입해서 높은 관세율로 이웃 국가에 수출을 하는 구조가 된다면 역내 경제 격차는 더욱 벌어질 수 있다. 또한 관세 철폐가 되더라도 인프라와 시스템이 뒷받침되지 않는다면 여전히 중국, 인도 등으로부터 수입하는 것보다 가격 및 품질면에서 경쟁력을 확보할 수 없고 결국 외부에 대한 높은 의존도에서 벗어날 수 없게 될 것이다.

우리나라도 지체할 수 없다. AfCFTA를 활용하기 위해서는 이에 대한 세밀한 모니터링도 필요하다. 한국 정부는 아프리카 주요 거점 국가와 FTA 체결을 고려하여야 한다. 남아공, 케냐 등 아프리카 내 상대적으로 우수한 인프라가 구축되어 있는 국가가 우선 고려 대상이라 할 수 있다. 우리 기업은 과감한 투자 진출로 역내 조달을 확대해야 한다. 역내에서 생산되는 경쟁력 있는 원자재, 부품 등을 활용 시 아프리카 각국에 기진출한 우리 기업의 원가절감이 가능하기 때문이다. 상대적으로 저렴하고 영어도 가능한 풍부한 젊은 노동력을 활용, 아프리카의 높은 실업률 문제 개선에 기여할 수도 있다. 또한 AGOA(미국), EPA(EU) 등 주요 선진국과 기체결된 특혜관세를 적용받아 선진 시장으로의 진출도 가능하다.

한국은 늦었다.
그러나 지금이 가장 빠를 때다

후발 주자 한국, 정상 방문은 가뭄에 콩나듯

우리나라는 세계 10위권의 경제대국이다. 세계 어디에서나 우리가 생각하는 것보다 한국의 위상은 대단하다. 특히 개발도상국에서는 한국의 경제발전에 경외심을 아끼지 않는다. 거기에 K-POP과 같은 한류까지 편승하여 대한민국의 가치를 높이고 있다.

아프리카에서 '코리아' 하면 북한을 먼저 떠올리는 사람들이 의외로 많다. 과거 아프리카는 북한과 긴밀한 협력 관계를 유지해 왔다. 북한은 1960~1970년대에 아프리카 여러 국가와 반제국주의, 비동맹 등 비슷한 이데올로기를 공유했기 때문이다. 무기를 비롯한 군수물자, 경찰 및 군대의 교관, 의료 인력을 제공하는 등 교류가 매우 활발했던 것으로 알려져 있다.

한국 정부는 독립 이후, 세계 최빈국 중 하나였다. 그래서 아프리카에 대한 외교 및 경제적인 협력을 기대하기 어려운 상황이었다. 당연히 한국의 대 아프리카 진출 전략도 없는 상태였다. 그러나 지속적인 경제발전 과정에서 1970년대 오일 쇼크가 발생하고, 석유 확보 등을 위해 중동과 아프리카에 대해 관심을 갖기 시작했다.

한국과 아프리카의 외교는 한참 늦었다. 우리나라는 나이지리아, 가나, 수단, 리비아 등과 1970년대 말에서 1980년대에 수교를 맺었다. 서울 올림픽 이후 탄자니아, 잠비아, 짐바브웨 같은 사회주의 국가들과도 수교를 맺었다. 아프리카 국가와의 공식적인 외교관계는 길지 않은 편이다.

아프리카에는 "나무를 심어야 하는 것은 20년 전이었고 두 번째 중요한 시기는 바로 지금이다"라는 속담이 있다고 한다. 지금이 바로 중요한 시기이다. 자원이 부족한 우리나라에서 아프리카와 같은 미개척 시장은 기회이다. 대외 의존도와 수출의 중요성이 큰 우리나라의 경우 새로운 시장을 개척하는 것이 지속적인 경제발전을 위해 매우 중요하다.

2021년 가을, 한국은 요소수 파동으로 원자재의 중요성과 함께 차이나 파워를 실감한 바 있다. 중국 일변도의 취약한 공급망 관리능력은 앞으로도 계속 우리 경제성장을 가로막는 도화선으로 남게 될 것이다. 한국 주력 수출 품목이자 미래 핵심 기술인 반도체, 전기자동차 배터리의 원자재인 리튬, 코발트, 니켈 등의 의존도가 중국에 너무 편중되어 있다는 우려도 제기되고 있다. 중국 일변도의 자원 의존도를 낮추고 직접투자 등을 통해 거점 다변화를 모색해야 한다. 각종 천연자원을 많이 보유한 아프리카가 그 대안 중의 하나이다.

그러나 아프리카에 대해 한국은 여전히 후발 주자이다. 아프리카에 대한 평가는 아직까지도 수많은 편견에 사로잡혀 기회를 놓치고 있다. 새로운 시장으로서 아프리카에 대한 기본적인 지식과 관심은 아직 다른 경쟁국에 비해 매우 부족하다. 역사적인 배경, 지리적인 이점, 자금력 등도 경쟁국에 비해 미약하다. 과거 북한과 체제 대결을 하던 시절에는 아프리카 국가에 적극적인 구애를 한 적도 있었으나 남북한 유엔 동시 가입 이후 외교적으로 아프리카에 대한 관심은 점차 멀어지고 있다.

1960년대 아프리카 국가들이 유럽 제국으로부터 독립하면서 아프리카와의 외교가 적극적으로 추진되었다. 당시에는 북한과의 경쟁 외교 측면에서 아프리카 국가와 교류하였다. 1980년대가 되어서야 대통령이 직접 아프리카에 방문하여 이전과 다른 실질적인 외교가 시작되었다. 2000년대에는 한국의 ODA 정책을 통해 아프리카 국가들과 소통하기도 하였고, 대통령을 포함하여 국무총리, UN 사무총장을 포함한 고위급 인사가 아프리카에 방문하면서 보다 적극적인 외교를 실천하였다. 2006년에는 첫 번째 한-아프리카 포럼을 개최하면서 한국과 아프리카의 장기적인 교류의 장을 마련하기도 하였다.

국가의 관계는 대통령과 같은 정상의 방문 횟수와 어느 정도 비례한다고 할 수 있다. 양국의 관계가 밀접할수록 방문 횟수도 증가한다. 정상의 만남은 양국 친밀도를 표시하는 상징성 외에 더 많은 신뢰를 줄 수 있다. 우리나라 대통령이 새롭게 당선된 이후 처음으로 방문한 나라가 가장 중요한 우방으로 생각될 수도 있다. 그런 면에서 우리나라 정상의 아프리카 대륙 방문은 아쉬움을 보여준다.

1982년 전두환 전 대통령이 아프리카 4개국(케냐, 나이지리아, 가봉,

세네갈)을 순방하였다. 냉전 시대 남북관계에서 우위를 점하기 위해 아프리카에 대한 정치외교적인 협력관계에 집중한 것이다. 아쉽게도 이후 한국 정상의 아프리카 방문은 제대로 이루어지 않았고 정부 차원의 장기적인 로드맵도 없었다. 후속 방문은 24년이 지난 후에 이루어졌다.

2006년, 노무현 전 대통령이 이집트, 나이지리아 알제리 등 3개국을 방문하였다. 참여정부에서 한국은 아프리카에 본격적으로 관심을 갖고 자원과 개발 협력에 집중하였다. 아프리카 국가들을 단순하게 외교 국가를 다변화하기 위한 상대로 보는 것을 뛰어넘어, 경제적인 협력 파트너로서 인식하고 아프리카 국가들과 실천적인 협력 방안을 포함하고자 장기 전략을 발표하기도 하였다.

2011년, 이명박 전 대통령이 남아공, 콩고, 에티오피아를 방문했으나, 2018년 평창동계올림픽 유치를 위한 지원(남아공 더반 개최)이 아프리카 순방의 주된 이유였다. 자원 외교를 중요시하였던 이명박 정부는 자원확보 측면에서 '한·아프리카 경제협력 활성화 방안'을 발표하였다.

2016년, 박근혜 정부는 에티오피아, 우간다, 케냐를 방문하였다. 이때 개발 협력과 문화외교를 결합한 새로운 개발원조 모델이 시도되었다. 한국형 지원사업인 코리아 에이드 사업과 경험 공유형 새마을운동 사업을 지원하였으나 현지 상황을 제대로 고려하지 않은 보여주기식 원조리는 지적도 있었다.

2018년 7월, 이낙연 국무총리는 동부 아프리카인 케냐, 탄자니아, 오만을 방문한 데 이어 12월, 마그레브 3개국인 알제리, 튀니지, 모로코 등 3개국을 순방했다. 이와 더불어 '한·아프리카재단법'을 제정하고 한·아프리카재단을 외교부 산하에 설립하면서 아프리카와의 교류

〈아프리카 경제발전 및 경제협력 연대기〉

한국	아프리카	주요국
정책 없음	독립의 시대(1955~80년)	주요국 진출 시작
◎ 세계 최빈국 중 한 국가로서 내부적인 경제발전에 주력	◎ 아프리카 독립과 희망의 시대 • 탈식민지화 및 독립선언 • 농업 중심의 경제발전 시도 • 지하자원과 농산물 수출 • GDP 성장률 : 0~9%	**(중국)** '55년 비동맹회의 개최 • '63년 저우라이 총리 순방 **(미국)** '60년 사회주의 확산 방지 **(프랑스)** '60년 드골 대통령 직속 아프리카 정책 전담기구 수립 **(영국)** 식민 종주국으로써 영향력 유지
	잃어버린 시대(1980~99년)	아프리카 전략적 중요성 인식 (정부간 협력채널 수립)
〈외교적인 접근 시작〉 ◎ 전두환 대통령 최초 순방 ('82년) • 케냐, 나이지리아, 가봉, 세네갈 4개국 외교적 방문 25년(1982~2006년) 동안 VIP 방문 없음	◎ 정치 불안 등으로 성장 동력 상실 • 경제성장 퇴보 • 세계에서 가장 가난한 대륙 • 종족 갈등으로 인한 내전 및 소요사태 빈번 • GDP 성장률 : -2~4%	**(일본)** '93년 도쿄 아프리카 개발 (TICAD) 회의 최초 개최 • '98년 TICAD 2차 회의 **(중국)** '91년 이후 중국 외교장관 의 첫 해외 순방지는 아프리카 **(미국)** '97년 미국-아프리카 비즈니스 포럼 최초 개최, '99년 2차 비즈니스 포럼 개최
	아프리카 르네상스(2000~14년)	경제적인 측면 중요성 확대 (아프리카 진출 국가 다변화)
〈범정부 차원 최초 阿전략 수립〉 ◎ 노무현 대통령 순방('06년) • 25년만에 VIP 아프리카(이집트, 나이지리아, 알제리) 방문 • 아프리카 개발을 위한 한국 이니셔티브 발표 〈자원외교 관점으로 추진〉 ◎ 이명박 대통령 순방('11년) • 남아공, 콩고, 에티오피아 방문 → 전 정부의 阿 이니셔티브는 실행되지 못하고, 자원확보 차원 접근	◎ 아프리카 라이징(Rising) • 석유 이외에 구리, 희토류 등 아프리카 자원 개발 본격화 • 정치·사회적인 안정 • 글로벌 기업들의 투자 본격화 • 인구 증가 및 소비시장 확대 • GDP 성장률 : 3~8%	**(중국)** '00년 중국-아프리카 협력 포럼(FOCAC) 최초 개최 • '03년(2차)/'06년(3차)/'09년(4차) **(유럽)** '01년 EU-아프리카 포럼 (EABF) 개최 • '07년(2차) **(일본)** TICAD 협력 채널 강화 및 민간 기업 진출 확대 • '03년(3차)/'08년(4차)/'13년(5차) **(인도)** '08년 아프리카정상포럼 개최 • '11년 포럼 2차 회의 **(미국)** '14년 아프리카 정상회담 신설
	경제위기 후 재도약(2015년~)	주요국의 해외진출 최대 격전지
〈범정부차원 전략 부재〉 ◎ 박근혜 대통령 순방('16년) • 에티오피아, 우간다, 케냐 방문 • 코리아에이드(K-Meal) 사업 추진 ⇒ 시대에 부합하는 새로운 아프리카 경협전략 필요	◎ 일시적 침체 후 반등세 • 자원 가격으로 경기침체 ('15~'17년) • 자원 가격 회복 및 산업 다각화 노력으로 재도약'17년~) • GDP 성장률 : 2~5%	**(중국)** 일대일로 정책으로 주도권 확보 **(미국)** 경제적 이익과 안보 연계 **(EU, 일본, 인도)** 정부 간 고위급 채널을 확대하고, 아프리카에 대한 진출에 사활을 걸고 경쟁 중

협력을 확대하기 위한 노력을 본격화하기 시작했다.

그리고 2019년 7월, 한국의 외교장관으로는 처음으로 사하라 이남 아프리카의 동부(에티오피아), 서부(가나), 남부(남아공)를 동시에 방문, 미래 세계 경제의 성장 엔진 중 하나로 주목받는 아프리카 경제의 중요성을 강조했다.

한 아이가 자라려면 온 마을이 필요하다

아프리카에 "한 아이가 자라려면 온 마을이 필요하다"라는 속담이 있다고 한다. 무언가를 얻기 위해서는 그만큼 정성을 기울여야 한다는 얘기이다. 한국 기업도 해외 진출을 위해서는 현지 공관, 코트라 등 유관기관의 도움과 지원이 필요함은 당연하다.

아프리카에 대한 편견은 민간 부문뿐만 아니라 공공 부분의 진출까지 저해하고 있다. 아프리카 경제 관련 업무 인력과 조직이 너무 부족한 현실이다. 공관의 수, 공관에 파견된 인원은 말할 것도 없고 유관기관의 수도 적다.

한국 정부의 아프리카 개발 협력(ODA)을 위한 지원 규모는 점차 증가하여 2017년 기준 4억 달러 규모이다. 그러나 미국 112억 달러, 일본 17억 달러, 영국 38억 달러에 비교하면 턱없이 작은 규모이다. 뿐만 아니라 아프리카는 정치·외교적으로 우선 대상국이 되지 못하면서 범정부적인 협력 채널이 약하다. 투자보장협정(18개국), 이중과세방지협정(10개국) 체결 및 기재부 등 부처에서 개별 협의체를 운영 중이다. 부처의 개별 협의체는 범 정부적인 아젠다를 논의하기 힘들고 상호 연계가 부족하여 실질적인 협력 창구로서의 역할은 제한적이다.

해외 국가에 진출한 대사관은 한국 기업이나 교민 활동의 큰 축이며, 교민들에게 편의를 제공할 뿐만 아니라 주재국 정부와도 항상 긴밀하게 연결되어 있음을 알리는 신호이다. 그렇지만 아프리카에 절대적인 공관 수가 부족하다 보니 겸임 국가도 많다. 아프리카 특성상 항공과 같은 교통이 부족하여 순회영사와 같은 인접국, 겸임국과의 활발한 의사소통을 기대하기는 어렵다. 공관에서 근무하는 인원도 턱없이 부족하다. 당장 아프리카 지역의 외교 공관에서 해당 국가와 지역에 대한 경제 업무를 전문적으로 담당하는 공무원도 찾아보기 어렵다. 이마저도 지원자가 늘 부족한 편인 것으로 알려져 있다. 한국 정부의 대사관과 유관기관들이 너무 선진국 중심이라는 비판이 오래전부터 제기되고 있는 이유이다.

원조 기관인 KOICA와 수출입은행을 비롯하여 KOTRA, 무역보험공사 등이 진출해 있으나 미국이나 중국, 동남아시아에 비교하면 인력 규모가 매우 작은 편이다. 아프리카 국가들의 경제개발 업무를 담당하는 대표 국제기구인 아프리카 개발은행에도 한국 정부에서 파견 나가 있는 인력은 소수에 불과하다. 외교부나 코트라에서도 아프리카와 관련한 전담 인력은 매우 미약하고 경제나 안보적으로 더 밀접한 중동 업무보다 후순위로 다뤄질 가능성이 높은 구조다.

아프리카에 설치된 공관이 아프리카 국가와의 협력 관계를 전담하는 것도 무리이다. 현지 진출한 공공기관들도 개별기관별 활동에 집중하고 있어 국가 차원의 협력 사업이 부족할 수밖에 없다. 좋은 파트너로 동반 성장하기 위해 한국과 아프리카 국가들의 보다 더 적극적이고 활발한 교류와 소통이 필요한 시점이다.

그래서인지 국내 기업들도 지리적인 접근성, 현지 정보 부족 등의 이유로 진출에 대한 정보를 쉽게 얻을 수 없다. 아프리카에 진출한 기업 수 또한 저조한 상황이다. 한국 기업을 대표하는 지상사는 남아공, 나이지리아, 케냐 등에서 제조업, 건설업 등에 주로 진출하여 약 130여 개사가 있으나, 일부 대기업을 제외하고 매출이 없는 연락사무소 형태이다. 교민 기업은 약 1만 800명이 아프리카에 거주하는 것으로 추정되는데 주로 도소매, 음식·숙박업 등 생계형 자영업 중심으로 운영되고 있다.

최근 아프리카 현장은 이전과는 달라졌다. 무상으로 받는 원조도 골라 받는다. 일방적으로 접근하는 중국식 개발주의에 대한 접근은 현지에서 많은 반감을 사고 있다. 원조 받고 싶은 분야를 구체적으로 요청하기도 한다. 서구 열강들이 제공하는 전통적인 단순 원조는 아프리카의 산업화에 대한 갈망을 채워주기에는 2% 부족하다.

위기를 기회로 삼아라

한국과 아프리카의 경제협력 로드맵은 노무현 정부 시절 만들어졌다. 정부는 '아프리카 개발을 위한 한국 이니셔티브'라는 장기 전략을 발표하였다. 아프리카 국가들을 단순히 외교 다변화 상대로 보는 것을 넘어, 경제적인 측면에서 협력 파트너로서 인식을 전환하고 아프리카 국가들과 실천적인 협력 방안을 포함한다는 것이다.

또한 공동의 경제발전을 위해 공동 협의체인 KOAFEC(Korea-Africa Economic Cooperation Conference)를 구성하기도 하였다. KOAFEC는 한·아프리카 경제협력 협의체로 자문단 및 사무국이 운영 기구로 조직되어 있다. 사무국은 개발 프로그램을 진행하며 조율하는 한편, 자문단은 AfDB 이사진으로 구성되어 사무국에 자문 활동을 하며 구체

〈아프리카 개발을 위한 한국 이니셔티브 주요 내용〉

항목	주요 내용
개발원조(ODA) 규모 확대	2008년까지 대 아프리카 ODA를 3배로 확대
개발경험의 공유	향후 3년 내 1천 명의 아프리카인 초청(인재 양성) 봉사단 및 전문 인력 파견 확대, 개발 관련 워크숍 개최 등을 통한 개발계획 수립 지원
의료보건 지원	의료단 파견 확대, 병원 및 보건소 건립-의료장비 및 백신개발 지원 등을 통한 기초 보건 인프라 구축 지원
인적 자원 개발 지원	학교 건립과 정보통신기술(ICT) 인프라 구축 등을 통한 기초교육과 교육정보화 지원(직업훈련센터 건립, 관련 분야 교사 초청연수)
농림수산업 지원	농업기술 전수 및 농촌 인프라 구축 지원, 어업 및 수산 양식 분야 기술 지원
정보화 격차 해소 지원	IT 분야 연수생 초청 및 봉사단 파견 확대, IT 훈련원 건립 및 전자정부 사업 지원
협력 포럼 구성	민·관·학 협의체로 「한·아프리카 경제협력 포럼」 구성 정례협의체로 발전시켜 나감
국제기구와의 협력을 통한 개발 지원	세계식량계획(WFP), 유엔공업개발기구(UNIDO), 아프리카 개발은행 등과의 협력사업 강화
무역역량 지원 및 통상 확대	최빈국에 대한 무관세, 무쿼터 수입품목 확대, 통상투자 사절단 파견 등 민간교류 확대 지원
주인의식 제고 방향으로 협력사업 추진	아프리카개발 신파트너십(NEPAD)의 사회·경제개발 노력 지원

자료원 : 외교부, 2006

적인 활동을 승인하는 역할을 한다. 구체적인 활동은 인프라, IT, 개발 경험 공유, 인적 자원 개발, 녹색 성장, 농촌 개발 등 6대 중점 협력 분야에서 협력 사업을 발굴, 추진하는 성과 지향적 경제협력 협의 채널이다.

이후 한국 정부 부처별로 협력은 지속되었다. 외교부에서도 2006년부터 '한-아프리카 포럼'을 정기적으로 추진하고, 기재부에서는 2010년부터 '한-아프리카 장관급 경제협력회의'를 추진하고 있다. 산업부에서도 '한-아프리카 산업협력포럼'을 2008년부터 시행하고 있다.

2018년 부산에서 제53차 AfDB 연차총회와 한·아프리카 경제협력회의가 공동으로 개최되었다. 아프리카 54개국 경제 분야 장관, 아프리카 개발은행 총재, 아프리카 대표단(정부부처 주요 인사) 및 아프리카 연합(African Union) 등 아프리카 국제기구 대표가 한국을 방문한 국내 아프리카와 관련된 최대 규모의 행사였다. 격년 주기로 열리는 본 행사를 통해 한국의 경제개발 경험 전수, 자원 개발 협력, 국내 기업의 시장 진출 지원, EDCF 사업 수요 발굴 등 구체적 협력 의제를 논의하고, 아프리카에 실질적으로 도움을 줄 수 있는 협력 사업을 발굴하였다.

그러나 종합적인 전략은 아직 미흡하다. 한국의 대 아프리카 경제협력은 노무현 정부 당시 범정부 차원의 '아프리카 개발을 위한 한국 이니셔티브' 등의 종합계획이 세워진 적이 있으나, 이후 장기적인 진출 플랜이 부족한 실정이다. 미국, 중국, 일본 등 주요국들은 이미 오래전부터 아프리카의 잠재적 가치에 주목하고 정상 방문 및 개발원조 확대, 협력 포럼 등을 앞세우며 아프리카 개발에 주력하는 동안 우리는 아프리카를 사실상 불모지로 방치해둔 측면이 없지 않다.

새로운 종합적인 진출 전략을 세울 때 과거 우리의 아프리카에 대한 인식은 국제정치적 측면이 강조되었지만, 이제는 경제적 이익과 개발 협력의 조화로운 발전을 지향해야 한다. 큰 틀에서 호혜적인 파트너로서 발전할 수 있는 경제협력 모델의 개발·추진이 필요하다. 정부와 민간이 협력하는 종합적인 전략이 필요한 것이다.

경제협력 모델은 아프리카 후발 지원국으로 중국과 유럽 등의 경쟁국과 차별화된 비교 우위가 강조되야 한다. 우리나라는 우리의 강점을 설명하고 아프리카 국가의 수요에 부응할 수 있는 고유의 협력모델 제시가 필요하다. 그리고 우리의 경제성장 경험과 노하우를 전달하는 상호 호혜적인 개발 협력 접근과 장기적인 관점에서 일관성 있게 국가 프로젝트로 추진되어야 할 것이다.

그러기 위해서는 먼저 아프리카 국가와 공감대를 형성해야 한다. 한국은 대다수 아프리카 국가와 유사하게 피식민 지배 및 내전을 경험한 국가이다. 이것은 아프리카 국가와 우리나라를 정서적·문화적으로 연결시키는 데 큰 도움이 될 수 있다. 강대국의 개입 우려 등에 대한 아프리카 국가들과의 공감대 형성을 토대로 '상호 신뢰에 바탕을 둔 경협 전략' 추진이 용이하다. 이는 현재 중국의 자원 확보 중심의 대 아프리카 경협 전략과 차별화될 수 있다.

다음으로 한국의 산업발전을 내세울 수 있다. 과거 한국은 최빈곤국이었다. 1950년대 한국의 1인당 평균 GDP 780달러, 아프리카 대륙 평균 GDP는 912달러였다. 1960년대 우리나라 여건은 가나, 케냐 등 아프리카 국가와 유사했으며, 우리의 전후 복구 경험도 아프리카 국가의 내전 이후 경제 복구에 유용한 사례가 될 수 있다. 지금의 한국은 이미 세계 수준의 IT와 자동차, 선박 등 다양한 분야의 제조 기술과 글로벌 기업을 보유하고 있다. 이런 기술력은 산업화를 희망하는 아프리카 국가에 큰 매력이 될 것이다. 단기간에 성공적인 경제성장을 이룬 경험과 노하우를 통하여 아프리카의 상황에 적합한 차별화된 발전 모델을 제시할 수 있는 것이다.

〈아프리카 수요와 우리나라 역량〉

구체적인 경쟁력(협력 방향)
◆ 제조기술·생산능력 전세계 최상위국 　- Bloomberg Innovation Index 2018 5년 연속 　1위 ◆ 경제발전 경험 및 공유, 전파 역량 보유 ◆ 전통적 ICT 강국 ◆ 높은 전문인력/기술 보유 　- 대학 졸업자 비율 약 68% ◆ 국민의 보건 의료 이용 최상위권 　- 대학 졸업자 비율 약 68%

▶

세부 산업 분야	
소비재	제조업 육성
인프라	에너지
ICT	스타트업
의료	농업
방산/보안	

　우리나라의 정치적 민주화 또한 아프리카 국가들에게 매력이 될 수 있다. 민주화를 이뤄낸 우리의 경험과 노하우를 브랜드화해야 한다. 마지막으로 아프리카 현지 수요 중 우리 기업이 가진 경험과 역량에 부합하는 산업 분야를 우선 협력 대상으로 설정하는 노력이 필요하다.

chapter 2

변화에서
기회를 찾아라

산업화와 고용 창출

제조업이 뜬다

동아프리카에서는 커피가 주요 특산품 중 하나이다. 가격도 적당하고 아프리카라는 희소성도 있어서 지인에게 선물하기 적당한 아이템 중의 하나이다. 그러나 커피를 담는 포장지가 문제다. 한국에서는 쉽게 볼 수 있는 포장지나 선물 가방도 여기서는 귀하다. 모든 것이 부족한 아프리카이지만 공산품은 특히 부족하다. 그러다 보니 어렵게 구입한 중국산 선물 가방이 커피 가격의 절반에 육박할 정도이다. 커피와 같은 농업, 1차 산업은 활발하지만 부가가치를 더욱 높일 수 있는 포장산업과 같은 제조업이 이를 뒷받침해 주지 못하고 있기 때문이다.

외국인이 아프리카에서 구매할 만한 것은 거의 수입에 의존한다.

필자의 후임은 유럽에서 근무하던 동료였다. 다르에스살람의 현지 유통매점에 진열된 수입 제품의 가격을 보더니 놀란다. 유럽에서 판매되는 가격의 2배 이상되는 제품도 있다고 한다. 수입산이기 때문에 현지에서 부르는 가격이 판매가격일 가능성도 있다. 그나마 상품이 있으면 다행이다. 얼마 전 많이 있던 상품들이 정작 필요할 때 사려고 하면 이미 다 팔리고 재고가 없는 경우도 많다. 수입 물량도 불규칙적이어서 있을 때 구매해야 한다.

아프리카 제조업은 아직까지 지지부진하다. 아프리카 제조업은 전체 GDP의 약 10% 수준으로 다른 개발도상국들에 비하면 크게 낙후되어 있다. 아프리카 정부에서 부르짖는 제조업과 산업화의 근간에는 고용 창출이 깔려 있다. 기존의 부가가치가 떨어지는 농업으로는 경제성장을 이끌기에 충분하지 않다. 제조업과 산업화를 통한 고용 창출이 필요하다.

산업화는 인프라를 개발하고 제조업을 육성하여 산업을 다각화하는 것이다. '아프리카 자유무역지대'가 실질적인 효과를 발휘하기 위해서라도 아프리카 국가들의 산업다각화 정책은 필수적인 선결과제 중 하나로 인식되고 있다.

헌 옷은 이제 그만, Made in Africa!

아프리카에서는 운행되는 승합 버스에 적힌 중국어나 일본어를 쉽게 접할 수 있다. 의류도 마찬가지다. 민방위 모자, 축구 유니폼에 한국어가 쓰인 옷을 입고 있는 사람들도 쉽게 볼 수 있다. 중고 자동차, 중고 의류 등은 아프리카에서 쉽게 유통되는 주요 수입 품목 중의 하나이다.

한국의 아파트 등에서 수거되는 헌 옷, 이불 등이 아프리카에 톤 단위의 중고 의류로 수출, 판매된다고 한다. 수거된 의류는 기부 단체로 보내지기도 하지만 헌 옷을 모아 파는 개인사업자에게 전달되기도 한다. 수출용 돈벌이 사업 중의 하나이다.

동아프리카의 헌 옷 수입은 1990년대 본격화되었다. 주로 아프리카 등 신흥 개발도상국을 중심으로 중고 의류 수요는 늘어나고 있다. 중고 의류는 한국을 포함하여 주로 미국이나 선진국에서 수입된다. 2015년 한 해 동안 동아프리카공동체(EAC) 국가들이 전 세계에서 수입한 헌 옷은 274만 달러어치에 달한다. 이 지역 주민 10명 중 7명은 한 벌 이상의 헌 옷을 가지고 있다는 통계가 나왔다. 가격도 저렴해서 1달러 정도로 저렴하다.

이런 중고 의류들이 자국의 섬유산업 성장을 방해하였음은 당연한 일이다. 르완다는 1994년 발생한 대학살 이후 경제 재건에 힘쓰면서 의류산업 육성을 통해 2만 5,000개의 일자리를 창출할 수 있을 것으로 기대하였다. 그러나 르완다에서 생산된 새 옷은 길거리에서 판매되는 중고 의류와의 가격경쟁에 밀렸다. 정부가 산업화 정책의 일환으로 야심차게 선택한 의류와 봉제산업 육성에 걸림돌이 된 것이다.

결국 2016년 르완다가 속한 동아프리카공동체에서는 자국의 의류 제조업을 보호하기 위해 동아프리카공동체 소속 5개국과 함께 미국 등 서방으로부터의 중고 의류·신발 수입을 중지하겠다고 발표하였다. 당시 동아프리카공동체 측은 "싼값에 쏟아져 들어오는 낡은 옷과 신발이 국내 섬유산업 성장을 저해한다"라며 수입 중단 이유를 밝혔다.

2019년까지 수입이 금지되자, 급작스럽게 수출이 막힌 미국이나 선진국에서는 중고 의류의 처분이 고민거리가 되었다. 수출되지 않은 중고 의류 물량을 자국에서 처리해야 하는데 처리되지 않은 중고 의류를 폐기하기 위해서는 별도의 환경 비용이 발생하게 된 것이다.

결국 '미국 우선주의'를 외치던 트럼프 행정부는 미국 중고 의류 무역 단체들의 주장을 받아들여 역공을 펼쳤다. '아프리카 성장기회법(AGOA)' 아래 미국이 아프리카 국가에 제공한 관세 혜택을 철폐하겠다고 나선 것이다. 이 법은 사하라 사막 이남 국가에 대한 무관세 혜택(6,500개 품목)과 미국 기업의 아프리카 투자 확대 등의 내용을 담아 2000년 아프리카 경제성장을 촉진하기 위해 제정된 것이다.

세계 최강의 강대국이라고 자부하던 미국이 자국 내 이익 단체들의 영향을 받아 아프리카에 양면의 모습을 보인 것이다. 사실 AGOA의 목적은 무역을 통해 아프리카 국가들의 개발과 경제발전을 돕는 것이지만, '아메리카 퍼스트(미국 우선주의)'를 우선시하여 그 수단으로 활용하였다.

아프리카 소비자들의 불만도 제기되었다. 중고 의류 수입 금지는 소비자의 선택권을 제한하는 것이었다. 수입 금지로 저렴한 중고 의류를 구입하지 못하고 가격은 더 비싸고 품질은 떨어지는 자국산 의류를 구입해야 하기 때문이다. 그 틈새를 비집고 중국이 의류 시장에 진입하였다. 동아프리카 지역에 매년 12억 달러 규모의 의류를 수출했다. 중고가 아닌 새 제품은 수입 금지 조치의 적용을 받지 않기 때문에 시장 진입 기회가 열린 것이다.

르완다의 '메이드 인 르완다' 사례는 아프리카 다른 나라에 시사하는 바가 크다. 자국산 제품을 장려하기에는 아직까지 제조 기반이 열악하다. 특히 르완다는 내륙 국가로 인접국인 탄자니아, 케냐의 항구를 이용해야 한다. 내수시장은 작고 대부분의 국민들은 가난하며 훈련된 노동자 수도 부족하다. 아직 베트남, 방글라데시와 같은 봉제 공장을 육성하는 데는 한계가 있다.

그렇지만 동아프리카 지역은 한국과의 지역적 인접성, 풍부한 저임금 노동력과 값싼 전력, 인도양과 인접한 지리적인 장점을 가지고 있다. 정부의 적극적인 제조업 육성 정책으로 중국, 동남아에 이은 차세대 섬유산업 생산지로 주목받고 있다.

동아프리카 지역의 대 미국 및 유럽의 섬유·의류 제품 수출은 지속적으로 증가하고 있다. 중국, 인도, 남아공 등 신흥국으로부터 투자금 유입이 증가하면서 제조업 부문 FDI 비중 또한 급증세를 나타내고 있다. 미국과 유럽의 주요 글로벌 의류업체가 케냐, 에티오피아 등에서 시범 생산을 성공하고 생산설비를 확대 중이다. H&M이나 PVH와 같은 글로벌 패스트 패션 업체들이 이미 에티오피아에서 시범 생산에 성공하고 생산설비 확대를 모색하고 있는 한편 터키, 인도, 중국계 기업들도 동아프리카 지역에 대규모로 진출하고 있다.

이에 발맞추어 동아프리카 각국 정부는 섬유산업을 중장기 경제개발을 위한 핵심 제조업으로 삼고 전력, 수송 인프라 확충, 행정 시스템 개선, 산업인력 양성, 세금 우대 등 다양한 육성책을 펴고 있다.

그러나 아직까지 제조업 신설을 위해서는 자본 조달에 많은 비용이 든다. 노동생산성도 낮을 뿐만 아니라 다른 정치적 리스크 등도 감안해야 한다. 아프리카에 진출하는 데는 많은 걸림돌이 있지만 아프리카 각국 정부의 주도로 생산 조건은 빠르게 개선되고 있다.

떠오르는 자동차 산업

유럽에서 시작한 자동차 산업은 북미를 거쳐 한국, 중국으로까지 확장되었다. 아직까지 글로벌 자동차 브랜드는 3개 대륙에 편중되어 있다. 자동차를 만들 수 있는 국가 또한 지구상에서 10개국도 되지 않는다. 그만큼 자동차 산업은 대표적인 종합 산업이다. 국가 전체적인 기술 역량이 요구된다. 관련 산업에 미치는 영향력이 매우 크고 규모의 경제 효과도 크다. 부품 제조와 완성차 조립, 판매, 정비, 할부 금융, 보험을 포함하는 광범위한 전후방 연관 산업을 가지고 있다. 최근에는 자동차 산업의 핵심이 내연기관에서 전기기관으로 옮겨가고 있다고 하지만 아직까지 자동차 산업은 산업화의 중심축을 이끌고 있다고 해도 과언이 아니다.

모든 것이 부족한 아프리카에서는 자동차도 수입된 중고차가 대부분이다. 중고차 시장에서는 일본산, 미국산, 유럽산 등 다양한 브랜드가 거래되고 있다. 서부 아프리카에 있는 가나의 중고차 시장에는 한국 중고 소형차 비중이 약 70%에 육박할 정도로 인기가 좋다고 한다. 현대차도 아프리카 중부 내륙국가인 콩고에 일본 도요타를 제치고 2021년 팰리세이드 500대 수출을 계약하였다고 발표하기도 하였다.

아프리카에서 중고차 가격은 상상을 초월한다. 10년 넘은 자동차가 거뜬히 1천만 원(1만 달러) 이상에 거래된다. 일반적으로 중고 차량 가격은 연식과 주행거리가 중요하다. 아프리카 중고차 시장에서 흥미로운 것이 있다. 차량 연식에서 실제 제조일보다는 아프리카에 언제 수입이 되었는지가 중요하고 이것을 기준으로 가격이 설정된다는 점이다. 선진국에서 운행한 주행거리는 별로 중요하지 않다. 상대적으로 상태가 매우 좋은 도로를 주행하기 때문이다. 아프리카의 도로는 험하기로 악명이 높다. 절반 이상이 비포장도로다. 군데군데 움푹 파인 곳 때문에 SUV가 유리하다. 아무리 주행거리가 짧고 연식이 얼마

되지 않았다 하더라도 아프리카에서 주행거리가 긴 차라면 가격을 후하게 받지 못한다. 아프리카 도로 주행에 따른 차량의 감가상각은 생각보다 그 이상이기 때문이다. 반대로 주행거리가 길고 연식이 오래되었더라도 갓 수입된 차량은 좋은 가격을 받을 수 있다.

이처럼 자동차는커녕 제조업 인프라가 부족한 아프리카에서 2014년 자동차 고유 모델을 출시했다. 우리나라도 최초의 고유 모델 포니(Pony)를 개발한 것이 1975년이었다. 아프리카가 한국보다 30~40년 뒤처졌다고 가정한다면 지금 그 일이 아프리카에서 일어나고 있는 것에 그다지 놀랄 일은 아니다. 우리나라는 1975년 출시 이후 지속적인 자동차 산업의 성장과 기술 개발로 오늘날 글로벌 규모의 자동차 산업국가로 성장하지 않았는가?

아프리카 최초 자동차 메이커는 케냐의 '모비우스(Mobius)'이다. 아프리카 토종 자동차 회사로 합리적인 가격, 실리적이고 튼튼한 자동차를 표명하고 있다. 아프리카의 거친 지형에 적합한, 그야말로 불필요한 것은 모두 뺀 아프리카인을 위한 SUV이다. 회사의 본사는 케냐의 나이로비에 있다. 이 회사는 2009년 영국의 기업가 조엘 잭슨이 설립하였다. 조엘 잭슨은 영국에 근거를 둔 아프리카 목재 사업가이다. 아프리카에서 다양한 운송 수단에 대한 요구가 늘어나고 있는 것에 착안, 회사를 설립한 것으로 알려져 있다.

케냐의 모비우스 자동차는 2014년 첫선을 보인 모비우스 I을 업그레이드하여 2018년 두 번째 모델 모비우스 II를 공개하였다. 약 700만 원의 염가이지만, 1인당 연평균 소득 1,500달러에도 못 미치는 대부분의 국가 수준을 감안하면 저렴하다고 할 수 없는 가격이다. 모비우스 자동차는 아프리카 토종 자동차의 성장을 보여주는 일부에 불과하다.

우간다는 2007년부터 친환경 자동차 개발을 위한 연구 프로젝트를 시작하였다. 국영 자동차 회사인 키이라 모터스를 설립하고 2011년 아프리카 최초로 키이라 EV를 출시하였다. 이후 2014년 세단형 하이브리드 자동차 키이라 RV 스맥을 공개하였고, 2016년 아프리카 최초의 태양전지 자동차인 35인승 카율라 솔라 버스를 시험 가동한 이후, 2020년 버스 후속 모델로 전기 배터리 버스인 카율라 EVS를 출시, 상용화의 꿈을 향해 도전을 멈추지 않고 있다. 나이지리아 또한 이 흐름에 동참하고 있다. 나이지리아의 첫 자동차 브랜드인 '이노손(Innoson)'은 대부분의 부품을 현지에서 제작하고 공급하여 2014년 첫 선을 보였다.

글로벌 완성차의 아프리카 시장 진출도 주목할 만하다. 글로벌 완성차들이 10년 전 물밀듯 중국으로 진출한 것처럼, 지금은 검은 대륙으로 달려가고 있다. 폭스바겐은 남아공, 르완다, 나이지리아, 케냐 공장에 이어 가나에 연간 5,000대 규모의 SKD 조립공장 가동을 개시하였고 BMW는 남아공 프리토리아에서 X3을 생산해 아프리카와 유럽으로 수출하고 있다. 닛산도 남아공에서 픽업트럭을 생산하고 있다.

중국과 인도도 남아공에 시설투자를 계획 중이다. 현대자동차는 2021년 아프리카 서부 가나에 조립공장 두 곳을 설치한다고 발표했다. 신흥시장인 아프리카를 공략하기 위한 현지 생산기지를 확보한다는 의지를 표명한 셈이다.

한국의 중소기업 진출도 활발하다. 영산그룹은 현대자동차 조립공장을 운영하는 회사로 한국보다는 해외에 더 알려져 있다. 2004년 한국 자동차를 우크라이나에 공급하는 중간 무역에 뛰어들며 자동차 및 부품 유통 사업에 진출한 이후, 2007년 슬로바키아에 이어 터키,

러시아, CIS, 중동 및 아프리카 지역에 반제품 차량을 공급하고 있다. 2011년에는 서아프리카 말리, 모잠비크에서 자동차 조립 공장을 설립하여 미래 시장인 아프리카 시장에 일찌감치 진출하고 있다.

컨설팅 기관인 PWC는 나이지리아가 앞으로 아프리카의 자동차 허브가 될 잠재력을 가지고 있다고 주장하였다. 자동차는 조만간 아프리카 국가에서 필수재로 자리매김할지도 모른다. 아프리카 최초의 양산 차량 메이커 '모비우스'의 고유 모델을 통해 이제 지구의 마지막 남은 원시(原始) 대륙 아프리카에도 자동차 메이커가 생겨난 사실을 알게 되었다. 자동차는 인류에게 지속적으로 동경과 꿈의 대상이 되는 존재임이 틀림없다. 앞으로 충분한 시간이 주어진다면 모비우스 역시 다양한 차량을 생산하고 수출하고 있을지 모른다.

그러나 자동차 산업의 발전은 생각보다 쉽지 않다. 우리나라의 뒤를 이어서 고유 모델 승용차를 개발한 터키의 자동차 메이커는 그 이후 이렇다 할 신형 차를 지속적으로 내놓지 못하고 있다. 이것은 자동차 산업을 발전시키는 것이 얼마나 어려운 것인지를 보여주는 증거라고 할 수 있을 것이다.

현금이 필요 없다 : 모바일 결제

모바일로 빠져드는 아프리카

21세기 아프리카는 낮은 임금, 풍부한 노동력, 적극적인 외자 유치 등 최적의 생산기지로서 주목을 받고 있다. 그러나 모든 것이 부족한 아프리카는 산업화에 있어서도 매우 뒤처져 있다. 이미 산업화를 경험한 유럽은 물론 아시아에 비해서도 앞으로 가야 할 길이 많이 남아 있다.

이러한 ICT 분야의 도약은 무선통신에 기반한다. 유선전화는 전화망 구축과 같은 기초 인프라가 필요하다. 그러나 아프리카에서는 유선전화를 대신하여 바로 모바일 시장으로 뛰어넘었다. 그래서인지 아프리카 ICT 시장은 기초비용이 필요한 유선통신보다는 모바일 부분에 투자가 집중되고 있다.

아프리카에서는 핀테크 산업이 활발하다. 보스톤 컨설팅 그룹 (BCG)은 2020년 보고서에서 전 세계 모바일 시장은 중국 1위에 이어 케냐와 가나가 뒤를 잇고 있으며 케냐와 가나는 국가별 GDP의 87%, 82%를 차지한다고 분석하였다. 또한 아프리카의 모바일 결제 시장이 지속적으로 성장할 것으로 전망하였다. 또한 2025년까지 사용자는 8억 5,000만 명, 모바일 결제 금액은 미화 2.5조 달러에서 3조 달러 규모가 될 것이고, 거래로 인한 수입은 매년 250억에서 300억 달러로 전망하였다.

아프리카에서는 2000년 남아공에서 모바일 머니 서비스가 최초로 시작되었다. 이후 2007년 케냐에서 본격적으로 확산되었다. 아프리카의 모바일 결제가 활발한 이유는 현지의 고유한 특성 때문이다. 아프리카에서 은행의 문턱은 매우 높다. 도시화가 더디기 때문에 보통의 주거지에서는 은행 서비스를 이용할 수 있는 지점은커녕 ATM을 구경하기도 쉽지 않다. 대도시의 시내, 즉 다운타운에 가야 은행의 지점이나 ATM 기계를 마주할 수 있다. 그나마 은행에 방문하더라도 은행 계좌도 매우 엄격한 조건에서 발급된다. 신용사회가 굳건한 서구와 달리 이곳에서는 개인이 발행한 수표로 거래하는 상거래 관행도 일반적이지 않다.

은행 접근성뿐만 아니라 현금 소지에 대한 거부감도 이유 중의 하나이다. 대부분의 아프리카 국가는 화폐 단위가 매우 크다. 그래서 미국 달러에 비교하면 2,000배 이상의 지폐를 가지고 다녀야 한다. 고액권도 흔치 않아 휴대하는 데 매우 불편하다. 열악한 치안 환경을 감안하면 더욱 위험한 일이다. 현지인들마저도 도난과 강도를 언급하면서 현금 소지를 불편하게 생각한다. 신용카드나 직불카드도 이를 대체하

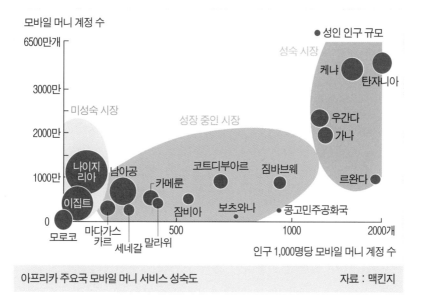

모바일 머니 계정 수

6500만개

3000만

2000만

1000만

0

미성숙 시장

성숙 시장

성장 중인 시장

● 성인 인구 규모

나이지리아

이집트

남아공

카메룬

잠비아

코트디부아르

보츠와나

짐바브웨

케냐

탄자니아

우간다

가나

르완다

콩고민주공화국

모로코

마다가스카르

세네갈

말라위

500

1000

2000개

인구 1,000명당 모바일 머니 계정 수

아프리카 주요국 모바일 머니 서비스 성숙도	자료 : 맥킨지

지 못하고 있다. 신용카드도 부정 사용을 우려하여 사용을 꺼리고 대부분의 소매점에서도 카드 결제 기계 사용이 많지 않기 때문이다.

이런 여건에서 모바일 결제가 시장을 파고든 것이다. 금융 계좌 개설도 어렵고 은행 거래도 쉽지 않은 아프리카 소상공인과 소비자들. 이들의 특수한 환경은 전통 소매 은행을 건너뛰고 바로 디지털 경제로의 진입을 가져왔다.

'맥킨지 앤드 컴퍼니'는 아프리카 모바일 머니시장을 성숙, 성장, 미성숙 시장 3단계로 구분하여 시장을 세분화하였고 동아프리카 대부분의 국가에서는 모바일 머니가 가장 활발한 것으로 분석하였다.

또한 '프로스트 앤드 설리번'에 따르면 동아프리카의 케냐, 탄자니아, 우간다 등 동아프리카 3개국에서 모바일 머니가 GDP에 기여하는 비율은 무려 50%에 육박한다고 한다. 글로벌 연구기관들은 아프리카 모바일 통신 시장이 지속적으로 규모가 확대되고 모바일 머니 시장은 세계에서 가장 급속도로 성장하여 모바일 가입자 수와 결제 시장 규모가 확대될 것으로 전망하고 있다.

탄자니아에서도 모바일 머니를 통해 개인 간 거래를 위한 예금, 인출, 송금뿐 아니라 각종 세금 및 공공요금 납입도 가능하다. 앞에서 설명한 것처럼 모바일 머니는 은행의 접근성은 물론 ATM 사용의 불편함을 대체하고 있다. 화폐 가치가 낮아 많은 양의 현금을 가지고 다녀야 하고, 도난 위험이 있기 때문에 현지인들은 모바일 머니를 선호하는 것이다.

탄자니아의 모바일 이용자는 계속 증가하고 유선 가입회선 수는 지속적으로 감소할 것으로 전망된다. 2016년 기준 이동통신 가입자 수는 4,004만 명을 기록하여 전체 인구의 74%가 모바일을 사용(한국 보급률 122.7%)하는 반면 유선통신 전화 보급률은 1%에 불과하다.

르완다 또한 적극적이다. 탄자니아와 국경을 접한 르완다에서 KT는 르완다 정부와 LTE 네트워크 구축 및 합작회사 설립을 시작으로 케냐, 우간다와 통신 MOU를 체결하며 동아프리카 전역으로 르완다 사업모델을 확산시키고 있다.

한국 정부에서도 2017년 5월, 르완다 수도 키갈리의 국립 르완다 교육대학에서 한-르완다 정보접근센터(IAC)를 개소하여 ICT 기반의 창의적인 인재 육성을 기대하고 있다. 르완다는 국가 ICT 발전을 위해 한국의 ICT 및 전자정부 발전을 주도했던 한국정보화진흥원(NIA)을 벤치마킹하여 2017년 4월, 르완다정보화진흥원(RISA)을 설립하기도 하였다.

한국의 하나카드는 동아프리카의 모바일 결제 시장을 지속적으로

〈탄자니아와 한국의 유선/이동통신 보급 현황〉

항목	탄자니아		한국	
	가입자 수 (천 명)	보급률(%)	가입자 수 (천 명)	보급률(%)
유선전화	130	0.2	28,036	56.1
유선 브로드밴드	137	0.3	20,556	41.1
이동통신	40,044	74.4	61,296	122.7
인터넷 이용률	13.0%		92.7%	

자료원 : ITU Statistics DB(2017. 6)

탄자니아 이동통신 가입자 및 보급률 추이 　　　　　자료원 : ITU Statistics DB(2017. 6)

탐문 중에 있다. 2017년 7월 하나카드 사장이 탄자니아를 방문하여 보다콤 및 페이팔과 3자 결제 시스템(Cashless) 관련 MOU를 체결, 모바일 결제 시장 진입을 위한 교두보를 구축하였다. 또한 탄자니아 정부의 각종 공과금을 TTCL로 통합하려는 정부 움직임에 따라 하나카드는 TTCL과 협력, 1,600만 달러를 투자하여 PPP 사업으로 향후 7년 운용 대행 계약을 추진하기도 하였다.

한국의 행정안전부에서도 2017년 9월, 한-케냐 전자정부 협력센터를 개소한 이래 케냐와 국가 간 협력사업(ODA)을 3년간 추진하며 정부 간 협력 채널로 아프리카 지역거점을 활용하고 있다. 이 밖에도 한국정보화진흥원(NIA) 등이 케냐에 진출하여 활동을 지원하고 있다.

가치를 찾아라 : 떠오르는 관광산업

소규모 개별 여행은 동부 아프리카가 안성맞춤

아프리카의 관광산업은 무한한 가능성이 있다. 아프리카는 독특한 야생동물과 천혜의 자연환경을 가지고 있기 때문이다. 중부 아프리카는 울창한 적도성 열대우림이 발달해 있고, 남부와 동부는 많은 야생동물이 서식하고 있는 지구 자연 생태계의 보고이다. 빅토리아 폭포, 세렝게티, 잔지바르, 킬리만자로 등 아프리카만의 가치로 관광산업을 이끌어낼 수 있는 수많은 조건을 갖고 있다.

아프리카 관광산업은 숫자로도 확인할 수 있을 만큼 지속적인 발전을 거듭해 왔다. 세계관광기구(UNWTO)에 따르면 2018년 6,700만 명의 관광객들이 아프리카를 방문했는데, 이는 2017년에 비해 1,400만 명이 증가한 수치다. 관광산업은 아프리카 GDP의 8.5%를 차지하고

2,400만 개의 일자리를 지원했다.

동부 아프리카는 한국과 비교적 가깝다. 아프리카의 동쪽 관문인 에티오피아와는 13시간 정도의 비행시간이면 충분하다. 우리나라와 지구 반대편에 있는 중남미와는 비교할 수 없이 가깝고 미국 서부와 비슷한 정도이다. 우리나라 사람이 아프리카에 느끼는 심리적인 거리에 비해 실제 물리적인 거리는 그리 멀지 않다.

해외여행 추세도 변화하고 있다. 과거 깃발형 단체 관광보다 개인 맞춤형 수요가 증가하고 있다. 왁자지껄하게 잘 모르는 사람들과 같이 다니는 패키지형 그룹 여행보다는 친구나 가족 단위의 소규모 개인 맞춤형 여행이 자리 잡고 있다. 아프리카에도 이런 개별형 관광상품이 보다 적극적으로 개발된다면 향후 훨씬 더 많은 관광객이 동부 아프리카를 방문할 것이라 예상된다. 때 묻지 않고 오염되지 않은, 있는 그대로의 자연 그 자체를 느끼려면 개별 맞춤형 여행이 안성맞춤이다.

그러나 비용은 많이 든다. 탄자니아에서도 여행 비용이 아주 저렴하고 편리할 거라는 기대는 하지 않았지만 실제 세렝게티와 응고롱고로 지역의 관광을 준비하면서 깜짝 놀랐다. 탄자니아의 사파리 자체가 다수의 관광객을 대상으로 하는 것이 아니라 소수의 VIP만을 대상으로 한 고가 여행이다. 관광버스도 없다. 중국 명소에 항상 등장하는 케이블카도 찾아볼 수 없다. 사파리용 지프가 관광을 위한 유일한 이동 수단이다.

입장료도 매우 비싸고 공원 내 숙박시설도 제한적이어서 매우 비싸다. 거기에 지정된 찻길로만 다닐 수 있고 화장실마저도 매우 제한적이다. 중간중간에 화장실이 없다. 가다가 차를 세우고 남자는 왼편, 여자는 오른편으로 자연 화장실을 이용한다. 식당도 없다. 점심 먹는 장소도 지정되어 있고 가지고 온 도시락만 가능하다. 정말 엄격하게 관리되고 있는 것 같았다. 정부 재정이 빈약한 아프리카 국가에서 이런 천혜의 관광자원을 무분별하게 활용하지 않고 이렇게 잘 관리해 주는 것이 고마울 따름이다.

소득과 여가시간, 그리고 자기계발 욕구가 증가하면서 우리나라 국민의 해외여행도 급증하고 있다. 아직까지 중국 및 동남아 등 인근 국가에 치우치는 경향이 있지만 앞으로 해외여행 국가도 다양하게 확대될 것이다.

아프리카 여러 국가들도 관광산업에 주목하고 있다. 아프리카의 가장 대표적인 관광교역전 '인다바(INDABA)'는 매년 개최되는데 2019년 5월, 남아프리카공화국 남단의 해변도시 '더반(Durban)'에서 개최됐다. 아프리카 대륙 19개 국가에서 257업체가 참가해 1,033개의 관광상품을 전시했고, 세계 88개국에서 1,502명의 바이어를 포함한 6,500명 이상의 관람객이 방문하였다.

아프리카 여행의 정수는 뭐니 뭐니 해도 사파리이고 사파리의 고향은 동부 아프리카이다. 케냐의 '마사이마라'는 야생동물의 세계에 대한 다큐멘터리의 배경이 되기도 했다. 이곳은 영화 〈라이온 킹〉의 작품 구상이 될 만큼 다양한 야생동물들이 있다. 탄자니아와 국경을 두고 세렝게티 국립공원과 연결되어 있다. 마라강을 넘어 대이동하는 누우 무리는 광엄한 광경을 연출하는 사파리의 백미로 꼽힌다. 매년 8~10월 탄자니아의 세렝게티와 케냐의 마사이마라에서 펼쳐지는 누우 무리의 대이동은 한편의 감동적인 파노라마이다.

르완다는 '아프리카의 스위스'로 불린다. 최근 세계적인 관광지로 발돋움 중인 '천 개의 언덕을 품은 나라' 르완다는 특히 화산국립공원

(Volcanoes National Park)의 산악 고릴라를 보기 위해 많은 관광객들이 찾는 곳이다. 국립공원에서는 고릴라 트레킹도 가능하며, 운 좋으면 '실버백'이라 불리는 두목 고릴라를 볼 수도 있다.

탄자니아는 '아프리카의 영혼'으로 불린다. 아프리카의 지붕인 킬리만자로산, 세렝게티, 응고롱고로, 미쿠미 국립공원 등과 더불어 아름다운 야생동물 생태계를 갖고 있는 다양한 자연환경의 보고이기 때문이다. 이외에도 탄자니아에는 야생의 신비를 직접 체험할 수 있는 16개의 국립공원이 있다. 그중 세렝게티, 킬리만자로, 셀루스 국립공원은 유네스코 세계문화유산으로 등재되어 있다. 뿐만 아니라 록그룹 퀸의 리드보컬, 프레디 머큐리의 고향으로 유명한 잔지바르와 같은 해변도 있다.

세계여행관광협회(WTTC)는 2018년 탄자니아의 관광산업 성장률을 세계 183개국 중 2위로 평가했다. 그 이유는 관광산업이 공항 및 도로 인프라 구축과 더불어 지속적으로 발전할 것으로 예측되기 때문이다. 탄자니아를 방문한 관광객 수는 2017년 약 132만 명으로 지속적인 증가 추세를 나타내고 있다. 탄자니아 정부에서는 2028년 약 200만 명의 외국인 관광객들이 유입될 것으로 전망하고 있다. 2017년 약 100만여 개의 관광 관련 일자리가 창출되었다. 이는 총 고용 인구의 8.2%에 불과하지만 2028년 190만여 개의 일자리가 창출될 전망이다. 탄자니아 정부는 신관광개발정책(New Tourism Development)을 추진하여 관광지를 적극적으로 개발하여 관광객을 대폭 유치할 것을 계획하고 있다.

그러나 갈 길은 멀다. 관광객 유입 증가로 국립공원 내에 숙박시설이 생기는 등 다양한 형태의 관광 서비스가 파생되고 있지만, 동아시아 관광객을 타깃으로 한 상품은 부족하다. 아직까지 아프리카에는 대부분 러시아, 유럽 등의 국가에서 온 관광객들이 대부분이다. 아시아의 단체 방문객을 맞기에는 여건이 녹록지 않다. 단체는 물론 개별 맞춤형 상품, 기초적인 관광지 및 안내 홍보자료도 부족한 실정이다.

앞으로 관광수요가 개별화되면서 중국을 비롯한 동아시아 관광객의 수는 지속적으로 증가할 전망이다. 이에 따라 현지 여행사, 식당 등을 포함하여 사파리 등 현지 맞춤형 관광상품 개발에 대한 수요 또한 증가할 것이다.

탄자니아에서는 대학을 제외하고 관광산업 관련 전문 교육을 받을 수 있는 기관이 많지 않다. 탄자니아의 낮은 대학 진학률 등을 감안하면 관광 분야의 전문 직업 교육 진출이 유망하다고 할 수 있다.

아프리카 호텔산업 성장 또한 주목할 만하다. 컨설팅 기업인 PwC에서는 아프리카 국가 중 남아공, 나이지리아, 모리셔스, 케냐, 탄자니아의 호텔 성장세가 뛰어날 것이며, 호텔 수익은 향후 5년간 연 7.4%의 성장율을 나타낼 것으로 전망하였다. 호텔 관계업자들은 아프리카의 경제적, 정치적, 제도적 불안보다는 시장 잠재성에 주목하여 투자기회가 많을 것으로 내다보고 있다.

더 이상 블랙 아프리카가 아니다 :
에너지 및 천연가스

자원은 많지만 활용을 못하는 아프리카

필자의 아프리카 근무 시절 한국으로 첫 해외 출장을 다녀온 현지 직원이 있었다. "한국의 어떤 점이 가장 인상 깊었는가"라고 물었다. 답은 의외로 간단했다. 차도와 명확하게 구분되어 걷기 편한 인도, 그리고 주위의 상점들, 저녁에도 낮처럼 활동에 전혀 지장이 없는 환경이라는 답이 돌아왔다.

아프리카에서 밤에 운전할 때마다 느끼는 것이지만 도로가 전반적으로 어둡다. 특히 중앙 차선이 불분명한 일반 도로의 경우에는 사람이 다니는 인도가 충분히 확보되어 있지 않고 가로등도 없어서 야간 운전할 때는 더 많은 신경을 써야 한다.

전기가 부족한 아프리카의 시간은 자연환경에 따라 결정된다. 하루의 일과를 전적으로 태양이 있는 시간과 맞추기 마련이다. 아프리카의 시간은 과거 농부의 시절로 돌아간 느낌이다. 그러기도 할 것이 대부분의 시골에서는 전기가 드물다. 그러니 당연히 해가 뜨기 전에 준비해서 해 지기 전에 집에 돌아와야 하는 것이다. 일부 도시를 제외한 시골에서는 자연광에 의지해야 하기 때문에 일광이 없는 저녁 시간은 도시와 같은 일상생활을 하기는 어렵다.

그래서 현장에서 수출을 지원하다 보면 아프리카형 수출 아이템으로 가장 눈에 띄는 것이 전기와 관련된 상품이다. 휴대폰과 같은 소형 가전제품의 충전이 가능한 자가 발전기 등도 쉽게 접할 수 있는 아이템 중의 하나이다.

아프리카의 인프라 부족이 산업화를 저해하고 있다는 지적이 많다. 아프리카의 에너지도 해결해야 할 큰 문제 중의 하나이다. 국제재생에너지기구(IRENA)에 따르면 2030년까지 에너지 수요는 2배, 전력수요는 3배 증가할 것으로 예상하고 있다. 그러나 지금도 전기가 턱없이 부족한 상황이다.

특히 사하라 이남 지역은 '블랙 아프리카'로 불릴 만큼 에너지 보급률이 낮다. 아프리카 인구 13억 명 중 절반에 해당하는 약 6억 명이 전기 혜택을 못 받고 있다는 통계도 있다. 전력 보급률은 북부 아프리카를 제외하면 50% 정도에 불과하여 5억 6,000만 명이 넘는 아프리카 인구가 전력공급에서 소외되고 있다고 한다.

아프리카 에너지 공급이 부족한 이유는 낮은 전력 생산량 그리고 보급의 문제이다. 도시화율이 낮고 전력 생산기술이 부족하기 때문에 전력 보급률도 낮다. 낙후한 발전 설비가 증가하는 에너지 수요를 감당하지 못하는 것이다. 광대한 아프리카 대륙 곳곳에 배전망을 설치

〈아프리카의 권역별 전력 보급율〉

권역	인구(백만 명)	전력 보급율(%)	전력공급 소외 인구 (백만 명)
북부	199	98	4.7
동부	359	47	188
중앙	138	30	97
서부	376	53	178
남부	203	51	99

자료 : KfW·GIZ·IRENA (2021), The Renewable Energy Transition in Africa

하는 것은 쉽지 않다. 그래서 대부분의 개발도상국이 그렇듯이 아프리카 전력 가격은 국제 기준에 비하면 높은 편이다. 낮은 수입과 충분하지 못한 에너지 생산량은 에너지 가격상승을 초래하였다.

더욱이 심한 것은 전력 쏠림 현상이다. 부익부 빈익빈이다. 2010년 기준 사하라 이남 아프리카 국가의 발전 용량은 78.5GW인 반면 남아공은 전체의 44.2GW로 절반 이상을 차지하고 있다. 참고로 2010년 당시 한국의 발전 용량은 84.6GW로 사하라 이남 아프리카 전체 국가들을 합친 것보다 크다. 2012년 아프리카 전력 생산량은 90GW이고 생산의 절반은 남아프리카공화국에서 생산되었다. 또한 동아프리카 전력 생산의 대부분은 수력발전에 의존하고 있다. 그리고 아프리카 전력 생산량의 45%는 석탄(주로 남아공), 22%가 수력발전, 석유 17%, 가스 14%(주로 나이지리아)를 이루고 있다.

잘 알려진 바와 같이 아프리카의 천연자원은 무궁무진하다. 아프리카의 동부는 지구 대륙 중 가장 오래된 지역이다. 많은 지하자원이 땅

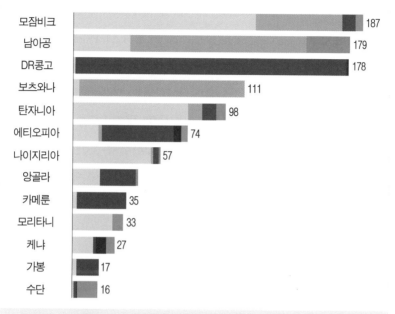

아프리카 주요국 발전원별 전력생산 잠재력(단위 : 기가와트)

자료 : McKinsey & Company

밑에 매장되어 있다. 태양열, 풍력발전에도 매우 유리한 환경이다. 아프리카 동부 해안의 탄자니아와 모잠비크 해안에는 천연가스 개발이 계속 진행되고 있다. 맥킨지 앤드 컴퍼니에 따르면 모잠비크와 탄자니아는 가스, 남아공과 보츠와나는 석탄, DR콩고와 에티오피아는 수력발전 잠재력이 매우 높은 것으로 나타났다.

그러나 가지고 있는 자원에도 불구하고 이를 활용하여 전력을 생산하여 국가 에너지로 활용하는 데는 부족한 점이 많다. 원유와 천연가스도 마찬가지이다. 아프리카는 나이지리아와 앙골라에서 많은 원유와 가스가 생산되고 있다. 이러한 원료를 사용하여 어떻게 효과적으로 에너지를 생산할 것인가가 과제이다.

부족한 전력 공급은 민간 분야의 석유 발전소 성장을 촉진시킨다. 최근 선진국을 중심으로 화두가 되고 있는 재생에너지 분야에서 태양열, 풍력 등 매우 뛰어난 환경에도 불구하고 아직까지는 개발이 더딘 상황이다. 많은 석탄 매장량을 보유하고 있는 만큼 화력발전소의 건설 문제가 지속적으로 제기되고 있다. 태양, 풍력, 지열 등 풍부한 재생에너지 발전 환경을 가진 아프리카는 국가별 지형과 기후, 에너지 밀집도, 인프라 여건 등 개발 잠재 조건이 상이해 조건에 맞는 맞춤형 재생에너지 개발 전략이 필요하다.

신재생에너지가 해결책으로

아프리카 개발은행은 2016년, 2025년까지 아프리카 전역에 에너지를 보급한다는 목표로 파트너십 기반의 '아프리카 에너지 뉴딜'을 수립했다. 이들은 아프리카 에너지 부문의 혁신적 파트너십 발전을 위

〈AfDB의 아프리카의 에너지 뉴딜 내용〉

5대 원칙	4개 세부 목표
- 아프리카의 에너지 문제 해결을 위해 적극적으로 노력 - 아프리카 에너지 부문의 변혁적 파트너십 구축 - 아프리카 에너지 부문의 재원 조성을 위한 국내외 자본 유치 - 아프리카 정부의 에너지 관련 정책, 규제 및 거버넌스 강화 지원 - 에너지 및 기후 금융에 대한 AfDB의 투자 확대	- 2025년까지 160GW를 추가 공급하기 위해 온그리드 전력 생산 증가 - 2025년까지 1.3억 개의 전력망 확충을 위해 온그리드 송전 및 그리드 연결 증설 - 2025년까지 7,500만 개의 연결망 추가를 위해 오프그리드 전력 생산 증대 - 약 1.3억 가구에 취사용 청정에너지 보급

자료 : AfDB(2018)

해 정부, 민간, 양자·다자 에너지 부문에서 협력하고 있다.

또한 아프리카 국가들도 재생에너지 자원 활용을 통한 발전 설비 용량 증대 및 에너지 보급률 증가 등을 위해 국가 에너지 계획을 세우고 정책을 추진 중이다. 이중 가장 관심을 갖고 추진하는 것이 신재생에너지 분야이다. 이것은 풍부한 자연 자원을 가진 아프리카 대륙이 화석연료보다 더 저렴한 가격으로 재생에너지를 공급할 잠재력을 갖추었기 때문이다. 사하라 이남의 태양광과 태양열 발전 잠재력만 해도 9TW에 이르고, 수력, 풍력, 지열 등 다른 에너지 잠재력 또한 1.2TW로 추정된다. 이는 대한민국의 발전 설비 용량인 85GW의 120배에 달하는 엄청난 규모이다.

이 밖에 지열, 풍력, 태양광, 태양열과 같은 재생에너지의 사용 비율은 아직 미약하지만 지속적으로 증가하고 있다. 무엇보다 신재생에너지가 각광받는 이유는 화석연료와는 달리 재생이 가능하기 때문에 고갈 염려가 적고, 오염물질이나 이산화탄소의 배출이 적어 친환경적이기 때문이다. 다만 개발 초기 투자 비용이 많이 들고 화석연료에 비해

〈아프리카 지역의 에너지원별 전력 생산 비중〉 (단위 : %)

구분	석탄	원유	천연가스	바이오연료	원자력	수력	지열	풍력	태양광	태양열	기타
2005년	44.26	9.07	27.65	0.18	2.00	16.49	0.18	0.15	0.00	0.00	0.03
2010년	38.41	9.50	32.63	0.22	1.79	16.75	0.22	0.35	0.05	0.00	0.08
2015년	32.67	11.53	35.82	0.26	1.57	15.93	0.57	1.10	0.32	0.02	0.20
2018년	31.00	7.95	39.85	0.25	1.38	16.21	0.62	1.69	0.63	0.24	0.20

자료 : IEA Electricity Information 2020

경제성이 낮은 것이 문제점이다.

아프리카 국가들의 신재생에너지 공급 프로젝트도 구체적으로 진행되고 있다. 에티오피아에서는 그랜드 에티오피아 르네상스 댐이 건설되고 있다. 이 댐이 완공될 경우 단일 댐 기준으로 아프리카 최대의 수력발전 댐(6MW)이 될 전망이다. 한편 케냐에는 2014년 280MW 규모의 세계 최대 지열 발전소가 설립되었다. 남아공은 아프리카 최대 양수 발전 시설인 잉굴라 발전소를 2017년 초 완공하였고, REIPPPP(Renewable Energy Independent Power Producer Procurement Program)라는 신재생에너지 보급정책을 통해 2030년까지 태양광 발전 용량을 8.4GW까지 높이겠다는 계획을 발표하였다.

아프리카 국가들은 신재생에너지 자원을 대안으로 활용하기 위한 다양한 정책을 추진 중이다. 아프리카 41개국에서는 국가별 국가에너지계획(NEP)에 따라 신재생에너지 확대를 추진하고 있다.

〈주요 아프리카 국가의 재생에너지 확대 목표〉

국가	에너지 소비 비중(%)	발전 비중 (%)	설비 규모 (MW)	구성 및 내역
케냐			5,000	2030년까지 지열 발전 용량 5,000MW
나이지리아		20		2030년까지 발전 비중 20% 이상 달성
남아공		13		2020년까지 13% 이상 달성
에디오피아			6,000	풍력 760MW, 수력 5,600MW
모잠비크		61	6,000	농어촌지역 태양에너지 집중 확대
마다가스카르	54			2020년까지 에너지 소비 비중 50% 이상 달성

자료원 : KOTRA

또한 아프리카 국가들은 재생에너지에 관심을 갖고 투자 부족 및 인프라 미비점을 보완하기 위해 세액감면, 면세 등을 통해 재생에너지 발전을 장려하고 있다. 각 국가의 신재생에너지 정책과 프로젝트는 UN의 지속가능발전목표(SDGs) 17가지 과제 중 하나인 "신재생에너지 확대" 정책과 맞물려 2030년까지 관련 프로젝트가 꾸준히 진행될 것이다.

그러나 신재생에너지 투자에 악영향을 미치는 아프리카 국가들의 취약한 재정 건전성은 해결되어야 할 과제이다. 또한 지역 수준에서 미흡한 운영관리 능력 역시 보완되어야 한다. 아프리카의 전력 보급률을 높이기 위해서는 장기적으로 신재생에너지 개발이 반드시 필요하다. 신재생에너지는 고갈되지 않은 안정성과 아프리카 현지에서 생산해 바로 공급 가능하다는 점에서 강점이 있고, 친환경에너지로 공동의 이익을 제공할 수 있기 때문이다.

케냐의 경우 국가경제개발 종합계획인 '비전 2030' 정책에서 외국 자본의 투자를 촉진시키는 투자환경을 조성하기 위해 2013년 PPP법(공공민간합작투자법)을 제정했다. 이것은 정치적 리스크, 전쟁·자연재해 등 투자가 의도하지 않은 갑작스런 사업 중단으로 인한 손해를 배상한다는 내용을 명시하여 외부 투자가들이 안심하고 투자할 수 있는 환경을 조성하고자 함이다.

그러나 에너지 개발을 위해 진행되는 많은 프로젝트가 난관에 부딪치고 있다. 사업지를 확보하는 과정에서 복잡한 토지소유권 문제가 발생한다. 거기에 복잡한 행정절차와 불확실한 정책 또한 재생에너지 개발 사업을 지연시키는 이유이다.

아프리카 정부의 적극적인 의지와 확고한 정책 추진, 토지 보상 문제를 신속하게 해결하고 행정절차를 간소화시켜야 하는 난제가 있다. 케냐에서는 발전차액지원제도(FiT)가 2019년 에너지법을 통해 법제화되었으나, 전력구매계약(PPA) 체결 후에도 지방정부의 사업개발 승인이 별도로 요구되는 등 복잡한 행정절차로 인해 프로젝트 위험이 증가하고 있다. 일례로 에티오피아에서는 토지소유권 문제로 일부 태양광 발전 사업이 1년가량 지연된 바 있으며, 케냐에서도 진행 중인 2개의 풍력 발전 사업(총 용량 170MW 예상)이 PPA를 체결하였음에도 불구하고 토지보상이 해결되지 않아서 2023년과 2025년에서야 완료될 것으로 예상된다고 할 정도이다.

향후 아프리카 정부에서는 세액감면이나 면세 등을 장려하는 에너지 정책을 추진하거나 값싼 노동력 또는 보유한 천연자원의 부가가치를 창출할 수 있는 프로젝트를 개발하여 외부 투자자들의 적극적인 투자유치를 이끌어내야 한다.

또한 각국의 지형과 자연조건 등을 감안하여 중앙집중식 시스템뿐만 아니라 국가 전력망을 확장하지 않고도 전력공급이 가능한 미니그리드와 독립형 시스템 등을 농촌과 같은 원격지에 설치하여 적극 활용을 검토할 필요가 있다. 스마트그리드, 해수 담수화, 태양광 사업 등은 우리 나라의 기술력을 가진 기업의 진출이 가능하다.

주목받는 천연가스 개발

천연가스는 러시아, 중동, 유럽, 북아프리카 등의 전유물이었다. 그러나 최근 동부 아프리카에서도 천연가스 개발에 대한 관심이 높아지고 있다. 천연가스는 석유를 대체하고 저탄소 경제로 넘어가는 과정에서 연결고리 역할을 함으로써 환경을 보호할 수 있는 유력 대체 자원 중의 하나이다. 천연가스는 아프리카 대륙에 새로운 수입원으로 수익성 높은 천연자원이 될 가능성이 높아졌다.

앙골라, 모잠비크와 같은 국가에서 큰 규모의 가스전들이 발견되었지만, 탐사 및 생산(E&P) 활동은 저유가의 영향으로 지체되었다. 그러나 아프리카 대륙은 여전히 오일 및 가스 분야에서 상당한 기회가 있는 곳이다.

모잠비크는 인구 2,300만 명의 아프리카 대륙 남동부에 위치한 국가로 전 세계 천연가스 매장량 14위에 올라 있다. 모잠비크는 최근 정치적 안정과 경제 개혁을 통해 연평균 10.5%에 달하는 높은 경제성장률을 기록하며, 급속도로 성장하고 있다. 최근 수입 원유 사용을 줄이고, 자국이 보유한 천연가스를 활용하여 에너지 소비를 충당하고 있다.

이런 성장 배경에는 천연가스와 석탄, 알루미늄 등의 풍부한 자원이 있다. 얼마 전에도 어마어마한 천연가스가 발견되어 세계 관련 기업의 관심을 한 몸에 받기도 하였다. 한국가스공사는 '아프리카의 흑진주'라고 불리는 모잠비크에서 천연가스 탐사 사업 및 도시가스 공급 사업을 수행하고 있다.

천연가스는 탄자니아에서도 50년 전부터 개발되었다. 최근에는 가스 생산지인 음투와라에서 다르에스살람까지 550km의 가스관을 연결하여 가스를 공급 중이며, 공급된 가스의 약 11%만 가스 발전소와 요리용 등으로 소비된다. 탄자니아 정부는 나머지 89%의 가스 소비를 위해 가스 발전소 추가 건설 등 여러 가지 사업을 추진 중이다.

천연가스 활용도가 높아질수록 다양한 천연가스 사업 추진 기회가 많아질 것으로 예상된다. LNG 공장 건설, 가스 발전소 건설, 요리용

가스 판매 확대, CNG 버스 도입, 산업단지 및 가정용 가스 공급 등 다수의 천연가스 사업 등이 준비 중에 있다.

탄자니아는 에너지 수입량이 97%에 달하는 우리나라를 또 다른 공급선으로 보고 있다. 즉 자국 생산 천연가스를 한국에 수출한다는 것이다. 또한 한국의 LNG 터미널 운영 경험 및 엔지니어링 능력을 살려 탄자니아 건설 프로젝트에 참여시킨다는 계획이다. 그러나 탄자니아 정부 정책의 급격한 변화, 수익 확보의 어려움, Red Tape 등이 한국 기업의 시장진출 장애 요인임을 감안해야 한다.

뿐만 아니라 아프리카 국가에서도 에너지 관련 프로젝트를 가능한 한 빨리 진행할 수 있도록 정부에서도 적극적으로 지원할 필요가 있다. 가스 개발을 위한 각종 규제도 문제이다. 관련된 세제를 절감시키고 허가 시스템을 개선하여 투자자들을 유인할 수 있는 우호적인 환경을 조성할 필요가 있다.

블랙 다이아몬드가
소비시장의 변화를 주도한다

소비시장이 변한다

필자의 아프리카 근무 당시 놀랍게 번창한 사업이 있었다. 동네 근처의 커피숍이나 식당이다. 불과 2~3년 사이에 거의 두 배로 늘었다. 특히 커피숍의 약진은 대단하다. 중국 상하이에서 근무하던 시절, 브런치 카페가 주위에 많아 놀란 적이 있었는데 아프리카에서도 재현되고 있었다. 빈 공터마다 식당 혹은 카페들이 줄줄이 신규 영업을 개시한 것이다.

아프리카는 인구 증가와 함께 급속한 도시화로 중산층 또한 증가하고 있어서 잠재적인 신흥 소비시장이 되고 있다. 도시화도 진행되고 있다. 이런 현상들은 소비자들의 구매 수요는 물론 소비 편의를 높여주고 소비시장을 성장시키는 데 한몫을 하고 있다.

이 기반에는 아프리카 국가의 경제성장에 힘입은 바가 크다. 국제통화기금(IMF)과 유엔에서 각각 파악한 최근 15년간 아프리카의 평균 경제성장률은 5.5%, 인구증가율은 2.9%를 기록했다. 세계 평균(경제성장률 3.9%, 인구증가율 1.3%)이나 선진국(경제성장률 1.8%, 인구증가율 0.3%)을 훨씬 웃도는 수치다. 아프리카 개발은행에서 제시한 아프리카의 경제성장률은 2030년 5.9%에 이를 전망이다.

아프리카의 중산층도 빠르게 확대되고 있다. 최근 10년간 아프리카의 중산층은 60% 증가, 3억 5,000만 명에 이른다. 젊은 소비층의 구매력이 높아지면서 아프리카는 중국을 잇는 새로운 소비시장으로 부상했다. 유엔이 추산한 아프리카 중산층 규모는 2015년 3억 5,000만 명에서 2030년 5억 명을 넘어 2060년 11억 명에 이를 전망이다.

소비 증가에는 도시화도 한몫을 하고 있다. UN에 따르면 사하라 이남 아프리카 도시화율은 2010년 36.4%에서 2030년 45.9%로 2050년은 56.7%에 달할 것으로 예측된다. 도시화가 확대되어 아프리카의 도시의 소비층이 2040년까지 2억 5,000만 명 이상으로 확대되면서 소비시장 규모가 2조 달러에 이를 것으로 전망하고 있다. 유엔행정기관(UNECA)에 따르면 도시화의 진전으로 도시 인구가 3배 이상 증가하여 아프리카와 아시아 도시의 인구 증가는 세계 도시 인구 증가의 90%를 차지할 것으로 내다보고 있다.

이처럼 산업화가 급속도로 진행되면서 경제성장이 지속됨과 동시에 중산층을 포함한 아프리카의 소비층이 두터워지고, 인구 증가에 따른 도시화 및 소비 분권화도 진전되어 아프리카의 소비시장은 더욱더 탄탄해지고 있다.

특히 아프리카는 구매력이 왕성한 '젊은 아프리카'로 젊은이의 천국이다. 아프리카 전체 11억 명(2017년 기준)의 인구 중 24세 미만이 60%를 넘는다. 2015년 기준 2억 3,000만 명에 이르는 15~26세 청·장년층 인구는 새로운 소비문화를 이끌고 있다. 청·장년층 인구는 향후 30년 동안 2배 이상 증가할 것으로 예상된다. 세계은행이 예측한 아프리카 인구의 평균 나이는 2012년 19.7세에서 2050년 25.4세가 될 전망이다. 유엔에서 추산한 2015년 기준 25세 미만 인구비율은 아프리카 55.5%, 남미 37.8%, 아시아 36.6% 순이다.

아프리카는 세계에서 가장 빠르게 늘어나는 인구, 급격한 도시화 진전, 그리고 10년 만에 형성된 3.5억 명의 중산층을 배경으로 그 어떤 지역보다 빠르게 소비시장 규모가 커지고 있다. 12억 인구를 기반으로 한 신흥 중산층 확대와 도시화 진전은 향후 소비재 시장의 빠른 성장을 가늠케 한다. 단적으로 아프리카의 무선전화 가입자 수는 2011년 3억 8,000만 명에서 2016년 6억 명으로 급증했다.

또한 과거 생필품에 제한되었던 소비재 시장은 다양한 기호와 소비형태를 보이는 신흥 소비계층의 시대를 맞이하고 있다. 신흥 소비계층이자 젊은 중산층을 표현하는 '블랙 다이아몬드'라는 용어도 생겨났다. 변화를 맞은 아프리카의 소비시장을 선점하기 위한 각국의 경쟁은 갈수록 치열해지고 있다. 이들의 주된 관심 품목인 화장품, 패션, 식품을 중심으로 기존의 식품류를 벗어나고 있다. 앞으로 아프리카 소비재시장이 거대 중국과 아시아 시장을 대체하는 '포스트 차이나'가 될 수 있을 것을 짐작하기에 충분하다.

블랙 다이아몬드 등장으로 구매 수요 변화

아프리카의 경제발전과 소득수준 향상은 소비자 수요를 변화시키고 있다. 아프리카 소비재시장은 신흥 중산층 '블랙 다이아몬드'가 주도한다. '블랙 다이아몬드'는 2016년 컨설팅 회사인 딜로이트로부터 시작되었다.

'블랙 다이아몬드'는 젊은 소비자들로서 고성장을 경험하여 미래에 낙관적이며, 소비지향적이다. 유행에 민감할 뿐만 아니라 저렴한 제품보다는 브랜드와 포장, 제품의 품질을 중요시한다. 식품의 경우 영양성분이 고르고 설탕 함유량이 낮은 건강 제품을 선호하기도 한다. 특히 최근에는 SNS를 통한 직·간접 홍보가 소비자에 큰 영향을 미치는 것으로 분석되었다.

교육 수준이 높은 새로운 소비계층인 이들은 유행에 민감하고, 가전제품 등 자기만족을 위해 소비한다. 또한 저가보다는 고가의 유명 브랜드를 선호하는 것이 특징이다. 그들은 가격보다는 브랜드와 포장, 상품의 질을 중시하며 화장품이나 건강보조식품, TV, 냉장고 등 고가의 브랜드 제품 소비를 선호한다.

이와 같이 구매력을 갖춘 신흥 중산층 '블랙 다이아몬드'는 소비시장의 성장을 견인하고 있다. 최근 10년간 고성장으로 중산층 비율이 높아지고 있고 젊은 층을 중심으로 소비 트렌드가 변화되고 있는 것이다. 특히 110년 만에 형성된 3.5억 중산층을 배경으로 그 어떤 지역보다 성장 속도가 빠르다. 여기에 특히 2억 3,000만 명에 달하는 젊은 소비계층(15~26세)은 유행에 민감해 최신 패션제품과 미용 용품, 휴대폰 등의 소비에 주도적 역할을 하고 있다는 분석이다.

두터운 소비자층을 확보하고 있는 아프리카의 운명이 곧 세계의 운명이 될 수 있다. 중국이 세계의 공장에서 세계의 시장으로 바뀐 것처럼 아프리카도 세계의 시장으로 탈바꿈하고 있는 것이다.

아프리카에서는 현재 초대형 쇼핑센터 개발이 유행처럼 번지고 있다. 쇼핑과 함께 다양한 즐길거리를 제공하는 복합 쇼핑몰이다. 아프리카에서도 서구식의 대형 쇼핑몰이 등장하고 있다. 단순 구매 중심에서 여가 오락형 쇼핑으로 소비문화도 변화될 전망이다. 남아공은 세계에서 6번째로 쇼핑몰이 많은 국가로 2천여 개의 쇼핑몰이 있으며, 케냐는 인구의 30% 이상이 쇼핑몰에서 소비재를 구매하는 것으로 나타났다.

대형 유통 기업도 이미 구축된 브랜드 이미지로 시장 확대를 모색하고 있는데, 이 중 남아공 출신의 토종 기업이 강세를 보이고 있다. 아프리카 상위 10개 유통 기업 모두 남아프리카에 본부를 둔 기업으로 주변 아프리카 시장에 급속히 확산되고 있는 추세이다. 특히 남아공의 샵라이트(Shoprite)는 아프리카 내 14개국에 300여 개 점포를 운영 중에 있다. 케냐의 슈퍼마켓 체인인 나쿠마트(Nakumatt) 및 투스키(Tuskys)는 동아프리카 지역으로 진출을 확대하고 있다. 이 밖에도 동부 아프리카의 주요 유통 기업인 우추미(Uchumi), 나이바스(Naivas) 등이 있다.

글로벌 기업도 아프리카 소비시장 진출을 본격화하고 있다. 월마트는 남아공 기업 매스마트(Massmart)를 2010년 인수하였고, 까르푸도 코트디부아르에 2015년 진출한 바 있다. 또한 프랜차이즈 H&M, Forever21과 같은 의류 기업, 스타벅스, 크리스피 크림 도넛과 같은 식품기업의 진출도 눈에 띈다. LG전자는 2021년 6월 탄자니아 유력 그룹인 MeTL 그룹과 손잡고 탄자니아 다르에스살람에 두 번째 매장을 오픈하였다. 이곳을 핵심축으로 동아프리카 진출을 확대한다는 계획이다.

지금 유통체인에 진열된 대부분 제품은 품질은 좋지만 가격은 비싼 유럽산 혹은 가격이 저렴한 중국산이 다수를 차지한다. 유럽산과 경쟁할 수 있는 적정한 가격을 제시할 수 있다면 도전해 볼 만하다. 한국의 생활용품, 주방용품 등 일반 소비재 품목을 아프리카에서 볼 수 있기를 기대해 본다.

하늘 길이 열린다

수요는 꾸준하게 증가, 정부의 과도한 규제가 관건

아프리카의 꾸준한 경제성장과 교역이 활발해지면서 항공산업 수요가 증가하고 있다. 항공은 아프리카를 하나로 묶는 토대가 된다. 뿐만 아니라 항공운송은 비즈니스, 국제무역 및 관광 촉진에 중요한 역할을 한다. 전 세계로 아프리카 수출품을 운송하며, 신선한 농산물이든, 공산품이든, 창조적이고 문화적인 노력이든 아프리카를 변화시키는 것은 항공운송이다.

그뿐만 아니다. 항공산업은 경제 유발 효과가 크다. 사람이나 물건이 쉽게 접근할 수 있는 항공노선은 지역 경제 발전의 원동력이 된다. 항공산업은 일자리 창출과 관광산업의 활성화와 연관되기 때문에 아프리카의 새로운 경제성장의 동력이 될 가능성이 큰 산업이라 할 수 있다.

그러나 독자들이 이미 예상하고 있는 바와 같이 아프리카 항공산업은 평균 이하이다. 먼저 아프리카 국가 간, 즉 아프리카 대륙 간 연결 수준은 세계 다른 지역에 비해 크게 뒤처져 있다. 최악이다. 아프리카의 한 도시에서 다른 아프리카 도시로 이동하기 위해서는 유럽이나 중동을 거쳐야 하는 경우가 많다. '모든 길은 로마로 통한다'라는 말처럼 물리적으로 가까운 내륙 간 항공편 이동노선이 거의 없다. 유럽의 국제도시에 갔다 다시 돌아오는 유턴의 형태로 방문해야만 한다. 가까운 인근 국가를 방문할 때도 더 먼 곳의 항공 허브 국가를 경유해 돌아가야 하는 경우가 많다. 동부에서 서부를 갈 때는 차라리 파리, 런던과 같은 유럽 중심 도시를 가서 다시 돌아오는 편이 낫다고 할 정도이다.

항공 요금도 비싸다. 항공편이 많지 않다 보니 공급이 수요에 미치지 못한다. 항공시설 또한 마찬가지다. 착륙 후 바로 터미널 내부와 연결되는 경우는 드물다. 이동은 거의 도보로 해야 한다. 아프리카 도시의 공항에서 공항 내부와 직접 연결되는 것을 기대하는 것은 호사이다. 착륙과 함께 활주로에 인접한 시멘트 도로를 걸으면서 이곳이 아프리카임을 다시 실감한다. 정전, 열악한 인터넷 등으로 항공권을 받기 위해 수십분을 기다리는 경우도 허다하다. 연착, 수하물 분실은 늘 있는 일이다. 일부 공항에서는 항공권도 수기로 발행한다. 그러다 보니 오버 부킹은 당연한 귀결일 수도 있다.

현재 사하라 사막 이남의 주요 대륙 간 항공사는 케냐 항공, 에티오피아 항공 및 남아프리카 항공 등 3개사가 이끌고 있다. 정부가 운영하지 않는 에티오피아 항공만이 유일하게 이익을 창출하고 있으며,

다른 항공사들은 매년 수억 달러의 손실을 보며 정부의 긴급 융자로 연명하고 있는 것으로 알려져 있다. 국영 항공사들의 적자 운영에도 불구하고 항공산업 규제는 여전하다. 자국의 국영 항공사를 지원하기 위해 항공운항에 더 많은 규제를 가하는 것이다. 이렇게 보호받고 있는 대다수 국영 항공사들은 운영 비용에도 못 미치는 수익을 내며 악순환을 되풀이하고 있다.

아프리카 국가들이 오늘날 항공산업의 발전을 경제발전의 추가 동력으로 활용하기 위해서는 항공산업에 대한 제재를 풀어 자유시장 경제로 유도하는 것도 필요하다. 국영 항공사에 대한 전폭적인 지원이 관련 산업의 성장을 위축시킬 수도 있다. 그리고 그동안 미뤄왔던 항공산업 자유화 협약을 이행하는 것, 아프리카 권역에서 공동 항공노선 마련을 논의하고 항공시장 단일화에 합의하려는 노력이 항공산업의 성장을 위해 필요하다. 또한 승객의 안전문제를 해결하고 노후한 중고 항공기 등 열악한 항공 인프라를 개선하며, 유럽과 중동이 독점하고 있는 아프리카 항공산업에서 독립적인 발전을 모색해야 함은 물론이다.

옥스퍼드 대학 경제연구소는 2036년까지 항공운송과 아프리카의 관광객은 일자리 980만 개(2016년보다 60% 증가)와 GDP 159억 달러(184% 증가)를 지원할 것이라고 예측하고 있다. 앞으로 성장 가능성이 큰 아프리카 항공산업은 당분간 해외투자에 의존할 수밖에 없다는 점에서 아프리카의 새로운 투자시장으로 떠오를 전망이다.

동부 아프리카의 주요 항공사

에티오피아 항공은 1945년 설립되어 지금껏 70여 년의 역사를 가진 유서 깊은 항공사로 슬로건은 '아프리카의 새로운 정신(The New Spirit of Africa)'이다. 에티오피아 항공은 우리 한국인에게 익숙한 항공사이다. 아프리카 항공사 최초로 한국과 직항편을 2018년부터 운행하고 있기 때문이다. 덕분에 아프리카 대륙에 첫발을 딛는 곳이 가까워졌다. 또한 이미 운항 중이던 아랍에미레이트 항공, 카타르 항공보다 저렴한 비용으로 소비자의 시선을 끌기에 충분하다. 뿐만 아니라 기본 수하물 허용량도 에미레이트 항공에 비하면 후하다. 국내 취항 항공사 중 아프리카에 가장 많은 49개의 주요 지점을 연결할 수 있다는 게 강점이다.

에티오피아 항공은 아디스아바바-카이로 노선 운항을 시작으로, 지금은 80개가 넘는 국제선 노선과 17개의 국내선 노선을 운행 중이다. 그리고 미국의 로스엔젤레스, 뉴욕, 토론토, 워싱턴에 이어 곧 시카고로도 취항한다. 에티오피아 항공사는 두바이의 에미레이트 항공처럼 아프리카의 허브공항을 만들겠다는 야심 찬 포부를 밝히고 있다.

케냐 항공은 1996년 4월 민영화되면서 아프리카의 항공사들 가운데 가장 성공적이고 안정적인 길을 걸었다. 하지만 최근 홍콩, 하노이 노선을 중단하는 등 회사 운영에 어려움이 있는 듯하다. 최근에는 뉴욕으로 가는 항공편을 개설하였다. 2012년 우리나라 항공사로는 최초로 대한항공이 아프리카 케냐 나이로비 직항편을 운행한 적이 있었다. 시작 당시에는 한국의 아프리카 진출의 큰 계기가 될 것이라는 기대감이 있었다. 그러나 대한항공은 2014년 에볼라 등을 이유로 노선을 중단하였고 케냐 항공이 이어받아 코드쉐어(공동운항)를 하고 있는 상황이다.

탄자니아는 국영 항공사인 탄자니아 항공(ATCL, Air Tanzania

Company Limited)을 발전시켜 국제 항공사로 육성했다. 다르에스살람과 킬리만자로를 잇는 국내선과 주변 인접 국가인 부룬디, 우간다, 잠비아, 짐바브웨, 코모로스로 가는 국제노선의 시범 운항을 계획하고 있다. 인도 뭄바이, 중국 광저우 운행을 시작으로 전 세계 장거리 운항노선을 확장할 계획이다. 특히 인도양을 횡단하는 인도행 직항노선은 탄자니아 항공사의 중요 프로젝트이다.

철도가 물류 혁신을 이끈다

내륙을 연결하는 철도

사람의 몸에 혈관이 있다면 경제에는 물류가 있다. 물류는 경제의 혈관과 같다. 상품이 사방팔방으로 순조롭게 이동할 수 있는 물류시스템은 경제발전의 핵심이다. 혈관이 신체의 곳곳을 순조롭게 순환하여야 건강한 것처럼 국가도 곳곳에 도로, 철도 등의 물류 인프라가 잘 구축되어 있어야 경제가 발전할 수 있다.

철도는 대량으로 물자를 운송하고 병력을 이동할 수 있다는 장점이 있다. 그래서 식민 통치를 위해 철도를 건설하여 물자를 수송한 적이 많았다. 과거 식민 종주국이 건설한 아프리카 지역의 철도는 20세기 중반 이후 쇠퇴하기 시작하여 해마다 수송량이 감소하는 상황이었다. 지금의 철도 폭인 표준궤보다 폭이 작은 협궤를 사용해서 속도가 느

렸기 때문에 활용하는 데 제한이 있었다. 그러나 최근 범아프리카주의를 기치로 한 지역통합 움직임이 가시화되고 역내 교역이 증가함에 따라 철도의 가치가 재부상하면서, 내륙과 연결하는 통합 현대식 철도망의 필요성이 대두되고 있다.

최근 동아프리카 국가를 중심으로 투자 총액 330억 달러에 달하는 철도 프로젝트가 활발히 진행되고 있다. 에티오피아는 2016년부터 '아프리카의 뿔'이라고 불리는 북동부 지역의 교역 증가를 위해 아디스아바바와 지부티를 잇는 약 30억 달러 규모의 철도 운행되고 있다. 또한 케냐는 몸바사와 나이로비를 연결하는 130억 달러 규모의 표준궤 철도(SGR)가 2018년부터 운행되고 있다. 탄자니아도 1970년대 시작한 탄자니아-잠비아 철도 건설에 이어 르완다, 콩고, 부룬디, 말라위까지 확장하는 계획을 추진 중이다.

특히 동아프리카의 경우 역내 교역이 크게 증가하고 있고, 철도 폭이 좁은 1m의 동일한 협궤를 사용한다는 점에서 통합 철도망의 실현 가능성이 높은 지역이다. 특히 동아프리카공동체는 2009년 동아프리카 종합 철도 마스터플랜을 수립하여 동아프리카 국가 간의 철도 통합 문제를 논의하였으나 재원 조달 문제로 2009년 이후 사업이 정체되었다. 이후 최근 인도와 중국이 적극적인 관심을 갖고 사업을 진전시켰다. 인도가 처음 구상 단계부터 관심을 보여 온 선발 주자이지만 2013년 중국이 케냐 몸바사-나이로비 신규 철로 건설공사를 수주하고, 2014년 리커창(李克强) 총리가 케냐를 방문하여 다양한 지원 계획을 발표하면서 중국을 중심으로 사업이 추진되고 있다.

케냐·에티오피아·탄자니아 등 동아프리카 국가들은 석유 등 자원개발과 고도의 경제성장을 위해 경쟁적으로 대규모 표준궤 철도를 건설하고 경제발전을 꾀하고 있다. 몇 년 후 이들 철도가 활발하게 운영 된다면 우간다·르완다·부룬디 등 빅토리아호 인접 내륙 국가까지 물류비용이 대폭 감소해 경제개발은 물론 동아프리카공동체의 경제통합에도 크게 기여할 것이다.

동아프리카 국가 중 케냐와 에티오피아는 중국의 차관으로 이미 표준궤 철도를 건설, 운영 중이다. 케냐와 에티오피아의 경우 중국 정부가 차관을 제공하는 대가로 설계와 시공을 진행했다. 최근 중국은 일대일로 전략 차원에서 자원 개발과 영향력 제고를 위해 아프리카 진출을 가속화하고 있다. 철도는 중국이 중요하게 생각하는 글로벌 인프라 사업 중의 하나이다.

철도 건설은 기존의 아프리카 경제성장의 걸림돌이던 인프라 문제를 해소하고, 유통업에도 새바람을 일으키며, 지역 경제에도 훈풍을 안겨줄 전망이다. 하지만 아직 인프라는 여전히 열악하고 불안전한 정치 상황, 치안, 제도의 불확실성 등 불안 요소가 많다. 100여 년 전 영국이 그랬던 것처럼 아프리카 철도 건설이 강대국의 수탈이 아닌 동아프리카 국가의 경제발전을 견인할 것을 기대해 본다.

2017년 6월, 케냐에 새 철도가 개통되었다. 케냐, 수도 나이로비-몸바사를 연결한 것이다. 몸바사는 케냐 제2의 도시이자, 동부 아프리카 최대의 항구이다. 영화 〈아웃 오브 아프리카〉에서 주인공 카렌은 기차를 타고 몸바사로 가서, 덴마크로 가는 배를 탄다. 당시에도 몸바사에서 철로를 통하여 케냐의 여러 지역으로 갈 수 있었다. 당시 몸바사로 가는 철도는 19세기 영국 식민지 시절에 건설한 것이었다.

케냐의 수도 나이로비와 동부 항구도시 몸바사를 잇는 철도 프로젝트는 케냐 독립 이후의 최대 기반 시설이다. 이 철도 건설의 일등 공신은 중국이다. 중국이 공사 예산의 대부분인 32억 달러를 지원, 3년 6개월여 만에 완공했다. 케냐의 항만 공사 및 철도 공사가 중국 수출입은행과 차관계약을 맺어 중국이 공사비의 90%를 충당하였다. 담보는 철도와 항구 운영권이다. 화물열차는 2018년 1월 첫 운행을 시작했는데 그 길이가 470km에 달한다. 케냐 정부는 새 철도 개통이 케냐 역사에 새로운 장을 열었다고 밝혔고 케냐 언론들은 철도 개통으로 기존 10시간 가까이 걸리던 교통 시간이 4시간으로 크게 단축될 것이라고 전망하고 있다.

2014년 리커창 총리는 아프리카를 방문하면서 "중국과 아프리카의 23억 인구가 힘을 합하면 전 세계 판도를 바꿀 수 있다"라고 강조하고 당시 케냐, 탄자니아, 우간다, 르완다, 부룬디, 남수단 6개국을 잇는 철도 건설 계획을 공개했다. 이 철도는 2,700km에 달하며 총 공사비가 250억 달러나 된다. 그중 나이로비에서 몸바사 항구까지 480km를 잇는 철도를 건설한 것이다. 이 철도망은 우간다, 남수단, 르완다를 연결한다. 중국은 세계 경제 구상인 '일대일로'의 일환으로 아프리카 나라들에 대규모 철도 공사를 중국 표준 방식을 적용해 지원하고 있다. 아프리카 중동부 6개국을 잇는 철도는 나이로비-몸바사 노선이 완공된 뒤 단계적으로 건설될 예정이다. 중국의 언론에 의하면 6개국 철도가 완공되면 현지 운송 원가가 60% 감소될 것이라고 한다.

에티오피아에서도 2016년 10월 수도인 아디스아바바와 아라비아해의 지부티 항구를 잇는 750km의 새 철도가 완공됐다. 케냐 나이로비에서 해안 도시 몸바사까지 약 470km에 이르는 이 철도가 중국의 자금과 기술로 건설되기 약 7개월 전이다. 예산은 30억 달러가 소요되었다. 에티오피아는 무역의 70%를 지부티 항구에 의존하고 있기 때문에 항구와 내륙을 잇는 철도가 매우 중요하다. 중국 자본과 인력이 투입된 이 철도는 착공 6년여 만에 개통되었다. 홍해로의 접근성을 높여 북동부 지역의 교역 증가에도 큰 역할을 하고, 5일 걸리던 운송 기간을 10시간 미만으로 단축할 수 있으며, 이에 따른 경제발전도 기대할 수 있다.

에티오피아의 철도 및 도로와 같은 인프라가 확충되면서 젊고, 낮은 임금의 풍부한 노동력을 활용한다면 아프리카 시장은 더욱 활기를 띠게 될 것이다. 에티오피아는 아프리카에서 나이지리아 다음으로 인구가 많은 국가로 현재 1억 명을 넘어섰다. 이로 인해 낮은 인건비와 젊은 노동자가 많아 제조 생산기지로 인기가 높다.

탄자니아에서도 내륙과의 연결을 위한 철도망 확충이 한창 진행 중이다. 탄자니아 철도는 1970년대부터 시작된 탄자니아-잠비아 철도인 타자라(TAZARA)를 기반으로 하고 있다. Tanzania의 'TA', Zambia의 'ZA', Railway의 'RA'를 따서 'TAZARA'가 되었다. 중국의 지원으로 1975년 건설된 타자라는 총 1,860km로 탄자니아에 975km, 잠비아에 885km가 걸쳐 있다. 탄자니아의 다르에스살람과 잠비아의 카피리음포시를 잇는 동아프리카의 철도이다.

타자라 건설 당시 서방국가들은 경제성을 이유로 지원을 거부하였다. 반면 중국은 무이자 차관을 통해 무산될 위기에 처한 타자라 건설 계획을 직접적으로 지원하여 아프리카 국가들과 중국의 우호적인 관계 형성에 긍정적인 영향을 미쳤다. 철도 건설 당시 중국에서는 5억 달러의 무이자 차관과 연간 5만여 명의 기술자를 파견하였다.

타자라 열차는 완행은 3박 4일, 급행이라고 해 봐야 2박 3일이 소요된다. 열차 등급은 1등석(4인실), 2등석(6인실), 3등석(의자)이 있으며 1등석, 2등석은 가족이 아닌 경우 남녀가 한 칸에 탈 수 없다. 국경에 도착하면 기차에서 내리지 않고 객실에 그대로 앉아 있으면 된다. 탄자니아와 잠비아 이민국 직원이 열차에 탑승하여 출입국 스탬프를 찍어 주고 입국과 관련한 비자 절차를 도와준다. 식당 칸도 운영되어 저렴한 가격에 간단한 식사를 할 수 있다.

탄자니아는 이와 더불어 주변국인 우간다, 부룬디 등 육지로 둘러싸인 내륙 국가들과 다르에스살람 항구와의 접근성을 높이기 위해 발 벗고 나서고 있다. 탄자니아 항만청이 밝힌 바와 같이 탄자니아 최대 항구도시인 다르에스살람항 통관 화물의 32%가 인접국으로 가는 경유 화물이기 때문이다. DR콩고와 잠비아는 내륙 국가로 각각 탄자니아 항구의 경유 화물 중 35%, 24%를 차지하는 주요 교역국이다. 이들 국가를 연결하는 철도와 도로 인프라 확충은 수출 관문으로서 다르에스살람항의 역할을 더욱 강화시킬 것으로 기대된다.

그중 하나가 탄자니아와 내륙 서북부 국가를 연결하는 총연장 2,500km 표준궤 철도 프로젝트이다. 인도양에 접경한 탄자니아는 인도양에 접경한 다르에스살람에서 탄자니아 최서쪽 빅토리아호의 므완자까지 연결되는 총 1,219km의 대규모 인프라 건설 사업이다. 이 철도는 내륙 지역인 르완다, 부룬디, 남수단을 연결한다는 야심찬 철도 현대화 프로젝트로 역대 탄자니아 인프라 사업 중 76억 달러의 최대 규모이다. 탄자니아 정부에서는 총연장 2,190km의 표쥰궤 철도를 4단계로 구분하여 3년 내에 완성할 것이라고 한다.

탄자니아는 중국의 차관 제의를 거절하고 공개 입찰을 통해 표준궤 철도를 건설하는 방식을 선택했다. 중국 차관 이자가 너무 비쌀 뿐만 아니라 중국 노동자가 현장에 대거 투입돼 자국민의 고용 창출 및 기술 이전 효과가 작다고 판단했기 때문이다. 그리고 중국이 설계와 시공까지 독점해 공사비가 높게 책정되었다고 공공연히 주장하고 있다. 한마디로 케냐와 에티오피아의 표준궤 철도 건설이 중국식이었다면 탄자니아는 투명성 있는 공개 경쟁을 택한 것이다. 설계 및 감리는 한국 회사를 선택했다. 탄자니아 정부는 한국 기업들의 인프라 설계 및 감리 능력을 높게 평가하고 있다.

현재 시공사로는 터키와 포르투갈 건설 회사가 선정되어 33억 달러 규모의 탄자니아 표준궤 철도 1~2구간(522km)을 건설 중이며, 나머지 37억 달러 규모의 3~5구간(697km)은 조만간 시공사가 선정될 예정이다. 또 탄자니아 표준궤 철도에 운영될 기관차와 객차는 한국 기업이 입찰을 따내며 납품을 진행하고 있다. 다르에스살람항과 르완다, 부룬디, DR콩고를 연결하여 연간 170만 톤 이상의 화물을 운송할 것으로 예측된다. 또한 탄자니아-DR콩고-잠비아 연결 700km 도로 및 교량 건설 등 다양한 교통 인프라 확충 계획도 예정되어 있다.

한국 정부 차원에서 공여 사업으로 협력 강화 필요

아프리카 철도 인프라 건설은 우리나라에서 관심을 기울일 만한 사업이다. 앞으로도 탄자니아 철도와 관련해 한국 기업들이 진출할 분야가 많다. 이미 탄자니아에서는 한국철도공사(코레일)가 설계감리를 하고 있고 한국 기업에서 기관차와 객차 납품 계약을 따낸 바 있으므로 이런 진출 모멘텀을 잘 활용해야 한다.

지금 아프리카 프로젝트 대부분은 엔지니어링을 중심으로 한 컨설팅 사업에 치우쳐 있고 시공사로 선정된 사례는 많지 않다. 인건비 등 여러 제약 요건은 차치하더라도, 한국 정부 입장에서 유무상 원조가 가능한 분야이므로 원조 차원의 접근도 필요하다. 국가 이미지 제고 및 미래 시장에 대한 투자 측면에서 접근할 수 있을 것이다. 아프리카 철도 시장에 진출하기 위해서는 중국의 사례와 같이 대상국에 대한 금융지원이 병행되어야 하므로 우리 정부의 역할이 중요하게 작용할 수 있다.

2018년에는 전 이낙연 국무총리가 한-탄자니아 수교 26년 만에 정 상급 인사로서는 처음으로 탄자니아를 방문했으며 1월에는 주한 탄 자니아 대사관이 서울에서 문을 열었다. 과거 어느 때보다 한국과 탄 자니아의 협력관계가 돈독해지고 있다. 또 최근 아프리카 자유무역협 정 체결 등에 힘입어 아프리카 역내 경제통합과 국가발전을 위한 철 도 건설이 계속 추진될 것으로 전망된다. 한국 철도가 탄자니아를 기 반으로 아프리카 여타 국가들의 철도 사업에도 진출하기를 기대한다.

동아프리카 관문, 항구가 넓어진다

동아프리카 최대 항구, 몸바사? 다르에스살람?

항구는 사람과 물건이 오가는 '융·복합 문명'의 출발지로 다양한 문화와 역사가 공존한다. 로마어 '패스포트(Passport)' 자체가 '항구를 통과하다'라는 뜻에서 비롯되었다고 한다. 그만큼 국제 간 교류에 있어서 항구는 중요하고 배편으로 화물을 운반하는 수출입 거래에서는 말할 것도 없다. 인도양을 사이에 두고 아시아에 접경하고 있는 동아프리카는 아프리카 내륙과 아시아를 연결하는 교두보 역할을 하고 있다.

동아프리카를 대표하는 항구는 케냐의 몸바사와 탄자니아의 다르에스살람이다. 몸바사는 영국 식민지 시절부터 개발된 케냐의 인프라와 철도 덕분에 동부 아프리카의 주력 항구로 자리매김하고 있다. 최근에는 중국 자본으로 나이로비까지 철도가 건설되어 그 위상을 높이고 있다.

몸바사항은 '싸우는 섬'이라는 뜻으로 케냐 남동쪽 해안에 있는 도시로 동아프리카의 대표적 항구이자 케냐 제2의 도시이다. 16~17세기 포르투갈의 식민지였다가 19세기 후반 영국의 식민지가 되었다. 커피, 사이잘삼, 홍차, 시멘트 등을 수출하며, 인구는 약 80만 명이다. 나이로비와 표준궤 철도로 연결되어 있을 뿐만 아니라 우간다·탄자니아로 통하는 철도의 시발점으로 중앙 아프리카와의 연계가 가능한 물류 거점도시이기도 하다.

그러나 최근 케냐에서 최대 항만인 몸바사항을 중국에 빼앗길 수도 있다는 우려가 제기되었다. 2018년 아프리카 개발은행이 발표한 보고서에 따르면 케냐와 중국 정부 간 차관 계약서상의 상환일에 상환하지 못할 경우 몸바사 항구 운영권을 중국 수출입은행이 가져갈 수 있다는 내용이 포함된 것으로 알려졌다. 이에 대해 케냐 정부에서는 "대출 상환 계획을 충실히 지키고 있다"라고 해명했지만, 일부에서는 "과거 케냐를 영국의 식민지로 넘겨버렸던 추억이 아직도 남아 있는데 지금 다시 중국으로부터 소정의 돈을 받고 몸바사항을 넘겨버렸다"라며 우려를 표명했다.

몸바사와 경쟁하고 있는 동부 아프리카의 다른 항구는 탄자니아 동부 잔지바르 권역의 다르에스살람으로 연간 능력은 1,400만 톤이다. 그러나 아직 항구로서의 효율은 떨어진다. 월드뱅크에 따르면 "중국-브라질보다 실제 거리가 절반에 불과한 중국-탄자니아 무역 비용은 60%가 더 높다. 다르에스살람 항구의 비효율은 2014년 26억 달러 수준으로 몸바사와 같은 효율을 낼 경우 탄자니아 경제는 연 18억 달러를 추가할 수 있다"라고 한다.

2015년 탄자니아 정부에서는 다르에스살람 항구를 경유하는 환적 화물에 대한 하역 서비스에 부가세(18%)를 부과하였다. 그래서 한때 다르에스살람 항구를 이용하는 물동량이 급감한 적이 있었다. 이에 탄자니아 정부에서는 2017년 6월, 부가세 부과 조치를 철회하여 화물 처리 추가 비용을 없앰으로써 자국 및 인접국의 항만 이용을 다시 재개하도록 유도한 바 있다.

탄자니아 정부에서는 다르에스살람항의 항만 시설 확충 및 현대화 작업을 위해 5억 6,500만 달러 규모로 'Dar Maritime Gateway' 프로젝트를 진행하고 있는데 이것은 이는 물류비용 절감 및 서비스 개선을 도모하고자 함이다. 주로 컨테이너 적재소 건설, 선석(berth) 추가 및 확장, 내륙 연계 수송 기지 신설 등 화물 처리 능력을 높이고 통합 보안 시스템 및 CCTV 대량 도입 등 항구 내 보안 시스템을 강화하는 것이 주내용이다. 이 외에도 자원개발과 연계하여 탕가항(우간다-탄자니아 송유관 및 석유 수출항), 음퇘라항(천연가스 터미널) 개발 사업 역시 추진 동력을 얻고 있는 중이다.

새로운 항구 탄생을 주목하라, 바가모요, 라무

동아프리카의 고도성장과 경제발전은 물동량의 증가를 가져왔다. 동부 아프리카 인구 1억 5,000만 명의 잠재 소비시장을 등에 업고, 더욱이 사하라 이남의 내륙에 있는 국가들을 감안한다면 시장 규모는 더욱 커진다.

그러나 인도양과 접해 있으면서 이런 물동량을 담당할 항구는 오직 케냐의 몸바사와 탄자니아의 다르에스살람뿐이다. 항만 이용률이 70%대를 넘어서자 아프리카 항만청과 터미널 운영사들은 파나막스급 대형 선박이 접안할 수 있는 규모의 인프라 구축을 위한 파트너를 모집하고 있다. 또한 항만 혼잡을 줄이고 연계성 및 처리량을 증대하기 위해 차세대 선박을 수용할 수 있는 솔루션을 모색 중이다.

그러나 두 항구는 이미 포화 상태이다. 동아프리카로 유입되는 화물량의 증가에 맞춰 아프리카 항만 당국은 인프라 구축에 박차를 가하며 대안이 될 만한 항구를 모색했다.

탄자니아 정부는 바가모요(Bagamoyo)를 개발하여 기존의 탄자니아 최대 항구도시이자 상업도시인 다르에스살람과 함께 동아프리카의 관문으로 도약하겠다는 계획을 펼치고 있다. 탄자니아 최대 상업도시인 다르에스살람과는 75km, 차량으로 1시간 30분 거리에 불과하다. 탄자니아가 자랑하는 휴양지인 인도양의 검은 진주, '잔지바르(Zanzibar)'가 건너편에 있다. 비교적 인프라가 잘 발달된 다르에스살람을 즉시 활용할 수 있다는 장점을 가진 곳이다.

바가모요는 아프리카 동부 탄자니아에 있는 인구 5만 명의 작은 항구도시이다. 과거에는 제법 번성한 도시로 무역 중심지였지만, 현지인들에게는 비운의 항구도시이다. 흑인 노예들이 팔려나간 곳이 이곳이기 때문이다. 바가모요는 '심장을 내려놓다'라는 뜻이라고 한다. 노예선을 타기 전에 마지막으로 머문 도시가 이곳 바가모요였다. 마지막으로 고향을 떠나며 "몸은 떠나도 마음(심장)은 놓고 간다"라는 내용의 가슴 아픈 스토리가 담겨 있는 지명이다. 반면 최대 상업도시로 발전을 거듭하고 있는 다르에스살람은 '평화의 항구'라는 의미이다.

다르에스살람을 기점으로 행정수도인 도도마를 거쳐 탄자니아 전역과 내륙 아프리카로 들어가는 새로운 도로와 철도 등이 지속적으로 건설되고 있다. 탄자니아와 다르에스살람, 동부 아프리카 내륙을 연결하는 총 연장 2,500km 표준궤 철도 프로젝트는 르완다, 부룬디, DR콩고를 연결하는 역대 최대 인프라 사업이다. 이 철도가 완성된다면 연간 170만 톤 이상의 화물 운송이 가능할 것으로 예측된다. 탄자니아 정부에서도 동아프리카 최대 물류 거점 항구를 만들기 위해 이전에 부과하던 다르에스살람 항구의 환적 화물 하역 서비스에 대한 부가세를 면제한 바 있다. 또한 항만시설을 확충하고 현대화하여 화물 처리 능력을 높이고 있다.

중국이 이를 놓칠 리 없다. 그들은 바가모요에 이미 2000년부터 투자계획을 밝혔다. 오만과 합자하여 100억 달러 규모로 특별경제구역(SEZ; Special Economic Zone) 조성 계획을 세웠지만 탄자니아 정부와의 협의가 중단된 상황이다. 완공되면 비료 생산, 수산 가공 등 190개 기업들이 입주할 것으로 예측하고 있다. 특별경제구역도 신설된다. 특별경제구역은 경제자유구역, 과학기술단지, 국제교류센터, 상업 건물 등으로 구성, 10년간 법인세와 원천징수세가 면제된다. 전력, 수도, 가스에 부과되는 부가가치세뿐만 아니라 구역 내 인프라 건설에 사용되는 각종 기자재의 세금도 면제된다.

투자가 유망한 산업 분야는 낮은 임금을 타깃으로 한 노동 집약 산업으로 섬유 혹은 봉제산업이다. 현지 수요를 감안하여 낙후된 산업 인프라를 교체하는 업종, 농산품 가공시설, 가스 광물 등 천연자원을 채굴하는 업종 등도 포함된다. 물론 인근 동아프리카를 시장으로 하는 업종이라면 금상첨화이다.

그러나 몇 가지 주의할 점도 있다. 탄자니아의 경우 투자 인센티브의 일관성이 의심스럽다. 이자율이 높아 현지 자본 조달이 녹록지 않다. 그리고 전근대적인 행정 시스템으로 토지 매입 및 관리에서부터 통관 업무까지 예기치 못한 리스크가 상존한다. 안전사고, 도난 등 예상치 못한 리스크를 줄이기 위한 관리체계의 운영이 필요함을 물론이다.

그럼에도 불구하고 바가모요는 향후 동아프리카의 무역항을 이끄는 종합물류센터로 발돋움할 것이다. 우리 기업들이 주목해야 하는 이유다.

케냐에서도 라무항 개발에 박차를 가하고 있다. 케냐 북쪽 경제 발전을 위한 LAPSSET이라는 큰 프로젝트의 일환이다. 표준궤 철도가 남수단의 수도인 주바로 연결되고 남수단과 에티오피아의 오일 파이프라인도 포함된다. 또한 오일 정제소, 공항 및 휴양 시설 등이 계획되어 있어 남수단, 에티오피아를 포함한 3대 동부 아프리카의 물류 거점이 될 것으로 기대한다. 32개 선석을 보유할 것으로 예정된 이 항만은 케냐 정부에서 4억 8,000만 달러를 지원한다. 라무항은 심수항으로 기존 몸바사항보다 큰 규모의 선박이 입항할 수 있다. 건설 중인 3개의 선석은 3만~10만 톤급 선박이 접안할 수 있다

동아프리카 경제가 성장하고 교역량이 확대됨에 따라 기존의 항구를 대체하는 새로운 항구의 개발도 진척을 보이게 될 것이다.

달아오르는 의료기기 시장

연평균 9.2% 성장… 새로운 시장 주목

필자가 탄자니아에서 근무하던 당시 의료봉사를 위해 해마다 탄자니아를 방문하는 구호단체의 의료서비스 현장을 방문한 적이 있다. 안과 진료로 간단한 백내장 시술을 무료로 제공하는 서비스였다. 한국에서는 매우 간단한 시술이지만 밀려드는 현지인들로 현지에서 자원봉사자까지 채용할 정도였다. 부족한 현지 의료서비스를 실감할 수 있는 광경이다.

인프라가 열악한 아프리카이다보니 보건 및 위생과 관련된 시설도 마찬가지이다. 아프리카의 대도시에도 종합병원은 있다. 그러나 워낙 환자가 많아 대기해야 하는 시간도 매우 길어 불편하다. 대부분의 외국인은 외국인 의사가 운영하는 소규모 내과를 방문한다.

2020년 기준 사하라 이남 아프리카(SSA) 인구는 10억 명으로 세계 인구의 13.9%를 차지하고 있으나 아프리카 의약품 시장은 225억 달러로 전 세계 의약품 시장의 1.8%에 불과하다. WHO의 분석 결과 사하라 이남 아프리카 국가들 대부분은 소비되는 의약품의 70~90%를 수입하고 있으며, 11억 인구의 절반은 필수 의약품 접근에 어려움을 겪고 있다. 아프리카 시장은 1인당 GDP 규모가 6,000달러 수준인 남아공 시장과 2,500달러 이하인 아프리카 국가의 시장 격차가 크다.

사하라 이남의 의료기기 시장은 남아공 시장이 전체 시장의 45%를 차지하며, 케냐·에티오피아·나이지리아·수단 시장 규모도 1억 달러

〈사하라 이남 남프리카 10개국 경제 및 의료기기 시장 규모〉

지역	국가명	인구 (만 명)	1인 GDP (달러)	GDP (억 달러)	의료기기 시장 규모 (억 달러)	한국 수입 (백만 달러)
남	남아공	5,591	5,480	2,950	10.27	11.7
중동	케냐	4,846	1,380	700	1.22	4.3
서	나이지리아	18,599	2,450	4,050	1.11	0.9
중동	수단	3,958	2,140	950	1.00	1.7
중동	에티오피아	10,240	660	720	0.99	1.9
서	가나	2,821	1,380	430	0.84	0.4
중동	탄자니아	5,557	900	470	0.83	29.2
서	코트디부아르	2,370	1,520	360	0.45	0.3
남	모잠비크	2,883	480	110	0.36	7.6
남	콩고	7,874	420	350	0.23	0

자료원 : 아프리카미래전략센터

에 육박하고 있다.

대부분의 개발도상국이 그런 것처럼 도시화, 소득수준 증가로 아프리카에서도 의료서비스에 대한 수요가 지속적으로 증가하고 있다. 또한 보건위생 인식 개선, 평균수명 증가로 노년층이 등장하였고, 의료시장의 성장 잠재력은 더욱 커지고 있다. 최근 아프리카의 의료기기 시장은 5년간 연평균 5.5% 성장했고, 향후 5년간 5.6%의 가파른 성장이 예상된다.

의료보건 부문은 국제 원조 및 자금 지원이 활발히 진행되는 분야이다. 아프리카의 국가재정은 빈약하다. 그나마 우선순위는 도로, 항만과 같은 인프라 건설에 밀려 뒷전이다. 국제기구의 지원 대상 분야가 인프라를 포함하여 의료 부분에 집중하는 이유이다.

아프리카 정부는 낙후된 의료보건산업 개선을 위한 범국가적 정책을 적극적으로 추진하고 있다. 관련 지출을 확대하고 민간투자를 적극 유치 중이다. 의료보건 선진국의 인프라, 관련 정책 및 운영 경험 등 벤치마킹에 관심이 많다. 특히 코로나 19 팬데믹을 경험하며 아프리카 각국 정부는 자국의 의료보건 역량 확대의 필요성을 통감하고 있다.

아프리카는 전 국가 공통으로 영상 진단기와 전염병 관련 진단 장비의 수요가 많다. 안과, 치과 등은 말할 것도 없고 엑스레이 등 영상 장비에 대한 수요도 많다. 수량이 절대적으로 부족하고 수입의존도가 높은 심전도기, MRI 등에 대한 수요가 크기 때문이다. 콜레라, 장티푸스 등 아프리카 고유 질병은 물론 HIV/AIDS, 결핵, 말라리아 등은 여전히 사하라 이남 아프리카의 주요 사망 원인이다. 그래서 정부의 예방과 치료 정책도 확대되고 있다.

현지에서 생산되는 의료기기 및 의약품은 대부분 소모품 정도에 불과하며, 사하라 이남 아프리카 시장에서 유통되는 제품의 90% 이상은 수입에 의존하고 있다. 고도의 의료 지식 없이도 손쉽게 사용할 수 있는 간편 의료기기 시장이 포인트이다. 의료 보조인이나 환자가 직접 사용 가능한 장비에 대한 수요가 많기 때문에 관련 시장에 대한 전망이 밝은 편이다. 아프리카는 전문 의료인이 매우 부족하고 병원 접근성도 낮기 때문에 다국적 제약사들에게 블루오션이 될 수 있을 것이다.

아프리카의 경우 정부 고위급·민관합동 경제협력사절단을 파견하고 공적개발원조(ODA), 기업의 사회적 책임(CSR)을 통해 현지에 적합한 경제협력 패키지가 많다. 의료 분야야말로 교통 인프라와 함께 국제구호단체에서 지원하는 1순위 분야라 할 수 있다.

국가별로 정부 구매 전략 살펴야

아프리카는 한 나라가 아니다. 나라마다 유사하지만 국가별로 다른 특징을 가지고 있다. 현지 진출을 위해 국가별로 차별화해야 하는 이유이다. 아프리카 시장 매출액의 45%를 차지하는 남아공은 의학이 선진국 수준으로 발달해 고품질·신기술 제품으로 승부하여야 한다. 반면 대부분의 국가는 아직도 소득수준이 매우 낮다. 기본적인 의약품 구매도 정부 재정 부족으로 적시에 공급되지 못하는 상황이다. 그러다 보니 가격에 민감할 수밖에 없다. 경쟁력 있는 가격정책이 진출의 핵심 요소이다.

맥킨지 앤드 컴퍼니의 보고서에 따르면 11억 명의 아프리카에 375개의 제약기업만이 존재한다고 한다. 15억 인구 중국의 5천 개,

14억 인구 인도의 1만 5,000개와는 큰 차이를 나타내고 있다. 그렇기 때문에 혁신 신약의 도입보다는 필수 의약품의 공급과 접근성 확보가 시급한 과제라 할 수 있다.

탄자니아의 경우 의료기기의 80%가 정부 구매를 통하여 각 병원에 공급된다. 정부 보건부에서 승인한 의약구매청(MSD; Medical Stores Department)이 바로 그것이다. 각종 입찰을 통해 의약품 및 기기를 조달한다. 일반 에이전트와 최종 수요자의 구매 수요도 중요하지만 MSD(의약구매청)의 입찰을 통한 진출이 보편적이라는 점에 주의해야 한다.

케냐의 경우에는 의료기기 대여사업이 한창이다. '보편적 의료보장(Universal Health Coverage)'을 목표로 전 국민이 의료서비스 혜택을 누릴 수 있도록 GE, 필립스 등 글로벌 기업과 협력해 필수 의료기기 대여사업을 진행, 관련 사업에 정부에서도 5,000만 달러를 배정한 상태이며, 한국 기업 역시 케냐 정부를 대상으로 의료기기 대여사업 등에 관심을 가져볼 필요가 있다.

이 외에도 흑인 기업 우대 조항 숙지, 한류를 통한 마케팅 가능성 등을 염두에 둘 필요가 있다. 한국 의료기기는 수출시장 다변화를 위해 잠재력이 높은 아프리카 시장의 지속적 진출을 위해 노력해야 하며 시장을 선점할 필요가 있다.

최근에는 아프리카 시장을 통합하는 노력이 전개되고 있는데 아프리카 의약품청(AMA; African Medicines Agency)이 출범을 예고하고 있다. 10년 전부터 논의되었고 2019년 우간다가 15번째 비준하였으며, 2017년 1월 아프리카 질병관리청의 공식 출범 이후 두 번째 아프리카 연합 차원의 기관이다. AMA는 아프리카 연합 회원국을 포함하여 아프리카 대륙 전체 국민에게 신속하고 효율적인 의약품과 의료기기의 안전, 품질, 접근성에 대한 허가체계를 구축하는 것을 목표로 한다.

AMA를 통해 표준화된 규제 방침이 생긴다면 제네릭이나 시밀러를 갖고 있는 기업에 좋은 정보를 제공하여 아프리카의 열악한 의약품 시장에 대한 접근성 또한 높아질 것으로 예상된다. 열악한 의료서비스 접근성을 감안할 때 고도의 의료지식 없이도 손쉽게 사용할 수 있는 진단기기와 진단시약과 같은 간편한 의료 품목이 적합할 것이다.

chapter 3

동아프리카를
주목하라

동아프리카 공동체 : 뭉쳐야 뜬다

기회의 땅 동부 아프리카

동아프리카는 인도양을 두고 인도와 마주하고 있다. 그래서 오래전부터 중국, 중동, 인도와의 무역이 이루어진 교역의 중심지였다. '사파리'라는 단어의 원산지가 동부 아프리카이다. 세렝게티, 마사이마라, 응고롱고로, 킬리만자로산이 모두 동부에 위치하고 있다. 우리에게 널리 알려진 아프리카의 영산인 최고봉 킬리만자로산(5,895m)에는 마사이족의 터전이 케냐와 탄자니아에 걸쳐 있기도 하다.

과거 아프리카 경제성장의 중심축은 유럽과 인접한 서부, 대서양이었다. 그러나 세계 경제의 주도권이 미국으로 넘어간 후 태평양을 중심으로 세계 경제가 활발하게 움직였고 그 이후 글로벌 밸류체인은 중국에서 동남아와 인도로 급격하게 이동하게 되었다. 이에 따라 아프리카에서도 과거 유럽과 인접한 대서양과 서부보다는 아시아와 인접한 인도양의 동부 아프리카가 경제성장의 축으로 주목받고 있다.

동아프리카는 최근 급격한 경제성장을 기록해 경제적인 안정세와 함께 희망찬 국가로 평가받고 있다. 이를 반영하듯 각종 연구소에서도 동아프리카를 기회의 시장으로 주목하고 있다. 미국 민간연구소 스트랫포는 향후 중국의 제조업을 이을 '포스트 차이나 16개국(Post China 16)'에 아프리카 동부의 탄자니아, 에티오피아, 우간다, 케냐 등을 선정하였다. 또한 영국 경제지 〈이코노미스트〉는 2016년 세계에서 가장 빨리 성장하는 10개국 중 7개국이 아프리카 국가임을 강조하였다.

이처럼 동아프리카는 중국과 아시아를 대체할 수 있는 유망한 제조업 생산기지로 주목받으며 기회의 땅으로 변화하고 있다. 동아프리카의 노동력은 제조업에 매력적이다. 영어 공용, 젊은 노동력, 높은 교육률 등 인적 자원이 상대적으로 우수하고 가스와 천연자원 등 물적 자원도 풍부할 뿐만 아니라 도시개발, 산업 인프라, 발전 수요 등 전망이 밝기 때문이다.

동아프리카는 정치적으로 안정되어 투자 리스크가 낮다는 강점도 있다. 1990년대의 민주화 과정을 통해 주변국인 수단, 소말리아, 콩고에 비해 정치적으로 안정되어 있다. 정치적 안정은 투자자의 리스크를 줄어준다. 탄자니아의 경우 집권 여당이 지속적으로 정권을 창출하고 있다. 5년 연임, 총 10년의 안정적인 정권교체를 이뤄내고 있는 것이다. 집권 여당의 지속적인 정권 창출에도 불구하고 선출된 대통령의 개인 특성에 따라 정책 변화가 있긴 하지만 그나마 10년 동안 안정적으로 유지되어 예측 가능하다는 점은 다른 아프리카 국가와 달리 매우 유리하다고 할 수 있다.

또한 생산과 소비를 주도할 젊은 층의 인구 비중이 크고, 인구 증가와 급속한 도시화로 잠재적인 신흥 소비시장이 되고 있다. 중국, 동남아시아를 대체하는 미래의 시장으로 주목받는 이유이다.

동아프리카 국가 중 주요 빅4는 케냐, 탄자니아, 우간다, 르완다이다. 이들은 아프리카에서 가장 큰 담수호인 빅토리아호를 공유하고 있다. 동아프리카 공동체를 창립했고, 서로 다른 나라지만 역사·문화·경제적으로 많은 유사점을 갖고 있다. 이들은 서로를 형제 국가로 대우하며 오래된 친구처럼 긴밀하게 연결하고 있다.

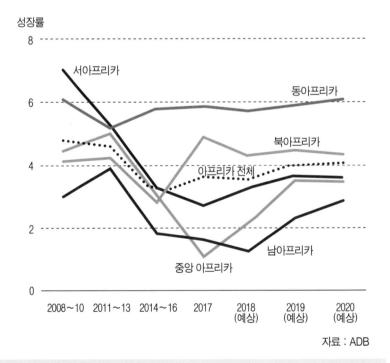

아프리카 지역별 GDP 성장률(2008~2020)

근대에는 중부 아프리카의 지하자원을 운송하기 위해 제국주의 열강들의 침략이 매우 잦았다. 케냐, 탄자니아, 우간다 3개국 모두 19세기 말부터 유럽 제국에 의해 분할 통치되고 있었고, 1960년대 독립 이전에는 영국의 지배를 받아 정치·경제·교육 시스템이 유사하다. 뿐만 아니라 언어상으로도 스와힐리어, 영어를 모두 공용어로 사용하고 있다. 스와힐리어는 반투어를 기본으로 아랍어를 흡수한 것이다.

동아프리카 국가들의 경제성장은 지속되고 있다. 아프리카 개발은행에 따르면 동아프리카는 2016년 6.7%의 경제성장률을 기록하는 등 아프리카에서 경제적으로 가장 안정된 지역으로 아프리카의 성장세를 견인하고 있는 것으로 나타났다.

역내 교역도 활발하다. 동아프리카공동체는 아프리카의 여러 지역경제공동체 가운데 역내 교역이 가장 활발하게 이루어지고 있다. 2000년 5억 달러에 불과했던 역내 상품 교역액이 2015년에는 23억 달러로 5배 가까이 증가했다.

한국과의 정부 간 경제협력도 견실하다. 한국 정부의 관심도 확연히 동아프리카에 집중되고 있다. 무엇보다 한국 정부의 아프리카 대상 공적개발원조 중점 협력국 7개 국가 중 탄자니아, 에티오피아, 르완다, 우간다 등 4개국이 동아프리카에 있다. 중점 협력국이란 ODA 예산을 효율적으로 집행하기 위해 선정한 중점 지원국이다. 즉 국가를 선택하여 집중 지원하겠다는 것이다. 정부의 지원은 철도, 도로 등의 인프라 외에 해당 국가의 문화 등을 접목해 진출 기업이 연착륙할 수 있는 마중물이 될 수 있다. 2018년에는 한국의 총리가 탄자니아, 케냐를 방문하기도 하였다. 특히 탄자니아, 에티오피아 등 동아프리카에는 우리 정부가 공적개발원조를 집행하는 국가가 모여 있고, 진출을 희망하는 기업 또한 증가하고 있는 추세다.

농업은 아프리카 국가의 주력산업이다. 자원 의존도가 지나치게 높은 여타 아프리카 국가와 비교해 넓은 영토와 풍부한 강수량 등 농업 개발에 유리한 조건을 갖춘 점도 부각된다. 동아프리카 연안에는 많은 자원이 있다. 특히 2010년부터 동아프리카 인도양 해상 지역에 묻힌 석유·천연가스도 상용화를 준비 중이다. 동아프리카 경제의 주요 성장 동력은 건설업으로 아프리카 지역 중 가장 많은 외국인직접투자(FDI) 유입액을 기록하여 2014년에 95억 달러가 유입되었다.

동아프리카공동체

동아프리카의 케냐, 우간다, 탄자니아, 브룬디, 르완다 등 5개국은 총 인구 약 1억 5,000만 명, GDP 1,460억 달러의 시장이다. 이들이 서로 협력함으로써 규모의 경제를 기대하고 있다. 동아프리카공동체가 그것이다.

공동시장이 되면 물류비용이 절감되고 회원국 간 무역 활동이 활발해진다. 더불어 무역 인프라도 확대될 수 있다. 혼자보다는 동아프리카공동체로 거대 공동시장을 형성하면 단일국가 때보다 훨씬 높은 경쟁력을 가질 수 있다.

1967년 영국 식민지 국가였던 케냐, 우간다, 탄자니아를 주축으로 협력체가 결성됐다. 이후 1977년 케냐의 독주에 우간다와 탄자니아가 반발하였고, 탄자니아와 우간다의 전쟁 등으로 중단되었다가 2000년 부활하였다. 동아프리카 지역의 광물과 천연가스 등 주요 자원을 효율적으로 개발하기 위해 세 나라의 공동 대응이 필요하다는 목소리가 높아졌기 때문이다. 그만큼 인접국과의 공생이 중요하다는 것을 반증하고 있다. 이후 2007년에는 르완다, 부룬디가 가입하였고, 이어서 2016년 남수단이 가입하여 총 6개국이 구성원이다. 본부는 탄자니아 아루샤에 위치하고 있다.

동아프리카공동체의 기원은 식민지 시절에 시작되었다. 영국은 1917년 케냐와 우간다 사이에 자유무역을 이미 시작하였다. 탕가니카 (1964년 잔지바르와 합병하여 탄자니아가 되었다)가 제1차 세계대전 후 독일에서 영국이 통치를 하게 되자 세 국가의 총독이 모이는 회의를 열기도 하였다. 이미 1922년에 케냐, 우간다, 탕가니아(현재 탄자니아) 등 세 지역은 역외무역에 대하여 공통 관세율을 채용하였고, 1927년부터는 수입품의 역내 자유 이동도 이루어졌다.

동아프리카공동체는 국경을 허물어 '공동시장'을 만들고 '통화 체제'를 통일시켜 먼 미래에 하나의 '연방정부'로 통합하고자 하는 청사진을 가지고 있다. 주요 기관으로 이사회, 중재재판소를 설치하였다. 또 3국 원수로 구성하는 최고위원회, 각국에서 1명씩의 담당 장관의 임명, 동아프리카입법회의 및 각 이사회의 설치, 철도, 항만, 우편, 전신, 항공 등의 공사가 설립되었으며 개발은행이 설치되었다.

아프리카 지역공동체 중 가장 늦게 설립이 되었지만(2001년) 가장 먼저 빠르게 움직이고 있다. 동아프리카공동체 국가들은 역내 인적교류와 협력을 확대하기 위해 통합전자여권 발급을 추진하고 있다. 이는 장기적으로 동아프리카권 통합 계획의 첫 단추인 셈이다. 동이프리카공동체에서는 아직까지 구체적인 시행은 하지 않고 있으나, 단일 전자여권은 국가 간 인적교류를 획기적으로 확대시킬 것으로 보인다.

또한 단일 소비 및 투자시장을 형성해 관세동맹과 함께 2024년을 목표로 EU와 같은 단일 화폐를 비롯해 정치 연합까지 진전하려는 노

력을 기울이고 있다. 이와 같은 노력으로 동아프리카 내 역내 교역량
은 활발하게 증가하고 있다. 2000년 5억 달러에 불과했던 역내 상품
교역액이 2015년에는 23억 달러로 5배 가까이 늘어났다.

2005년부터 시행된 동아프리카공동체 관세동맹은 역내 관세동맹
국가 간 거래에서는 단일 시장을 목표로 무세(0%)가 적용되며 역외
국가로부터 수입되는 물품에 대해서는 원부자재(0%), 중간재(10%),
소비재(25%)가 적용된다. 우간다, 탄자니아보다 산업발전단계가 우위
에 있는 케냐의 경우 유예기간을 두었다가 2010년부터 일부 제품을
제외하고 완전 무관세로 전환되었다. 이 외에도 상품, 서비스, 자본,
노동 등 전 분야를 대상으로 동아프리카공동체 단일 시장 협약이 발
효되었으며, 향후 단일 통화에 대한 논의도 진행될 예정이다.

아랍과 유럽의 쟁탈지 :
동부 아프리카의 과거

아랍인들의 고대 무역의 중심지 킬와(7~13세기 말)

동아프리카는 인도양이 주요 활동 무대이다. 중동과 유럽, 인도와의 주력 교역 거점이었다. 14세기 중동, 17세기 포르투갈 그리고 근대에 영국을 비롯한 서구 열강과 빈번한 역사적 공감대를 형성하고 있다.

대표 언어인 스와힐리어 또한 반투어를 기본으로 아랍어를 많이 흡수한 것으로 알려져 있다. 동부 아프리카의 스와힐리 문명은 아라비아반도의 아랍인들과 아프리카 원주민 사이에서 태어나 동아프리카 해안을 따라 넓게 확산되면서 모가디슈, 잔지바르, 킬와 등의 항구를 당시 인도양의 중심 상권으로 만들었다.

아랍 국가 중 동아프리카와 가장 긴밀한 관계가 있는 나라는 지리적으로 인접한 오만이다. 오만의 동아프리카의 진출은 7세기 말 반란에 실패한 오만의 술레이만(Suleiman)과 사이드(Said)가 지금의 탄자니아 동쪽의 섬, 잔지바르로 피신하면서부터 시작된다. 그들은 몸바사(현재 케냐의 항구도시)까지 모든 해안 도시를 정복하고 인근으로 세력을 확장한다. 이후 동아프리카 해안에는 아랍 회교도들이 많이 살게 되었고, 아랍과 동아프리카와의 활발한 경제교류를 촉진시켰다. 이것은 오늘날 많은 회교도가 거주하게 된 시초가 되었다. 페르시아어로 잔지바르는 '검은 해안'을 의미한다.

이후 아랍 상인들은 동아프리카를 거점으로 인도를 오가는 장거리 무역을 점차 확대하였다. 당시 교역 중심 상품은 아프리카 대륙의 황금, 아프리카 특산품인 상아와 노예였다. 1154년 아랍 상인들은 인도, 인도네시아, 말레이시아를 경유하여 중국 동북부와 한반도까지 동아프리카의 철, 황금, 상아 등과 심지어 노예까지 거래하였다. 인도 상인들은 철을 인도로 가져와 무기로 제조해서 이를 아프리카로 되팔기도 하였다.

인도양 해안에 위치한 아랍 무역상들의 무역도시 중 지금의 탄자니아 동부 해안 도시인 킬와는 절정기를 맞이하게 된다. 황금 수출의 중심 기지로 15세기에는 상아와 노예무역도 성행했다. 인도양 연안에 이슬람교가 전파되고 이슬람 문화가 형성되어 동부 아프리카 여러 도시에서는 공통적인 독자 문화가 발전하였다. 또한 활발한 무역 항로 개발로 인해 이후 포르투갈의 바스쿠 다 가마(Vasco da Gama)가 동아프리카에서 인도로, 중국 명나라의 원정대도 인도를 거쳐 동아프리카까지 오게 되는 계기를 마련하였다.

포르투갈과 유럽의 관심과 등장(1505~1730)

13세기 유럽에서는 이탈리아의 상인 마르코 폴로(Marco Polo)와 같은 여행자들이 아시아 대륙을 횡단하여 중국까지 여행한 후, 동아시아의 풍부한 금과 보석 및 향신료를 유럽 사회에 알림으로써 미지의 세계에 대한 관심이 고조되었다.

당시 유럽은 남쪽에 위치한 아프리카의 북부 해안은 이미 잘 알고 있었지만 사하라 사막 이남은 잘 모르고 있었다. 그들은 아라비아, 페르시아, 인도, 중국과 육로를 통해 접촉할 수 있을 뿐이었다. 아프리카의 대륙과 유럽 사이는 무슬림 국가들이 있어서 육로 교류가 제한된 상황이었다.

15세기에 이르자 유럽에서는 사치성 상품의 수요가 늘어났다. 특히 후추와 향료에 대한 수요가 증가하였으며 인도양을 낀 아라비아는 극동, 메소포타미아, 페르시아와 지중해와 접하고 있는 나라들 사이에서 주요한 해상무역의 중심지였다. 이로 인해 유럽의 신항로 개척에 대한 관심이 높아졌다.

유럽 국가 중 동아프리카를 처음 발견한 것은 포르투갈이었다. 포르투갈은 금과 향신료가 풍부한 동방의 인도 항로를 개척하기 위해 아프리카 대륙을 돌아 항해 계획을 세웠다. 바스코 다 가마는 1497년 7월 포르투갈을 출발하여 11월에 지금의 남아공, 아프리카 대륙 남단인 희망봉에 도달, 1498년 아프리카 동부의 모잠비크, 동부 아프리카 몸바사에 도착한다.

포르투갈의 목적은 동부 아프리카에서 인도, 아랍과의 향로 무역로를 통제하는 것이었다. 즉 인도양 내의 무역을 통제하고 유럽과 아시아의 해상 교역을 확보하는 것이 주된 목적이었다. 포르투갈은 킬와

(탄자니아 동부 해안도시)에 도착한 이후 1505년, 킬와와 몸바사(케냐의 동부 해안도시)를 정복한다. 그리고 1508년부터 1650년까지 약 150년 동안 오만과 동부 아프리카 해상 권역을 지배하면서 아라비아만 무역을 제압하였다. 그러나 17세기 포르투갈은 영국, 독일, 오만 등의 침략으로 점차 쇠퇴하게 된다.

다시 돌아온 아랍, 오만 제국의 술탄 시대(1650~1850)

포르투갈의 시대 이후 아랍인들은 동부 아프리카로 다시 돌아온다. 아랍 야루바 왕조의 술탄들과 오스만 제국이 연합하여 1650년경 포르투갈을 축출하고 영토를 다시 회복하였다. 이들은 강대한 해군력을 바탕으로 계속 남진하여 19세기 초까지 아랍 유일의 해상 제국인 오만 제국을 세웠다. 오만에 밀린 포르투갈은 남쪽으로 퇴각하여 모잠비크로 이동, 1975년까지 모잠비크를 통치하였다.

오만 제국은 동아프리카의 소말리아, 케냐, 잔지바르, 탄자니아의 해안 지역과 서·남쪽으로는 아랍에미리트 그리고 예멘 남부의 일부 지역 등 아라비아반도 남부 일대, 동쪽으로는 이란 남부, 심지어 오늘날 파키스탄령인 발루치스탄과 신드의 해안가 지방까지 진출했다. 아랍은 다시 인도양을 지배하게 되었다. 동부 아프리카 해안에서의 오만-아랍 지배 시대가 열린 것이다.

오만 제국의 절정기는 1807년 오만의 지배자가 된 사이드 이븐 술탄(Said ibn Sultan) 때였다. 그는 걸프만과 동부 아프리카 해역 전체 해상권을 확보하고, 서구 열강과 독립적인 외교를 펼쳤다. 또한 세계 여러 국가와 적극적으로 무역을 하였으며, 제국 최고의 수출 도시인 잔지바르는 무스카트와 함께 오만 제국의 공동 수도가 되기도 하였다.

케냐와 탄자니아 해안을 통제한 오만은 1839년 노예무역에 집중하기 위해 잔지바르로 수도를 옮기고 동부 아프리카에 대한 지배를 강화한다. 그러나 1856년 오만 술탄의 죽음과 아들들의 분열로 오만 제국은 분열되었다.

서구 열강의 동아프리카 식민 지배(1890~1918)

19세기 오만 제국이 왕위계승 분쟁으로 분열의 조짐을 보이자 영국과 프랑스 등 서구 열강들이 개입하였다. 오만 술탄의 후계자 승계 조정을 맡은 영국과 서구 열강들의 영향력이 강해져 내정 간섭이 시작된 것이다.

1885년 독일은 탄자니아에 독일령 동아프리카 식민지를 건설하여 영토를 강탈하고, 이탈리아는 소말리아 해안가를 접수하였다. 잔지바르 전쟁 이후 케냐를 비롯한 나머지 동아프리카 지역은 영국에 의해 분할되었다. 동아프리카는 서구 제국주의 열강의 침략으로 유럽의 식민지가 되어 갔다.

헬리골란드 협정(1890)으로 유럽 열강의 동부 아프리카 영토 쟁탈전은 종식된다. 1890년부터는 영국과 독일이 동아프리카 분할에 합의하였다. 영국은 1890년 잔지바르, 1894년 우간다를, 독일은 1891년부터 탄자니아를 직접 통치하기 시작하였다. 이후 1895년 7월 영국은 동아프리카 보호령을 선포하면서 동아프리카의 주도권을 차지한다.

식민 지배로부터 독립 :
동아프리카 현대사

아프리카의 오아시스, 케냐

케냐는 동부 아프리카에서 경제 소득이 가장 높은 국가로 면적은 남한의 약 6배에 이른다. 인도양에 접한 지역은 저지대를 형성하고 있지만 내륙으로 갈수록 고도가 높아져 고원을 이룬다. 고원지대는 동아프리카 지구대로 비옥한 토양이 있다. 수도인 나이로비는 1,676m의 고원에 있다. 케냐의 고원지대는 아프리카 대륙 전체에서도 가장 생산력이 뛰어난 토질로 손꼽힌다. 케냐의 산은 고도 5,199m에 이르며, 빙하도 있다.

적도에 걸쳐 있기 때문에 해안은 무더운 열대기후이며, 내륙지방은 고지대로 건조한 기후이다. 내부일수록 건조하고 해안에는 열대성 기후가 나타난다. 케냐-탄자니아 국경의 킬리만자로산 때문에 그 일대는 서늘하다.

1490년경 포르투갈인들이 아프리카 동해안에 상륙하여 무역 기지를 구축하고자 하였다. 그러나 인도양 해안을 거점으로 노예무역을 하던 아랍인들과 영도 쟁탈전을 벌이게 된다. 이후 19세기에 이르러 영국과 독일이 케냐에서 기독교 포교 활동을 시작하였다.

영국은 1824년 몸바사 지역을 거점으로 포교 활동과 침략 세력을 확장해 나갔다. 이후 1884년 영국 동아프리카회사를 설립하여 독일과 식민지 쟁탈전을 벌였고 케냐 내륙 고원지대에 백인들의 이민을 장려하고 정착을 유도하여 비옥한 농업지대를 형성한 후 흑인들의 접근을 금지시킨다. 또한 1895년 케냐의 몸바사에서 시작하여 우간다까지 연결하는 철도를 건설했다. 철도사업에 인도인을 중간 관리자로 채용하였다. 이는 다수의 인도인이 케냐에 뿌리내리는 계기가 됐다. 마침내 수없이 많은 노예와 인도인들을 강제 징용하여 1901년 빅토리아호 연안까지 이르는 철도 건설을 완료한다.

1907년 영국은 케냐의 행정 중심지를 몸바사에서 나이로비로 옮겨 식민 통치를 본격화하였다. 결국 1920년 케냐를 영국의 보호령에서 직할 식민지로 만들고 원주민 등록제를 신설하여 자유를 박탈하고 노동력을 조달하는 기구로 활용했다. 이후 영국은 우간다와 탄자니아를 케냐와 함께 공통 통화를 사용하도록 하고, 하나로 묶어 통치했다.

케냐의 독립 요구도 지속적으로 이어졌다. 1919년 동아프리카협회를 결성하였고, 케냐타는 케냐 최대 부족인 키쿠유와 함께 마우마우(Mau-Mau)를 결성하여 독립운동을 전개했다. 영국의 탄압에도 불구하고 결국 케냐는 1963년 12월 12일 독립을 인정받았다.

1964년 12월 독립된 공화국을 선포하고 건국의 아버지로 칭송받는 케냐타가 초대 대통령으로, 오딩가가 부통령으로 추대된다. 1969년 독립된 국가로 실시된 최초의 총선으로 취임한 케냐타 대통령은 자신의 암살 계획을 진압한 이후 독재로 정권을 강화하였다.

1978년 케냐타 대통령이 집권 14년 만에 병환으로 사망하고 당시 부통령인 다니엘 아랍 모이(Daniel Toroitich arap Moi)가 2대 대통령이 된다. 모이 대통령은 약 24년간의 긴 독재 정치를 이어나갔으나 2002년 최악의 부정선거로 3차 재선에 실패하고 실각하게 되었다. 2002년 음와이 키바키(Mwai Kibaki)가 24년간 집권한 모이 대통령의 독재에 종지부를 찍고 제3대 대통령 선거에 당선되어 평화적인 정권교체를 이룩하게 된다.

그러나 5년 후인 2007년 선거 부정 시비로 당시 재선에 성공한 키바키 대통령 당선자와 라일라 오딩가(Raila Odinga) 대선 후보 간 충돌이 이어졌고 전국적인 폭력과 소요 사태가 발발했고, 부족 간에 무차별적 폭행 및 살육이 자행되었다.

2008년 유엔과 탄자니아, 미국 정부가 케냐를 방문해 중재를 시도, 결국 3월부터 라일라 오딩가를 총리로 하는 연립정부가 출범했다. 공식적으로 이 사태로 1,100명 이상이 사망하고 35만 명 이상의 난민이 발생한 것으로 알려졌다.

2010년 8월 신헌법을 공포하면서 제2공화국이 출범했다. 제4대 대통령으로 우후루 케냐타(Uhuru Kenyatta, 초대 대통령인 조모 케냐타의 아들)와 부통령 윌리엄 루토(William Ruto)가 당선되었다. 우후루 대통령은 2017년 8월 54.27% 득표율로 재임에 성공하는 듯했으나, 부정선거의 시비 등 우여곡절 끝에 11월 28일 대통령 취임식을 치르고 대통령직을 수행하고 있다. 케냐는 지금까지도 1963년 영국에서 독립한 케냐를 14년간 통치한 아버지를 이어 아들이 대통령직을 수행하고 있다.

미국과 서방세계는 역대 케냐 대통령들의 부패에도 불구하고 케냐를 반공의 보루와 테러와의 전쟁에서 전초기지로 활용했다. 외부적으로는 민주주의를 지향한다고 주장하지만 실제 자국의 이익을 먼저 염두에 두고 거기에 맞는 정부를 지원한 셈이다.

탕가니카에서 탄자니아로

지금의 탄자니아는 잔지바르와 통합으로 이루어진 연방국가이다. 1964년부터 탕가니카(Tanganyika, 1961년 독립)와 잔지바르(Zanzibar 공화국, 1964년 독립)가 합쳐져 지금의 탄자니아를 탄생시켰다. 1961년 독립 후 사회주의 경제 노선을 걷다가 1980년대 자본주의로 전환하였다. 아프리카 대륙 동부, 적도 바로 밑에 위치해 있다. 적도 지역은 태양의 직사광선으로 인해 고온 다습한 열대우림 기후가 발생한다. 적도와 가까운 저위도 지역은 일 년 내내 매우 덥고 비가 많이 내리는 열대기후이다. 한반도의 약 4배 크기와 5,000만이 넘는 인구, 킬리만자로산과 세렝게티 국립공원, 잔지바르섬 등 세계적인 관광지로 명성이 높다.

탄자니아 주민의 99%는 아프리카계이고, 그중 95%는 130개 이상의 부족으로 구성된 반투계이다. 반투계의 수쿠마(Sukuma)와 니암웨지(Nyamwezi) 부족이 주류를 이룬다. 기독교 30%, 이슬람교 35%, 토속신앙 35%이나 잔지바르에서는 99% 이상이 이슬람교를 신봉한다. 국토의 대부분이 산지로 구성되어 있고, 국토 중 경지는 1%에 불과하며, 초원 40%, 산림지대 38%이다. 최근 10년간 7~8%의 경제성장을 지속하며 2025년 중소득 국가 진입을 목표로 '탄자니아 개발 비전 2025' 계획을 수립, 국가발전에 매진하고 있다.

탄자니아는 1890년 영국 보호령이 되었다가 1961년 독립하여 1962년 탕가니카 공화국을 선언하고, 1963년 술탄이 지배하는 입헌 군주국으로 독립하여 UN에 가입하였다. 19세기 후반 독일령이 된 이후 탕가니카의 원주민들은 독일의 경제적, 정치적 식민 정책에 대항하였으며, 저항의 절정은 마지-마지 저항 운동이다. 이를 계기로 당시 독일은 식민 통치의 방법 각성과 원주민 지도자들을 앞세워 통치케 하는 간접 통치 방법을 도입하게 되었다.

탄자니아 건국의 아버지는 초대 대통령 줄리어스 니에레레(Julius Kambarage Nyerere)이다. 그는 스와힐리어를 공용어로 지정하여 100개가 넘는 종족 간 갈등을 최소화하기 위해 노력하였다. 우자마 정책(탄자니아 사회주의 이념)으로 공동 토지 시스템과 식량 자급 자족을 계획하였다. 지금까지 탄자니아인들에게 므와리무(Mwalimu, 스와힐리어로 선생님을 뜻함)로 추앙받고 있다. 탄자니아의 경제 수도인 다르에스살람 국제공항의 이름도 그의 이름을 따서 명명되었다.

탄자니아의 대통령은 국민의 직접선거로 선출된다. 탄자니아 양당 간에 1995, 2000, 2005, 2010, 2015, 2020년에 각각 5번의 일반선거가 있었다. 실제 집권 여당은 바뀌지 않고 동일 정당에서 10년을 주기로 대통령이 바뀌었다. 2015년 10월 선거에서는 집권당인 탄자니아 혁명당의 존 마구풀리(John Pombe Magufuli)가 대통령으로 선출되었다.

2015년 취임한 마구풀리 대통령은 "하파 타리푸(열심히 일하자)", 부패 척결(유령 공무원, 해외출장 승인 등), 산업화를 추진하여 '동아프리카의 허브'로의 도약을 강조했다. 그는 강력한 공공개혁과 부패와의 전쟁으로 '불도저'라는 별명으로 수십 년 진행되어 누적된 부정부패의 그늘을 벗기 위해 노력하며, 특히 기업들이 공무원에게 뒷돈을 주는 일처리 관행을 없애고자 노력했다. 그러나 마구풀리 대통령이 2021년 3월 심장 합병증으로 갑자기 사망하여 사미아 술루후 하산(Samia Suluhu Hassan) 부통령이 대통령직을 승계, 탄자니아 첫 여성 대통령이 탄생했다.

아프리카의 푸른 심장 우간다

우간다가 아프리카의 푸른 심장으로 불리는 것은 국토의 대부분이 녹지이기 때문이다. 우간다의 수도 캄팔라는 아프리카의 스위스이다. 농업 잠재력이 크고, 국민의 70% 이상이 농업에 종사한다. 아프리카의 곡창이 될 수 있는 나라다. 최근 석유가 발견되어 한국 기업이 공장 건설에 참여하는 등 향후 플랜트 분야에서도 협력 수요가 많은 나라이기도 하다. 삼림이 풍부하고 빅토리아호 등 호수가 많아 자연이 매우 아름다우며, 사람들도 친절하고 순박하다.

영국의 윈스턴 처칠은 우간다를 훌륭한 기후 조건과 자연 환경을 가진 '아프리카의 진주'라고 칭하며 감탄한 바 있다. 인도양에서 800km 떨어진 내륙국 우간다는 1962년 영국으로부터 독립 이후 쿠데타, 내전 등으로 혼란을 겪어왔다.

초대 정부 수상이었던 밀턴 오보테(Apollo Milton Obote)는 부족 왕국들을 폐지하고 공화제를 선언, 대통령의 권한을 강화하였다. 이후 1971년 이디 아민(Idi Amin)의 쿠데타 이후 약 8년간 아민 정권 아래 우간다 경제는 파탄에 이르렀으며, 약 30만 명 이상이 살해되는 등 인권유린이 자행되었다.

아프리카의 '검은 히틀러'라는 별명을 가진 그는 1972년 집권하면서 인도인들을 추방하였다. 그러나 인도인 추방은 국민의 불만을 돌리기 위한 것이었고 결과는 경제 붕괴로 이어져 아민 정부가 실각하는 계기가 되었다. 이후 인도인에 대한 적극적인 유치 활동으로 대다수가 다시 돌아와 활기를 되찾기 시작했다.

1980년 탄자니아 정부가 지지한 밀턴 오보테(Apollo Milton Obote)가 대통령으로 취임했지만 공포정치와 독재정치가 이어졌다. 그리고 1986년 요웨레 무세베니(Yoweri Kaguta Museveni)가 무장 반란을 일으켜 현재까지 대통령으로 집권하면서 우간다는 다시 안정을 되찾았다.

그러나 우간다에서는 아직도 이른바 우간다 내전이 벌어지고 있다. 우간다 내전은 1987년부터 현재까지 우간다 북부 지역에서 일어난 우간다 인민 해방군(정부군)과 신의 저항군(LRA, the Lord's Resistance Army)이라는 '기독교계 반정부군'과의 내전으로 현재까지도 여전히 치열한 전투와 학살이 반복되는데 아프리카에서 진행 중인 최장기간의 내전이다.

닮은 듯 다른 르완다와 부룬디

르완다와 부룬디는 두 나라가 한창 독립으로 들떴을 때 연방국가 구성 논의가 있었을 정도로 가까운 관계고, 역사적으로도 비슷한 길을 걸어왔다. 부룬디의 공용어인 키룬디어는 르완다어와 사투리 수준으로 가까운 언어인데다 민족 구성도 유사하다.

르완다와 부룬디, 인접 콩고의 동부 지역은 12세기 후부터 북쪽에서 남하한 유목 생활을 하는 투치족이 농경 생활을 하는 후투족을 지배하였다. 15~16세기경 부룬디 왕국 역시 에티오피아에서 남하한 투치족의 왕조가 후투족을 지배하면서 건설하였다고 한다. 두 나라가 하나의 왕국으로 묶여 있었지만 르완다는 1959년 부룬디와 별개의 국가로 분리, 독립하였다.

르완다의 현 집권 세력이 투치족이라면, 부룬디는 후투족이다. 1960~1990년 르완다에서 후투족이 득세했다면, 부룬디에서는 그 이전 시기와 마찬가지로 투치족이 득세했다는 것이 차이점이다.

르완다와 부룬디는 유럽 강대국의 식민지 지배를 받으면서 종족 분쟁이 많았다. 부룬디와 르완다에서 빚어진 후투족과 투치족의 상호 집단학살은 아프리카 현대사의 비극으로 기록된다. 르완다는 1962년 독립과 함께 85%를 차지하는 다수의 후투족과 15% 이하인 소수 투치족 간의 분쟁이 격화되었다. 1994년 후투족인 르완다 대통령이 살해되자 후투족 강경파들이 투치족 학살에 나섰다. 무려 100만 명이 죽고 200만 명이 난민으로 전락했다. 1994년 르완다 내전이 가져온 대학살은 아프리카 현대사의 가장 비극적인 분쟁으로 남아 있다.

1895년부터 르완다는 부룬디와 함께 독일의 지배를 받게 된다. 부룬디와 르완다는 투치족(인구 약 10%)이 다수인 후투족(인구 약 90%)을 지배하는 구조이다. 다수의 후투족은 언어적으로 룬디족이라 불리는데, 이것의 부룬디 국명의 기원이 되었다. 소수인 투치족과 다수인 후투족의 관계는 식민 정부의 정책에 따라 이용되었고 현대사의 큰 종족 분쟁으로 남아 있다.

부룬디는 이웃 나라 르완다만큼은 아니지만 인구밀도가 상당히 높다. 공용어는 키룬디어, 프랑스어로 프랑스어권 국제기구인 프랑코포니에 가입되어 있다. 프랑스어를 사용하는 것은 부룬디가 르완다, 콩고민주공화국과 함께 벨기에의 식민 지배를 받았기 때문이다.

르완다의 종족 간 분쟁이 부룬디에도 영향을 미쳐 후투족이 대거 추방되거나 살해당하는 참사가 벌어졌으며, 종족 간 분쟁은 더욱 심화되었다. 피에르 은쿠룬지자(Pierre Nkurunziza)가 2005년부터 2020년까지 철권통치를 이어나갔다. 그는 2020년 돌연 심장마비로 인해 급사하였고, 사망 이후 치러진 대선에서 여당의 은다이쉬미예(Evariste Ndayishimiye) 후보가 당선되어 대통령 임기를 수행하고 있다.

벨기에가 식민 통치했던 이곳은 서구 열강이 종족 갈등을 교묘히 조장하고 이용해 온 통치전략이 낳은 후유증이 얼마나 큰지 단적으로 보여주고 있다. 벨기에는 이 지역 소수인 투치족(15%)을 다수족인 후투족(84%)보다 우대함으로써 상호 반목케 하는 분할통치 전략을 전개, 양 종족 간 불화와 갈등의 씨를 뿌렸던 것이다. 1962년 르완다와 부룬디가 벨기에 식민 지배에서 독립하자 후투족과 투치족 간 권력다툼이 엎치락뒤치락 전개되면서 집단학살 사태가 빚어진 것이다.

르완다, 내전의 상징에서 정보통신 국가로

아프리카 중동부의 르완다는 우리나라 국토 면적의 4분의 1에 불과한 작은 나라이다. 북쪽으로 우간다, 서쪽으로 콩고민주공화국, 남쪽으로는 부룬디와 국경을 맞대고 있으며, 바다로 연결된 곳은 없다. 아프리카라면 흔히 떠올리는 다이아몬드나 석유와 같은 천연자원도 전무하다. 인구는 2015년 기준 1,300만 명으로 국토에 비해 인구가 많아 아프리카 국가 중 인구밀도가 가장 조밀한 편이다.

19세기 말 르완다는 1895년부터 부룬디와 함께 독일 제국의 지배를 받았다. 1919년에는 벨기에의 위임 통치령이 되었다. 벨기에군은 소수 집단인 투치족의 상류층들과 후투족을 분열시켜 효과적으로 지배했다. 즉 투치족이 대부분인 상류층에서 강제 노동 정책과 무거운 세금 정책을 실시하였고, 이것이 국민 대다수를 차지하던 후투족의 분노를 일으켜 1994년 내전 당시 후투족이 투치족을 학살하는 만행의 바탕이 되었다.

1962년 벨기에로부터 독립, 1965년 후투계 1당 독재가 시작되었다. 이후 수년에 걸쳐 수천 명의 투치족이 학살되고, 15만 명 이상의 투치계 주민이 주변 국가로 피난을 가야만 했다. 1994년 4월 하비아리마나(Juvenal Habyarimana) 대통령의 탑승기가 피격 당해 대통령이 사망하자 이후 3개월간 후투계 정권은 80만 명에 달하는 투치족 및 온건 후투족을 학살하였다.

독립 이후, 소수족인 투치족과 후투족의 종족 간 갈등은 유혈사태 등으로 꾸준히 표출되었다. 1990년에는 종족 간 내전이 일어나 1994년까지 지속되었는데, 1994년 4월부터 7월까지 후투족과 투치족이 싸우게 되면서 르완다 내전이 발생했다. 그리고 1994년 새로운 정권이 들어섰고 2009년에는 영국연방에 가입하였다.

2000년 집권 이후 지금까지 국가를 이끌고 있는 폴 카가메(Paul Kagame) 대통령은 강력한 시장경제를 표방, 개혁을 단행하면서 르완다를 대륙의 경제적 모범 국가로 성장시켰다. 프랑스어 대신 영어를 사용하고, 개혁을 주도하는 강력한 개발 정책을 실행하면서 르완다의 경제성장률은 최근 연 7%로 아프리카 최고 수준이다. 현재 카가메 대통령은 아프리카를 대표하는 국제기구인 아프리카 연합의 의장을 맡고 있다.

동물의 왕국, 동부 아프리카

자연 그 자체, 천혜의 환경

동부 아프리카에는 아프리카에서 가장 큰 호수 빅토리아, 가장 긴 호수 탄자니카가 있다. 이 외에도 아름다운 야생동물 생태계가 있다. 아프리카 유일의 만년설과 빙하를 간직한 킬리만자로, 생존의 균형과 자연법칙이 살아 있는 동물의 천국 세렝게티, 태초의 모습 그대로를 간직한 응고롱고로 등은 사바나 초원의 전사들인 마사이족의 터전이 기도 하다.

그리고 잔지바르는 과거 노예무역의 근거지였지만 지금은 하얀 모래사장, 에메랄드 바닷물을 자원으로 인도양의 흑진주라 불리며 관광객을 유혹하고 있다.

킬리만자로산은 아프리카의 지붕이다. 가장 높은 최고봉으로 아프리카에서는 영산으로 대접받는다. 킬리만자로는 스와힐리어로 '빛나는 산' 혹은 '하얀 산'이다. 해발 5,895m의 산을 해마다 수천 명의 관광객들이 찾는다. 정상을 등반하는 데는 여러 개의 경로가 있다. 일반인에게 등산이 허용되는 코스도 5~7일 정도 소요된다. 의무적으로 요리사, 안내인, 포터 등 최소 3인의 도움이 필요하며, 정상을 정복한 후에는 증명서도 발급해 준다.

킬리만자로라고 하면 한국의 국민가수 조용필 씨를 빼놓을 수 없을 것이다. 탄자니아 정부는 그에게 〈킬리만자로의 표범〉(1985)으로 탄자니아를 홍보했다는 감사의 의미로 2001년 문화훈장을 수여했다. 이만하면 아프리카에서도 국제적인 가수이다.

세계 최대 규모인 불가사의의 분화구 응고롱고로(Ngorongoro)도 있다. 250만 년 전 생성된 이 분화구는 1979년 유네스코가 세계유산 지역으로 선정하였다. 세계 최대 규모의 분화구로 제주도의 8배, 여의도의 30배 규모이다.

응고롱고로는 마사이어로 '큰 구멍'을 뜻하는데 마사이족이 기르는 소의 목에 단 방울 소리에서 유래했다고 한다. 이곳은 화산 폭발로 구멍이 움푹 파인 안전한 분지이다. 아프리카의 배꼽, 동물들의 낙원, 태초의 땅으로 불린다.

응고롱고로에는 마사이족과 동물만 산다고 한다. 이곳은 동물의 천국이다. 끝도 없이 펼쳐진 분화구는 장관이다. 병풍 같은 절벽으로 포근하게 둘러싸여 이동하지도 않고 독특한 생태계를 유지한다. 생명의 땅이자 신비의 땅으로 에덴 동산을 연상하게 한다. 1년 내내 물이 마르지 않는다고 한다.

팽팽한 긴장감이 있는 세렝게티와 달리 동물들은 평화롭다. 동아프리카에서 볼 수 있는 모든 동물이 살고 있어서 동물학자들의 관심의 대상이다. 200종 이상의 동물이 있으며, 같이 살고 있기 때문에 근친 교배가 성행한다고 한다.

이곳은 인류의 기원답게 태초의 모습을 간직하고 있다. 빅5는 사자, 표범, 코끼리, 버팔로, 코뿔소이다. 얼룩말, 가젤, 누우, 하마, 타조, 하이에나, 자칼 등 수많은 동물도 함께한다. 적당한 기온과 강우량 등으로 말 그대로 동물의 낙원이 되어 있다.

풍부한 수량과 분화구 안의 초지에는 약 3만 마리의 동물이 서식하는 것으로 알려져 있다. 호수 쪽에서는 하마와 플라밍고 등 100여 종의 다양한 조류를 볼 수 있다.

마사이족들이 소에게 물을 먹이기 위해 소 떼를 이끌고 응고롱고로에 온다. 한때 사자를 사냥한 마사이족도 샘을 공유한다. 서로의 거리, 야생의 거리를 지킨다. 보이지 않는 약속인 셈이다.

동물의 왕국, 세렝게티와 사파리

아프리카 최고봉 킬리만자로 아래 야생의 생명을 품고 있는 탄자니아 국립공원은 유네스코 세계자연문화유산이다. 또한 유네스코가 선정한 새로운 세계 7대 불가사의이기도 하다. 가장 아프리카다운 풍경, 야생동물의 땅, 가장 뜨거운 생명이 사는 곳이다. 동물이 주인인 만큼 야생동물의 천국이고, 동물의 왕국 그 자체이다.

크기는 경상남북도를 합친 정도이다(14,763km²). 북쪽으로는 케냐의 마사이마라 동물보호구역과 연결되어 있다. 유럽의 탐험가들이 이곳을 찾았을 때는 마사이족이 200년 넘게 가축을 기르며 살고 있었다. 유럽인들은 마사이족으로부터 '끝없는 평원'을 의미하는 이름을 듣고 이와 비슷한 '세렝게티'라는 이름을 지었다고 한다. 세렝게티는 탄자니아 서부 75%, 케냐 남서부 25%를 차지한다. 우기(11~5월)에는 인위적으로 동물을 풀어놓은 것처럼 엄청난 수의 동물을 구경할 수 있다. 건기(6~10월)에는 물이 부족하여 새로운 먹이를 찾아 북쪽 케냐 국경 쪽으로 수천 혹은 수만 마리의 초식동물들과 이를 뒤쫓는 육식동물이 이동한다.

세렝게티 안에서 관광객들이 타는 차량은 이미 약속된 길로만 다닐 수 있다. 차가 막히는 이유는 단 하나이다. 뭔가가 나타난 것이다. 한가운데 길을 막고 서 있는 동물을 보는 것은 그리 놀라운 일이 아니다. 혹자는 살아 있는 아프리카를 보기 위해 이곳 탄자니아의 세렝게티를 방문했다고 한다. 신이 내린 모든 동물이 타고난 모습으로 그대로 살아간다. 인간마저도 그대로 살아가고 있다.

아프리카 여행의 정수는 뭐니 뭐니 해도 사파리이다. 아프리카에서 빠질 수 없는 여행 메뉴이다. '사파리'는 스와힐리어로 '여행'을 뜻하며, 마사이어로는 '동물을 찾아다니는 여행'이다. 이곳에선 수많은 동물이 끝없이 펼쳐진 초원에서 자유롭게 뛰노는 모습을 있는 그대로 감상할 수 있다. 도시의 동물원에서나 볼 수 있는 사자, 기린, 코끼리 등을 야생에서 직접 볼 수 있는 것이다.

사파리 역시 희귀한 동물이 인기다. 한국의 놀이공원에서 롤러코스터 등의 놀이 기구들을 묶어 빅5 티켓을 판매하는 것처럼 아프리카에도 빅5가 있다. 이곳에서 봐야 할 동물은 코끼리, 코뿔소, 버팔로(물소), 사자, 표범이다. 이 외에도 얼룩말, 기린, 임팔라 등 수많은 동물을 만날 수 있다.

세렝게티는 탄자니아 아루샤를 거쳐 3일 정도면 가볍게 둘러볼 수 있다. 마사이마라 역시 케냐 나이로비에서 출발해 3일 정도의 시간을 투자하면 관광이 가능하다. 물론 제대로 보려면 3일이 아니라 몇 년을 투자해도 모자라겠지만 간단한 체험 정도로는 괜찮다. 사파리 자동차를 타고 넓은 초원을 달리며 동물을 찾다보면 자연 속에 있는 한 마리 야생동물이 된 것 같은 즐거움을 느낄 수 있다.

탄자니아의 사파리 자체가 다수의 관광객을 대상으로 하는 것이 아니라 소수의 VIP만을 대상으로 한 고가 여행이다. 관광버스도 없다. 중국 명소에 어김없이 등장하는 케이블카도 이곳에서는 찾아볼 수 없다. 사파리용 SUV가 관광을 위한 유일한 이동 수단이다. 입장료도 매우 비싸고 공원 내 숙박 시설도 제한적이며, 매우 비싸다. 일단 사파리 규칙은 차에서 내리는 것은 안 된다. 지정된 찻길로만 다닐 수 있고 화장실마저도 매우 제한적이다. 비포장도로를 주행하다 보면 온몸이 덜컹거려 엉덩이를 통해 허리로 전달되는 '아프리카 마사지'를 강제로 받게 된다.

빅5를 보려면 기민하게 움직여야 한다. 통상적으로 사파리는 정부에서 지정한 보호구역 내에서 차로 이동하게 된다. 이곳저곳 차로 이동하면서 찾아다녀야 한다. 사륜구동 지프를 타고 야생동물을 찾아다니는 것이다. 관광용 차량의 대부분은 사륜형 SUV인 도요타 랜드 크루저이다.

그래서 사파리 투어를 '게임 드라이브'라고 하며, 게임 드라이브를 위해 돌아다니는 레인저(안내원)들은 무전기까지 동원해 동물이 출몰한 정보를 서로 주고받는다. 레인저 차량이 많이 모여 있는 곳에는 분명 동물이 있다.

필자가 미국 근무 시절 그랜드캐니언, 옐로스톤 등 유명한 국립공원을 가족과 여행하며 느낀 점 중의 하나는 경이로운 자연환경은 물론이고 자연 그대로 보호가 아주 잘 되고 있다는 것이었다. 캠핑, 취사 구역이 확실하게 구분되어 있고 구역 내에서는 쓰레기는커녕 비닐봉지와 같은 다른 쓰레기를 본 적이 없어서 정말 잘 관리된다는 생각이 들었다. 구역 내의 모든 설치물도 시멘트, 콘크리트와 같은 인공 구조물보다 자연 그대로를 활용한 경우가 많았다.

미국과 비교할 수 없는 소득수준의 아프리카, 이곳 탄자니아에서 그런 것을 기대하지는 않았다. 그러나 실제 세렝게티와 응고롱고로 지역을 관광하면서 정말 깜짝 놀랐다. 식당도 없었고 점심도 지정된 장소에서 도시락만 허용된다. 쓰레기는 모두 되가져가야 한다. 정말 엄격하게 관리되고 있는 것 같았다. 정부재정이 빈약한 아프리카 국가에서 이런 천혜의 관광자원을 무분별하게 활용하지 않고 이렇게 잘 관리해 주는 것이 고마울 따름이다.

사파리의 정수, 마이그레이션

아프리카 사파리의 정수는 바로 대이동, 즉 마이그레이션(Migration)이다. 마이그레이션이란 물과 풀, 생명을 찾아 탄자니아 세렝게티와 응고롱고로에서 케냐 마사이마라와 빅토리아호 근방으로 떠나는 정기적인 동물 대이동을 의미한다.

우간다, 케냐, 탄자니아 3국을 국경으로 접하는 마라강이 뷰포인트이다. 탄자니아 지역 빅토리아 케냐의 마사이마라 국립공원에는 수많은 누우 떼가 서식하고 있다. 아프리카를 대표하는 우제류인 누우는 탄자니아, 잠비아, 케냐 등 남부 아프리카를 중심으로 넓은 지역에 서식한다. 아프리카 초원의 주역인 누우·얼룩말·영양 등 초식동물들이 사바나 기후의 건기와 우기를 따라 세렝게티와 마사이마라 사이를 이동한다.

마이그레이션 시기는 해마다 좀 다르기는 하지만 탄자니아 세렝게티, 응고롱고로는 1월부터 3월 하순이다. 케냐 마사이마라는 7월 하순부터 10월 초순까지 완전 절정을 이룬다. 꼬리를 물고 끝없이 이어지는 마이그레이션을 본다는 것은 사파리(마사이어로 동물을 찾아다니는 여행)의 가장 하이라이트를 보는 것이다. 사방이 시커먼 점처럼 바글바글하고 징그러울 정도로 어마어마한 장관이 눈앞에 펼쳐지는 것이다.

생명력이 약동하는 케냐의 '마사이마라 사파리'는 아프리카 여행에서 절대 빼놓을 수 없는 필수 코스로 꼽힌다. 역동적인 생명력이 느껴지는 누우 떼의 대이동은 사계절 중 오직 여름에만 만날 수 있는 특별한 순간이다.

이들은 5월부터 7월 사이 마사이마라로 이동해 살다가 10월 중순이 되면 다시 세렝게티로 이동한다.

돌진하는 이 누우 떼들을 가리켜 이곳 사람들은 '마사이의 검은 점'들, 즉 '마사이마라'라고 부른다. 마라강을 건너려는 누우 떼들. 대이동 시에는 마라강의 악어에게 많은 수가 희생된다. 이들은 우두머리가 명령하기 전까지 이렇게 "어느 곳을 건널까?" 하고 탐색전만 벌인다. 2~3일을 건너지 않을 때도 많다. 살아남은 누우 떼들도 이동 중 또다시 악어 떼가 우글거리는 강을 건너야 한다.

바로 이 마라강을 건너면서 생과 사의 먹이사슬 장면이 펼쳐진다. 그리고 이들을 좇아 사자·표범·하이에나·치타 등 육식동물들도 함께 이동한다. 130만 마리 누우와 40만 마리 얼룩말의 국경 이동은 장관으로 꼽힌다.

평소에는 수십~수백 마리 정도의 무리를 지어 지내던 누우가 이동하며 수가 점점 불어나 수천~수만 마리를 아우르는 대집단이 된다. 누우 떼의 대이동은 약 250만 년 전부터 계속되는 이동으로, 세계 어디에서도 볼 수 없는 특별함이 있다.

동아프리카에 인도가 있다

인도의 안방, 동부 아프리카의 인교(印僑)

인도와 아프리카는 오래된 교역 파트너이다. 동부 아프리카는 이미 오래전부터 인도의 텃밭이었다. 인도양을 마주하고 유럽과 아시아를 연결하는 서로에게 중요한 거점이기도 하다. 그만큼 동부 아프리카는 지리적으로 인도와 가까워서 인도인들의 진출이 매우 활발한 지역이다.

필자가 아프리카에서 근무할 때도 인도, 아랍계 사람을 만나는 것은 어렵지 않았다. 호텔, 식당 등 서비스 업종에는 인도인이 많이 포진하고 있다. 시장개척을 위해 현지 유력 바이어를 만날 때마다 어김없이 대표자는 현지인보다는 인도나 아랍계 사람들이 더 많다. 할아버지의 할아버지가 인도나 아랍계라고 말하는 그들은 피부는 흑인이 아니지만 엄연한 동부 아프리카 국적의 사람들이다. 그만큼 동부 아프리카는 인도, 아랍계와 인연이 깊은 곳이다.

19세기 영국 식민지 시절부터 수많은 인도인이 아프리카로 이주했다. 서구 열강이 동부 아프리카의 식민 통치를 위해 인도의 숙련된 노동력을 들여왔고, 이는 케냐-우간다 철도 건설의 근간이 되었다. 영국의 식민 통치 기간 중에 인도에서 하급 관리로 일한 경험이 있는 이들은 아프리카와 같이 다른 영국 식민지에서도 중간 관료의 역할을 맡거나 상업을 통해 돈을 벌어 성공적인 이민 집단이 되었다.

최근 아프리카의 경제성장과 더불어 인도와 아프리카 간의 교류는 2000년대 이후 빠른 속도로 확대되고 있다. 인도의 대 아프리카 수출은 800억 달러 규모다. 석유와 석유 화학제품이 대부분이다. 인도의 아프리카 수입품 가운데 절반이 석유류다. 인도에서 아프리카로 수출하는 상품은 의약품, 자동차 등 운송기구, 기계제품이 주류를 이룬다. 이런 배경에는 아프리카에 거주하는 인도인의 영향이 크다.

인도의 민족운동 지도자이자 인도 건국의 아버지인 마하트마 간디(Mahatma Gandhi) 같은 지식인도 한때는 아프리카에 있었다. 간디는 영국의 명문 대학인 유니버시티 칼리지 런던(UCL)에 유학한 후 남아프리카의 인도계 기업에서 1년간 근무하면서 아프리카와 인연을 맺었다. 남아프리카에서 당한 인종차별이 인도 독립운동을 시작한 계기가 된 것으로 알려져 있다.

동아프리카를 지배하였던 영국의 식민지 시절이 끝난 지 오래되었지만 아직까지도 아프리카에 거주하는 인도인은 상당한 규모이다. 동부 아프리카에 살고 있는 인도계인들은 약 300만 명으로 추정된다. 알려진 바에 따르면 케냐 80%, 탄자니아 70%, 우간다 50%가량을 인도계 상인들이 장악하고 있다. 케냐에는 약 10만 명의 인도인들이 살고 있으며, 동부 아프리카에서 사업을 하려면 인도계 상인과 거래를 해야 한다는 이야기가 현지에서는 정설로 통한다고 한다.

인도의 인교(印僑)는 중국의 화교(華僑)와 비교된다. 중국계 화교가 있으면 아프리카에는 인도계 인교가 있다. 중국 자본에 막대한 영향을 미치는 화교는 동남아시아를 중심으로 세계에 5,000만 명이 퍼져 있다. 지역별로는 태국에 940만, 말레이시아에 700만, 미국에 380만, 인도네시아에 283만, 싱가포르에 255만, 미얀마에 163만 명이다. 화교는 중국 지도자 덩샤오핑(鄧小平)이 1978년 개혁·개방에 나설 당시 경제개발을 위한 자금 공급원으로 크게 기여하였다.

인도 인교도 중국의 화교 못지않은 엄청난 규모이다. 인도 외교부에 의하면 인교는 아프리카를 중심으로 세계에 약 3,120만 명이 퍼져 나가 있는 것으로 추산하고 있다. 영국의 주요 식민지였던 케냐의 경우 관광이 핵심인 사파리의 상당수는 인도의 자본이다. 곳곳에 인도 관광객이 넘치고, 사파리의 뷔페 식당은 인도 음식 일색이다. 수도 나이로비 시내의 경우 중국 식당은 찾아다녀야 하지만 인도 식당은 널려 있다. 인교의 존재는 인도 기업이 아프리카에 투자하고 진출하는 데 윤활유 역할을 톡톡히 하고 있다. 다만 시내 건설 공사장은 중국 기업이 한자 구호를 내걸고 진행하는 경우가 많다. 인도의 아성인 아프리카에 중국이 도전장을 내민 형국이다.

현지인의 반감은 여전

"때리는 시어머니보다 말리는 시누이가 더 밉다"라는 우리말 속담이 있다. 오랜 식민통치 기간 동안 하급관리자로 아프리카를 직접 관리했던 인도인에 대한 반감이 아프리카 현지인들에게 아직 남아 있는 것이다. 더욱이 금융, 호텔 등 여러 분야에서 실권을 갖고 있는 인도인에 대한 반감이 없을 리 만무하다. 필자가 근무한 탄자니아에서도 인도계 사람들은 실리만을 취하는 나쁜 사람이라는 인식이 많다. 불합리한 결정을 가지고 현지인들에게 불만을 제기할 때, 가끔 돌아오는 핑계 아닌 대답은 "주인이 인도인이다"라는 답변이다. "돈벌이에만 급급하고 상대를 배려하지 않는다"라는 뉘앙스를 풍긴다.

인도계의 경우 아프리카에 오래전부터 이민을 많이 가서 여러 나라의 금융권을 꽉 쥐고 있는 경우가 많다. 특히 동아프리카 국가들의 경우 호텔, 은행처럼 돈 되는 곳이면 인도인들이 오너이거나 직접 앉아 있다. 영국의 식민지들이 줄줄이 독립하면서 어느 정도 성공한 이민자 집단이 흔히 겪는 일이지만 현지인들은 상권을 장악하고 있는 인도인들에 대해 불만을 갖는 경우가 많다.

지역사회에 공헌을 하는 인도인도 있지만 그중 일부는 아프리카 현지인들을 무시하고 자기들의 영역을 고수하면서 공생을 꺼려하는 경향도 있다. 그렇다고 동아프리카에서 인도인들을 모두 쫓아낼 수도 없다. 우간다의 사례가 설명해 주고 있다. 우간다는 1962년 영국의 식민지에서 독립하여 꽤 안정적인 나라였다. 영국의 식민 지배를 받던 시절 건너온 인도계들이 우간다 경제의 주역이었다. 그러나 이디 아민(1971~1978년)이 집권하면서 우간다에 살던 남아시아인(인도인) 5만 명을 추방하였다. 인도와 같은 소수의 이민자 집단이 경제의 실권을 쥔 데 대한 불만을 이용해 인기를 영합하려는 발상이었기도 하고, 인도인들로부터 빼앗은 토지, 집, 가게 등을 자신의 추종자들에게 선물할 수 있는 효과도 있었다. 또한 경제 주역이던 인도계 이민자들을 강제 추방하면서 인도인이 떠난 빈자리를 자기 친척이나 부하들로 금융 관련 요직을 맡겨 버린 것이다. 금융 지식도 없는 낙하산들이 안정적으로 굴러가던 나라의 금융 및 경제를 박살내는 데는 오랜 시간이 걸리지 않았다.

동부 아프리카 탄자니아에서도 인도상공회의소는 막강한 영향력을 행사하고 있다. 다양한 사업 분야는 물론이고 회계, 컨설팅 사무와 같은 분야에도 탁월하다. 현지에 진출한 대부분의 한국 기업들도 현지 기업보다는 인도계 회계 사무소를 한 단계 높은 수준으로 인식하는 경향이 강하다. 좀 더 나은 품질을 보장한다고 할 수 있기 때문이다. 탄자니아 국적 항공사인 탄자니아 항공에서 해외 신규 노선의 제1 우선순위로 인도 뭄바이와 중국 광저우를 개통할 것이라고 밝힐 정도이다.

현지 정부에서 일하는 공무원들은 대부분 현지 흑인들이나. 아프리카 정부에서는 인도 3~4세보다는 흑인 등용을 원한다. 정부에서도 정치적으로 임명되는 자리는 물론이고 무언가 상징성이 있는 기업 등의 대표들은 흑인을 선호한다. 가령 한국 기업이 현지에 자동차 조립 공장을 설립한다고 할 때 현지 대표자는 인도계보다는 흑인을 선호한다는 것이다. 고용 창출 등의 정책 홍보 효과가 있는 사안에 대해 가급적 현지인인 흑인을 선호한다는 논리이다. 그러나 실제 자금력을 갖고 있는 사람들은 인도·중동계가 대부분이다.

현지 정부와의 접촉을 위해서는 현지인인 흑인이 유리하다고 할 수 있지만 자금력이 담보되지 않고서는 무용지물이다. 이것은 아프리카의 자주권을 주장하는 정치인들의 딜레마이기도 하다. 인도인들을 무시한다면 동아프리카의 자생력은 엄청난 손실을 각오해야 한다.

그들의 언어 스와힐리어

아프리카의 최대 토착 언어, 스와힐리어

아프리카에서 아쉬운 점 중 하나는 고유의 문화가 많지 않다는 것이다. 필자가 근무한 중국은 말할 것도 없고 파키스탄도 자신들의 고유의 문화에 바탕을 둔 역사가 있고 문자도 있었다. 역사가 짧은 미국도 나름의 역사를 만들기 위한 노력을 곳곳에서 발견할 수 있었다. 그러나 아프리카 대부분의 국가는 토산품으로 나라마다 비슷한 목각 제품을 자랑하고 있고 국가마다의 특성을 찾기는 쉽지 않다. 부족 중심의 사회로 지금까지 잘 알려진 고대 왕국이 아프리카에 없어서 그럴수도 있다. 그래서인지 아프리카인의 긍지, 자부심, 국가와 민족에 대한 교육 등에 대한 테마는 많지 않은 편이다.

그래도 동부 아프리카에는 고유의 언어가 있다. 스와힐리어이다.

미국 전 대통령 버락 후세인 오바마의 이름 중 '버락(Barrack)'은 스와힐리어로 '신의 축복을 받은 자'라는 뜻이다. 디즈니 애니메이션 〈라이온 킹〉에 나오는 등장인물들의 이름 또한 스와힐리어에서 따온 것이다. 여기에 등장하는 심바(Simba)의 이름은 스와힐리어로 '사자'라는 뜻이고, 원숭이 라피키(rafiki)는 '친구'라는 뜻이다. 현지 시장에서도 외국인들에게 라피키라 부르며 호객을 하는 모습을 쉽게 볼 수 있다. 또 널리 알려진 '하쿠나 마타타'라는 말은 아프리카의 스와힐리어로 '다 잘될 거야'라는 의미다. 이곳을 여행하는 사람들마저도 음악에 맞춰 '하쿠나 마타타'를 자동으로 흥얼거릴 수 있을 정도로 현지인들이 애용하는 말이다.

스와힐리어는 아프리카 최대의 언어 중 하나이자 가장 대중적으로 알려진 토착어이다. 명칭의 유래는 케냐, 탄자니아, 모삼비크 북부 해안 지역의 이름인 스와힐리이다. 원래는 동아프리카 해안 지역에 사는 스와힐리족의 언어이지만, 지금은 동아프리카 지역의 공통어 역할을 하고 있다. 탄자니아에서도 100여 개 이상의 언어가 사용되고 있음에도 불구하고 스와힐리어는 굳건하게 공용어로 자리 잡고 있다.

아프리카의 스와힐리어 사랑은 동부 아프리카에 국한되지 않는다. 2018년 9월 남아프리카공화국에서는 스와힐리어를 제2외국어 선택 과목으로 지정한다고 발표했다. 이로써 스와힐리어는 남아공의 학교에서 프랑스어, 독일어, 중국어와 함께 주요 제2외국어로 교육되는 것이다. 당시 남아프리카공화국 정부에서는 스와힐리어가 아프리카 대륙에서 영어, 아랍어 다음으로 널리 쓰이며, '아프리카 사람들을 하나로 묶는 힘을 지닌 언어'라고 추켜세우기도 하였다.

이뿐만이 아니다. 아프리카인 최초로 1986년 노벨문학상을 수상한 나이지리아의 극작가 월레 소잉카(Wole Soyinka)와 최근 꾸준히 노벨 문학상 중요 후보로 거론되고 있는 케냐의 소설가 응구기 와 시옹오 (Ngugi Wa Thiongo) 등 아프리카를 대표하는 문인들이 아프리카를 통합하는 매개가 되는 언어로 스와힐리어를 거론하고 있다.

식민 지배의 언어에서 독립의 언어로

스와힐리어를 학교 공교육으로 편입시킨 것은 독일의 선교사였다. 독일인들은 식민 통치 기간에 선교를 위해 스와힐리어 신문을 발간하였고 스와힐리어를 보급하였다. 이것은 영국 통치 시기에도 이어졌다. 영국은 독일이 도입한 체제를 발판으로 스와힐리어를 발전시켜 나갔다. 1930년 각종 방언 등을 모아 발음과 문법, 언어 철자법을 표준화하였다. 당시 스와힐리어는 식민 지배를 위해 필요한 언어였다. 그리고 동아프리카의 식민지 행정과 교육을 위해 영어를 도입하기도 하였다.

이후 아프리카가 독립하면서 스와힐리어는 독립을 대변하는 언어로 바뀌었다. 탄자니아의 초대 대통령인 줄리어스 니에레레는 스와힐리어를 정책적으로 확산시켰다. 국가적으로 국민이 하나가 되고 부족주의로 빠지는 것을 막기 위한 수단으로 활용한 것이다. 스와힐리어를 국어로 지정하고 각종 공식 문서와 연설에서 스와힐리어 사용을 강조하였다. 그는 1962년 신생 공화국의 초대 대통령으로서 국회에서의 첫 연설을 스와힐리어로 진행했다. 1967년에는 정부 및 준정부 기관에서 앞으로 가능한 한 스와힐리어를 사용하도록 권고했다. 스와힐리어는 탄자니아 국가 건설의 선봉에 있었으며 인종적 자부심, 우자마, 반식민주의와도 관련되었다. 또한 반부족적인 언어로 국민통합의 상징이 되었다. 그래서 스와힐리어는 모든 계층의 사람이 사용하는 현대적 언어로 간주되고 있는 것이다.

스와힐리어는 방대한 양의 공통 어휘와 정교한 명사 부류 체계를 공유하는 반투어군(Bantu)에 속하는 것으로 알려져 있다. 탄자니아, 케냐, 르완다, 부룬디, 콩고 일부 지역, 코모로군도, 남부 소말리아, 북부 움숨비지 등을 포함한 동부와 중부 아프리카 일부 지역에서 사용된다.

대표적인 사용 국가는 탄자니아와 케냐로 이들 국가는 스와힐리어를 국어로 지정했다. 그 밖에 우간다, 콩고민주공화국, 르완다, 부룬디, 말라위, 마다가스카르 등지에서도 사용된다. 그리고 소말리아의 남부 지역에서도 통용되며, 심지어는 아프리카 연합의 공용어로도 지정되어 있을 뿐만 아니라 오만에도 일부 사용자가 거주하고 있다. 아랍어 차용이 많고, 현대 스와힐리어는 영어 차용도 많다. 어순은 영어와 비슷하며 동사의 인칭 변화도 있다. 언어적으로 가장 큰 특징은 명사 중심적이라는 것이다.

언어 안에는 그 언어를 사용하는 사람들의 가치관과 세계관, 문화가 그대로 스며들어 있다고 한다. 스와힐리어는 케냐, 탄자니아, 우간다, 남수단, 르완다, 부룬디 등 동아프리카의 6개국 정부가 참여하고 있는 동아프리카공동체의 공식어다. 이러한 동아프리카 통합의 움직임 속에서 스와힐리어는 이 지역을 대표하는 언어로서 동아프리카인들의 결속을 다지는 역할을 수행하고 있다. 향후 아프리카 국가들의 정부 간 국제기구인 아프리카 연합 중심으로 아프리카 통합이 이루어진다면, 스와힐리어는 명실상부한 대륙의 언어로 발돋움할 것이다.

도시로 나온 마사이족

사자도 무서워한다는 붉은 옷의 전사

마사이족은 원시적인 생명력으로 가득한 아프리카 대륙 최고의 전사이다. '동아프리카의 초원지대에 사는 유목민족', 마사이족을 표현하는 말이다. 큰 키에 붉은 망토를 두르고 호전적인 눈빛을 과시하는 부족으로 알려져 있다. 마사이족은 과거 매우 용맹하였고, 화려한 장신구로 전 세계에 널리 알려진 아프리카 부족 중의 하나이다. 그들은 만년설로 유명한 킬리만자로산 주변 탄자니아와 케냐 국경지대에서 현대 문명을 등지고 고산 지대에서 소와 양의 목축을 주업으로 한다. 토속신앙과 원시사회를 지키며 살아가는 소수 부족이다. 총 인구수는 35만 명으로 케냐에 25만, 탄자니아에 10만이 사는 것으로 추정된다.

마사이족은 아프리카의 자존심으로 불리기도 한다. 과거 식민 노예 시절에도 마사이족 가운데서는 단 한 명도 노예가 된 사람이 없었다. 서구 열강의 총과 대포에 밀려 전쟁에서는 패배하였지만 굴욕적인 노예 생활을 하기보다 자결을 택했기 때문이다. 하지만 그들도 시간이 흐르면서 어쩔 수 없이 현대와 공존하고 있다. 사파리 관광을 하다 보면 자연스럽게 마사이족 거주 지역을 방문할 수 있다. 그들은 자기 마을에서 관광객을 위해 '전사춤'을 춘다. 그리고 자기들의 비밀스러운 전통 생활까지 고스란히 보여준다. 그뿐만이 아니다. 탄자니아 경제 수도 다르에스살람 도심의 상가 주차장에는 마사이족 복장의 경비원을 쉽게 찾아볼 수 있다. 과거 아프리카의 자존심이었고 용맹을 떨쳤던 마사이족이 지금은 현대 도시의 건물 경비원으로 변한 모습이다.

마사이족을 대표하는 이미지는 용맹힘이다. 사자와 맞시시 싸울 수 있는 용맹스러운 부족이다. 평균 키는 177cm로 알려져 있지만 이보다는 훨씬 큰 사람이 많다. 큰 키에 군살이 없어 마치 농구선수를 연상하게 한다. 초원에서 맹수로부터 가축을 지켜야 하는 마사이족은 전사를 존중한다. 탄자니아 북부에서 사파리 여행 중 검은 옷의 분장을 하고 있는 청소년을 볼 수 있다. 이것은 마사이족이 성인을 위한 준비를 하고 있는 것이다. 마사이족은 성인식을 위해 어른이 되기 위한 수업을 받는다. 부모를 떠나 격리된 합숙소에서 장기간 훈련한다.

이들은 30~40명이 씨족 생활을 하며 모여 산다. 남성 중심의 사회로 일부다처제이다. 젖을 짜는 역할은 여자의 몫이고, 소에게 먹이를 먹이고 지켜내는 일은 남자의 몫이다. 맹수들의 습격에 대비하기 위해 가시덩굴로 담을 만드는데 주거지 중앙에는 가축들을 가두는 우리가 있다. 즉 가시덩굴 담을 지나 집이 있고 맨 중앙에 동물 우리가 있는 것이다.

집의 출입구는 매우 좁다. 맹수들의 침입을 막기 위해 최대한 작게 만든다. 각각의 방이 있고 중앙에 화로가 있다. 마사이족의 주거지에는 전기와 수도는 물론 화장실도 없으며, 이웃은 멀리 떨어져 산다. 화장실도 마을 바깥에 둔다. 여인들은 물을 긷기 위해 수십 km 걷기를 마다하지 않는다. 또한 아침에 일어나자마자 길고 가느다란 통에 소젖을 짠다.

그들에게 가축은 생명이자 은행이다. 돈을 벌어주기 때문이다. 마사이족의 속담에 "사자가 아버지와 송아지를 공격하면 송아지를 먼저 구하라"라는 말이 있을 정도이다. 유목민족답게 1년 내내 초지를 찾아 떠돌아다닌다. 소 배설물은 물만큼 중요하다. 소 배설물과 물을 섞어서 나무로 골격을 이어 집 담벼락에 바르면 여름엔 시원하고 겨울엔 따뜻하다. 소똥은 음식을 위한 땔감으로도 사용되는데, 소똥에 풀이 많이 남아 있어 서서히 타기 때문에 요리에 적합하다고 한다.

마사이족의 주식은 우유다. 성인이 하루 5~6L의 우유를 마신다. 우유는 데운 후 발효시켜 마신다. 소의 피도 먹는다. 뾰족한 화살촉으로 소의 목 부분을 살짝 뚫으면 그 작은 구멍으로 피가 흘러나오게 되는데 신선한 피를 가족이 함께 나눈다.

이들의 옷은 붉은 색깔이다. 귓불이 길게 늘어날수록 미남미녀로 인정받기 때문에 3세에서 6세까지 귓불에 구멍을 뚫고 무거운 쇠붙이를 달아매기도 한다. 마사이족은 화려한 장신구로 치장한 전사 복장과 고유의 생활 풍습으로 수많은 관광객을 불러들인다. 이들은 강렬한 빛깔의 옷을 즐겨 입고 구슬에 문양을 새긴 목걸이나 팔찌·귀걸이 등으로 눈길을 끈다. 특히 전신에 걸치는 붉은색과 푸른색의 망토

'슈카'는 그들의 트레이드 마크다.

마사이와 연상되는 전통은 남자들의 춤인 '아두무(adumu)'이다. 형태는 간단하다. '제자리에서 높이 뛰기'이다. 가로로 줄을 서서 노래를 부르며 그들의 높은 자존심을 표현하듯 한 사람씩 번갈아 나와 뛰어오른다. 제자리에서 수직으로 뛰어오르는데 여기에는 전사들의 용맹을 과시하고 하늘과 가까워지려는 염원이 깃들었다고 한다. 남성미를 과시해 여성을 유혹하려는 목적도 있다. 높이 뛸수록 여자에게 인기가 있다. 높이 뛴다는 것은 그만큼 다리가 튼튼하고 건강하다는 의미로 이해된다. 아두무를 잘 추는 사람일수록 더 높이, 더 반듯하게 뛴다. 전통춤에도 남성들의 기개를 엿볼 수 있다. 남성들은 막대기를 들고 차례로 돌아가며 하늘 높이 뛰면서 춤을 추고, 여자들은 무릎만 살짝 구부린 채 목을 움직이며 춤과 노래를 부른다.

마사이족의 경제효과

마사이 이름이 들어간 상품들이 많다. 수년 전 유행한 마사이 슈즈가 대표적인데, 마사이족의 걸음을 주제로 책이 출간되기도 하였다. 책에서는 등을 펴고 걷는 자세는 척추관절의 부담을 최소화시키고 많이 걸어도 피로감을 덜어 준다고 주장했다. 유럽에서는 MBT(Masai Barefoot Technique)라 불린다. 자세 교정을 위한 기능성 신발의 일종인 '마사이 워킹 슈즈'도 등장하여 효도 선물로 각광을 받기도 하였다.

이것은 800m 육상 세계 최강자인 마사이족 출신의 데이비드 루디샤가 2012 런던올림픽과 2016 리우올림픽을 2연패한 것에 기인한 것이다. 그는 2010년 만 21세의 나이로 역대 최연소 국제육상경기연맹 '올해의 선수'에 뽑혔다.

그러나 마사이 슈즈를 개발한 사람은 마사이족과는 전혀 관련이 없다. 우리가 마사이 워킹 슈즈로 알고 있는 신발은 스위스 기업에서 만든 것이다. 마사이족들은 대부분 폐타이어로 만든 슬리퍼나 토앤토를 신는다.

마사이족을 대표하는 울긋불긋한 구슬이나 원피스, 마사이 워킹 슈즈, 가죽신 등 연간 수십억 달러어치의 마사이 제품이 시장에 쏟아져 나오고 있다. 일각에서는 마사이족의 허락을 받지 않고 제품을 만드는 업체가 1만 개에 달하는 것으로 추정한다. 루이비통은 2012년 파리 컬렉션에 마사이풍의 스카프와 의상을 선보여 마사이족 전통의상인 슈카를 모방했다는 비난을 사기도 했다. 문제는 이들 제품마다 부족 이름이 도용됐지만 정작 마사이족들은 아무 대가도 받지 못한다는 사실이다. 마사이족의 권리를 찾기 위해 현대판 지식재산권 싸움을 준비해야 한다는 일부의 의견도 있다. 그러나 모든 부족의 동의도 구해야 하고 승소 여부도 불투명하다.

아프리카의 최고 전사인 그들의 변화는 당연한 것인가? 기존의 목축업과 사냥에서 벗어나 관광 수입원을 확보하고 생활터전을 옮긴 그들의 노력은 뭔가 아쉬워 보인다. 과거 마사이족은 킬리만자로를 중심으로 남북으로는 케냐 전역과 탄자니아 중앙 일대 그리고 서부의 빅토리아호까지 넓은 영토를 주 무대로 생활한 것으로 알려져 있다. 그러나 이제 마사이의 생활권과 세력은 서구 문물 도입으로 경제 패턴이 변화하고 관광자원화됨으로써 쇠퇴해 가고 있다. 마사이족도 아프리카 전역에 걸친 2,000여 소수 부족과 마찬가지로 현대 문명에 동화되며 그들의 전통문화도 사라져가고 있는 것이다.

동아프리카가 품은 생명의 근원

나일강의 근원, 빅토리아호

2018년 9월, 아프리카판 세월호 사건이 있었다. 아프리카 최대 호수인 빅토리아호에서 여객용 페리가 전복되어 최소 136명이 사망하는 참사가 발생한 것이다. 1996년에는 800명 이상이 페리 전복으로 사망했고, 2012년에도 페리가 침몰하면서 144명이 사망하거나 실종됐다. 선박이 낡고 오래되었으며, 정원을 초과한 승객과 과적 화물이 유력한 원인으로 제기되었다. 늘 있을 법한 후진국형 사고의 전형이다.

물이 귀한 아프리카에서 호수는 매우 중요하다. 아프리카에는 세 개의 대호수가 있다. 탕가니카호, 말라위호 그리고 빅토리아호이다. 모두 동아프리카에 자리 잡고 있다. 호수는 물고기를 주고, 주변 들판의 곡식에 필요한 물을 제공하며, 나무들을 푸르게 하고, 야생동물과 새들에게 보금자리를 제공한다. 호수에는 호안의 도시를 연결하는 정기항로가 있고, 호수를 오가는 배를 이용하여 내륙 교통에도 큰 역할을 한다.

빅토리아호는 아프리카 대륙 중동부 고원 지대에 있는 아프리카 최대의 호수로, 세계 3대 호수에 포함되는 민물 호수이다. 면적은 남한의 2배가 넘는다. 탄자니아 북서쪽의 우간다와 케냐 접경지대에 있다. 우간다와 케냐, 탄자니아 등 3개국에 걸쳐 있는 동아프리카의 젖줄 같은 호수이다. 백나일강의 수원으로 나일강의 근원이다. 빅토리아호에서 흘러나온 호수의 물은 리폰 폭포를 거쳐 나일강으로 유출된다. 거기서 3km 정도 하류에 있는 오언 폭포에는 댐이 건설되었는데 동부 아프리카 최대의 수력발전소이다.

이 호수를 경계로 우간다, 탄자니아, 케냐 국경이 마주하고 있는데 평균수심 40m, 최고 수심 83m 정도로 다소 얕은 편이다.

빅토리아호에 이어 아프리카 대륙 제2의 호수는 탕가니카호이다. 탄자니아 서쪽에 있으며 바이칼호 다음으로 세계에서 수심이 깊은 호수이다(해저 358m). 이 호수의 물은 콩고강으로 흘러들어 대서양으로 나간다. 탕가니카 호수는 부룬디, 잠비아, 콩고민주공화국, 탄자니아 등 4개 나라에 걸쳐 있다. 콩고 45%, 탄자니아 41%에 속한 영역이 가장 크며 부룬디 8%, 잠비아 6%를 차지한다. 호수의 동쪽은 대부분이 탄자니아령이고 북부는 부룬디령이다. 이 호수는 국제호를 이루어 연안 각국의 기선이 정기항로를 운항하고 있다.

말라위호는 말라위, 모잠비크, 탄자니아의 국경 지역에 있다. 아프리카에서는 3번째, 세계에서는 9번째로 큰 호수이다. 스코틀랜드의 탐험가이자 선교사인 리빙스턴(David Livingstone)에 의해 발견되어 영미권에서는 리빙스턴호수라고 부르기도 한다.

빅토리아호에 투영된 식민 지배의 대가

빅토리아호는 영어 이름이다. 현지인들은 '니안자호', 아랍인은 '우케레웨호'라 불렀다. 이곳 사람들에게 호수는 신의 선물이자 젖줄이다. 3,000만 명이 호수 근처에서 호수와 함께 생계를 이어간다. 그래서 호수 근처는 상대적으로 인구밀도가 높다.

1858년 영국 탐험가인 존 스피크가 영국의 빅토리아 여왕을 기리기 위해 빅토리아호라고 명명하였다. 당시 유럽의 탐험가들은 이미 아프리카 현지인들이 불렀던 호수와 폭포 등의 명칭을 무시하고, 마치 자신들이 처음으로 발견한 전유물인 것처럼 멋대로 유럽식 이름을 붙였다. 그래서 이 호수는 오만의 산물이기도 하였다.

빅토리아호에 있는 어종도 마찬가지이다. 원래 시클리드를 포함한 다양한 어종이 서식하고 있었다. 그러나 영국의 식민지였던 1900년 중반 빅토리아호에서 잡히는 물고기는 크기가 작아서 상품 가치가 없었다. 그래서 영국은 나일 농어(Nile perch)라는 최대 2m에 200kg 이상의 아프리카 북부 원산지의 초대형 육식어를 방목하였다. 나일 농어는 그 맛이 훌륭하고 거대한 몸집으로 대량의 고기를 제공했기 때문에 상품성이 뛰어났다.

그렇지만 이것은 빅토리아호의 생태계에 교란을 일으켰다. 나일 농어는 빅토리아호에 있던 어종들을 다 먹어 치워 버렸다. 초식성의 시클리드들이 사라지자 조류와 수초가 번성하였으며 과도한 수초는 썩으면서 바닥을 뻘로 만들었고, 녹조류가 대량 증식하여 호수의 물을 썩게 하였다. 모기 유충을 잡아먹는 육식성 시클리드도 사라져 모기가 번성하여 주변에서는 말라리아가 창궐하게 되었다.

1990년대 후반 결국 빅토리아호에서는 토종인 시클리드를 거의 찾아볼 수 없게 되었다. 빅토리아호에 있던 최소 200종 이상의 토종 시클리드가 멸종한 것이다. 먹잇감이 사라지자 나일 농어들은 서로를 잡아먹어 개체수가 감소했고, 결국 한때 호황을 누리던 어업도 몰락하였을 뿐만 아니라 빅토리아호의 생태계는 완전히 붕괴되고 말았다. 호수가 썩어가면서 주변에 거주하는 사람들은 수인성 질병과 피부병을 앓게 되었다. 탄자니아 정부는 UN과 환경단체들의 도움을 받아 이를 해결하고자 노력하고 있다. 현지 로컬의 문화와 생태계를 무시한 채 서구식으로 급격하게 바꾼 대가를 보여주는 전형적인 사례이기도 하다.

chapter 4

이렇게 해야 성공한다 -
알면 전승, 모르면 전패

코키리를 먹으려면
작은 조각으로 나눠라

아프리카는 '다양성'과 '광활함'으로 표현할 수 있다. 아프리카는 넓은 땅덩어리 만큼 다양한 국가로 구성되어 있다. 대륙으로서의 전체적인 통일성도 있지만 영어, 프랑스어, 포르투갈어, 스와힐리어 등 1,000개 이상의 언어가 통용되며, 약 3,000개의 부족이 있다고 알려질 정도로 엄청난 다양성을 가지고 있는 대륙이다.

국가마다 경제 규모, 비즈니스 환경, 식민지 영향력 등에 따라 제각각이다. 아프리카에서는 다양성을 인정해야 하는데 이것은 하나의 기준으로 아프리카가 해석될 수 없음을 뜻한다.

"코끼리를 먹는 가장 좋은 방법은 코끼리를 작은 조각으로 자르는 것이다"라는 아프리카의 속담처럼 아프리카 문제를 해결하는 가장 좋은 방법은 한 단계씩 나눠서 보는 것이다.

필자는 미국 근무 시절, 각 주마다 다른 문화와 제도 등에 놀란 적이 있다. 주 경계를 넘어갈 때마다 차량 번호판도 달라지고 도로변의 장식물도 달라지는 등 다른 분위기가 물씬 풍긴다. 실제로 운영되는 행정 시스템도 주마다 다르다. 가령 운전면허 취득의 경우도 각 주마다 다른 정책으로 운영된다. 중국은 미국보다 훨씬 덜하지만 미국과 비슷하게 각 성마다 다른 분위기를 연출한다. 좁은 나라에서 살아온 우리에게는 매우 이색적인 경험이었다. 미국보다 몇 배의 면적을 더 가진 아프리카, 50개국 이상의 나라가 얽혀 있는 아프리카에서는 이런 특징이 더욱 크게 부각된다. '빨리빨리'식 산업화의 성공 경험을 가진 우리나라 기업에는 아프리카를 하나로 보고 공통분모를 찾는 방식의 분석을 하는 경향이 있다. 이는 시작부터 무리한 접근 방법이 되기 쉽다. 가령 아무리 고가 장비라고 하더라도 전력 사정이 불안하고 적정한 매뉴얼이나 유지 인력이 없는 아프리카에서는 무용지물이 될 수 있다.

아프리카 시장은 우리에게 낯설다. 그들이 가진 불확실성은 부정적인 시각을 갖게 한다. 우리 전체 무역에서 아프리카가 차지하는 비중은 1.3%에 불과하고 해외투자는 1% 남짓이다. 세계에서 차지하는 한국의 경제 규모나 경쟁국들과 비교해 볼 때 기대치를 훨씬 밑돈다.

아프리카는 일반적으로 알려진 시장과는 다르다. 아직 시장 규모도 작고 정상적인 비즈니스도 오래되지 않았다. 우리가 뛰고 있다고 해서 아프리카에 뛰라고 강요할 수는 없다. 아프리카가 뛰려면 걷는 것을 익혀야 하고, 그 전에 서는 법부터 배워야 한다. 걷지도 못하는 사람에게 뛰라고 얘기할 수 없는 것처럼 아프리카의 잠재력과 다양성을 감안하여 거기에 적절한 상황을 분석해야 하고 함께 갈 수 있는 방법을 모색해야 할 것이다.

천의 얼굴 아프리카, 나눠야 보인다

잘 모르면 뭉뚱그리는 법이다. 아프리카의 다양성은 마치 천 개의 얼굴을 가지고 있다고 할 수 있다. 아프리카를 지역적으로 구분해야 하는 이유이다. 아프리카에 진출하고자 하는 기업들이라면 이런 부분을 고려는 하되 동일 범주 내 국가들의 현황과 비슷할 것이라는 일반화의 오류를 경계해야 한다. 54개 국가라는 숫자보다 훨씬 많은 다양성과 광활함을 있는 그대로 놓고 보는 게 현실을 정확히 이해하고 진출 전략을 수립하는 데 도움이 될 것이다.

우선 다양성의 측면에서 아프리카를 크게 4가지 범주의 국가군으로 분류해 볼 수 있다. 산업화에 진전을 이룬 국가들, 석유 등 자원을 수출하는 국가들, 산업화 초입에 들어선 신흥 성장 국가들, 저개발 후진 국가 등으로 분류할 수 있다. 이러한 범주 내에서도 국가마다 그 특성이 상이하다.

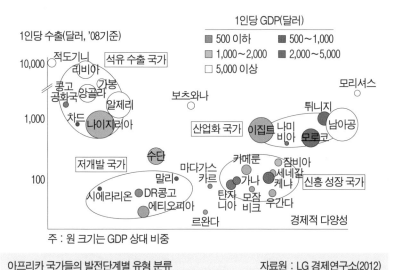

아프리카 국가들의 발전단계별 유형 분류　　　　　자료원 : LG 경제연구소(2012)

〈평균 경제성장률과 1인당 GDP로 시장 세분화〉

시장 단계	특징	타깃 분야
성숙	안정성장	고급 소비재 틈새 발굴
성장	산업화 추진 고도 경제성장	산업화 수요 강점 분야
미성숙	정치·경제 불안	유무상 원조 연계

한편 경제권역을 소득수준별로 감안할 필요가 있다. 소득수준에 따라 선호 품목이 달라질 수 있다. 가령, 대륙을 선도하는 국가와 초기 산업국으로 대별할 수 있다. 대륙 선도국은 경제 수준과 산업화 정도가 높은 국가들로 사회간접자본(SOC)뿐만 아니라 IT 프로젝트 진출이 가능한 곳이다. 반면 초기 산업국은 경제력과 산업화 정도가 비교적 낮은 국가들로 SOC 인프라 구축이 활성화된 지역이다. 에티오피아, 코트디부와르, 콩고, 탄자니아를 예로 들 수 있겠다.

언어별로도 구분할 수 있다. 언어는 그 나라 문화의 근간이기 때문이다. 먼저 지역별로 살펴보면 구식민 종주국에 따라 유사성이 존재

공용어	국가
영어	남아프리카 14개국, 동부 아프리카 7개국(스와힐리어 병행)
아랍어	북아프리카 5개국, 수단, 에리트레아, 지부티, 코모로
프랑스어	중앙아프리카 7개국(부룬디, 르완다 포함), 인도양 도서국 3개국 (마다가스카르, 모리셔스, 코모로)
포르투갈어	모잠비크, 앙골라, 카보베르데, 기니비사우 등 4개국

한다. 인터넷 확산으로 영어의 세계 공용어화가 촉발되고 있는 현대에는 많이 퇴색된 면도 있지만, 동일 식민 종주국은 동일한 언어, 문화뿐만 아니라 비즈니스 네트워크로 연결된 경우가 많아 진출 시 유리하다. 프랑스와 직간접으로 연결된 동맹국들은 유사 통화(세파프랑 FCFA)뿐만 아니라 금융·외환·관세 부문까지 공동 협력 관계로 결속을 유지하고 있다. 아프리카 국가 중 공용어로 가장 많이 채택된 외래 언어는 영어가 아닌 프랑스어이다. 아프리카의 3대 외래 언어는 프랑스어, 영어, 아랍어, 포르투갈어로 구분할 수 있다.

아프리카에 진출하여 신규 비즈니스를 하려는 개별 기업들의 관심 사항을 충족시키기엔 아직까지 구체적인 정보가 많이 부족하다. 아프리카 전체 시장의 성장 잠재력과 거시경제 환경에 대한 정보가 도움을 주는 것은 사실이지만 다른 한편으론 일반화의 오류를 유발하기 쉽다. 아프리카 시장에 진출하고자 하는 기업들은 아프리카의 전체적인 흐름으로 방향을 잡고 이를 지역별로 세분화하여 구체적인 전략을 세우는 것이 바람직하다.

아프리카 속의 아프리카

아프리카는 지역으로 구분하는 방법이 가장 직관적이다. 그렇지만 방법은 매우 다양하다. 가장 쉽고 널리 알려진 구분은 동·서·남·북·중앙의 5곳으로 나누는 것이다. 우리가 흔히 떠올리는 아프리카의 모습은 북·동아프리카보다는 서·남·중앙아프리카이다. 중남부 아프리카는 사하라 산맥 이남 지역을 말한다.

북부는 유럽과 아프리카, 중동이 교차하는 지점이다. 남부는 아프리카답지 않은 이국적인 풍취가 자랑이자 자원이다. 동부는 동아프리카 지구대가 만들어준 절경이 빼어나며, 서부는 아프리카 인구의 40% 이상이 몰려 있는 거대 시장이다.

한편 아프리카로 통칭되는 이 거대한 대륙을 사하라 이남과 이북으로 구분할 수도 있다. 사하라 이남은 우리가 상상하는 아프리카의 모습이지만 사하라 이북은 지중해 및 중동지역과 비슷하다. 아프리카 북부의 모로코나 이집트는 중동의 사우디아라비아, 이라크와 그 문화가 비슷하고, 사하라 이남의 나이지리아, 케냐와는 많이 다르다. 사하라 이북은 오일 달러를 무기로, 이남은 눈부신 발전으로 거대한 소비시장을 열어가고 있다.

'북부' – 아프리카인가, 중동인가, 유럽인가?

아프리카의 북부는 동·서·남·중부와는 많이 다르다. 사하라 사막 북쪽에 위치한 북부 아프리카의 문화는 사하라 이남 아프리카 문화보다는 아랍과 유럽 문화에 가깝다.

프랑스 식민 지배로 서구 지향적이며, 유럽과의 지리적인 인접성도 한몫하고 있다. 주로 아랍어를 사용하며 회교도이다. 아프리카 대륙 안에 있지만 사하라 사막을 두고 접경하고 있다. '머리는 유럽에, 가슴은 아랍에, 다리는 아프리카에 있다'라고 하는 이유이다.

아프리카 북부는 이집트를 포함해서 마그레브(Maghreb)라 불리는 나라들이 주를 이룬다. '서쪽의 섬'이라는 뜻의 아랍어인 마그레브는 이집트를 제외한 리비아, 튀니지, 알제리, 모로코, 모리타니 5개국으로 아프리카 북서부 일대를 총칭한다. 이들은 주로 무슬림 국가들이며, 공용어는 아랍어이다. 사막과 고산지대가 많고 주로 유목과 소규모 농업에 종사한다.

북아프리카는 자원이 풍부하고 노동력도 우수하여 새로운 경제 기지로 부상되고 있으며, 소득수준도 아프리카에서 비교적 높은 편이다. 또한 북아프리카, 즉 모로코, 알제리, 튀니지에 걸친 마그레브 지역은 프랑스와 유대 관계가 있다는 공통점이 있다.

북부 아프리카 지역의 핵심 국가인 이집트는 일반적으로 전형적인 아프리카 국가로 간주하지 않는다. 그 이유는 인류 문명의 발생지 국가라는 이미지와 아랍 세계를 주도적으로 규합하여 이스라엘과 일전을 벌인 아랍권 맹주로서의 이미지가 강하기 때문이다.

이들 마그레브 국가 중 모로코는 지리적 인접성을 이유로 EU에 가입하기를 희망한다.

그도 그럴 것이 모로코와 유럽의 스페인 사이에 있는 지브롤터 해협은 가장 가까운 곳의 거리가 14km에 불과하다. 모로코는 지브롤터 해협을 사이에 두고 유럽을 마주 보고 있는 위치로 지역적으로는 아프리카에 위치해 있지만 유럽의 분위기와 아랍의 분위기가 강하게 어우러진다.

'서부' - 나이지리아로 대표되는 자원의 보고

서부는 인적·물적 자원의 보고다. 전체 아프리카 인구의 40% 이상이 서부에 몰려 있다. 수백만 년 전부터 노예와 황금, 상아가 거래되었다. 서부 아프리카는 대체로 프랑스어권이며, 이슬람교이다. 영국, 프랑스의 식민 지배가 본격화되었고 영어와 프랑스어 사용이 대부분이다.

서부 아프리카의 대표 국가는 나이지리아로 이곳은 아프리카에서 가장 인구가 많은 곳이다. 인구는 1억 7,000만 명으로 아프리카 대륙 전체의 1/6을 차지한다. 우리나라 면적의 4배가 넘는 광대한 국토에 풍부한 지하자원을 보유한 자원 부국으로 향후 성장 잠재력이 매우 큰 나라라고 할 수 있다.

블랙 아프리카에서 처음으로 석유수출국기구(OPEC)에 가입하였다. 원유 매장량은 리비아에 이어 아프리카에서 두 번째이고 석유 매장량은 세계 10위(362억 배럴)이다. 그리고 천연가스 매장량 세계 7위(39억 톤), 탄탈럼(Ta)과 니오븀(Nb) 매장량은 세계 3위이다. 총 수출의 90%를 석유가 차지하며, 그 밖의 지하자원으로는 석탄·컬럼바이트·주석 등이 수출되고 있다.

정치적으로는 1900년 이후 영국의 통치를 받기 시작해 1922년 국제 연맹의 위임 통치령이 되었다가 1960년 10월 영국연방으로 독립하였다. 1960년 독립 후 나이지리아는 장기간의 군부 통치가 종식되고 1999년 최초의 민선 대통령이 취임한 이래 2015년 무하마두 부하리(Muhammadu Buhari)가 16년간의 군정 종식을 끝내고 민주적 정권 교체에 성공, 민주주의 정착과 경제·사회 제반 분야에서 착실한 발전을 이루어 나가고 있다. 우리나라와는 1980년 2월 수교 이래 양국 간에 돈독한 협력 관계를 유지하고 있으며, 특히 에너지 자원 개발과 건설 분야를 중심으로 우리나라 기업의 나이지리아 진출이 활발히 이루어지고 있다.

'남부' – 아프리카의 유럽, 남아공

남아프리카에는 앙골라, 나미비아, 보츠와나, 짐바브웨, 잠비아, 모잠비크, 에스와티니, 말라위, 남아프리카공화국, 레소토, 마다가스카르, 모리셔스 등의 나라가 포함되어 있다.

대표 국가는 남아프리카공화국으로 그곳은 '아프리카의 유럽'이다. 명실공히 남부 아프리카는 물론 아프리카를 대표하는 국가이다. 총인구 4,881만 명(2012년 기준) 중 79%가 흑인이고 9.6%가 백인이며 그 외에도 컬러드라 불리는 혼혈과 중국인, 인도인 등 많은 인종이 한데 섞여 있어 다양한 개성이 공존하는 '무지개의 나라'로 불린다. 1652년부터 네덜란드인의 이주가 계속되었고, 이들은 스스로를 네덜란드어로 농부를 뜻하는 '보어(Boer)'라고 불렀다.

그 뒤 원주민과 보어인과의 싸움이 계속되었고, 18세기 후반부터는 영국인의 침략이 계속되어 1814년에는 케이프타운이 영국의 식민지가 되었다. 이후 아파르트헤이트(Apartheid)라는 인종차별 정책을 비판하는 영국 정부로부터 독립해 1961년 5월 남아프리카공화국을 선언했다.

아프리카 대륙에서 가장 경제가 발전했지만, 과거의 인종차별정책 때문에 국제적인 비난을 받아 유엔에서 쫓겨나는 등 오랫동안 정치적·경제적으로 고립되기도 했다. 그러나 1994년 취임한 남아공 최초의 흑인 대통령 넬슨 만델라(Nelson Rolihlahla Mandela)가 인종차별정책을 폐지하면서 국제적 지위를 되찾았다. 넬슨 만델라는 남아공 역사에서도 가장 덕망 높은 대통령으로 남아 있다.

짐바브웨는 과거 '아프리카의 곡식 창고'라 불리며, 전 세계로 식량을 수출하는 부유한 나라였다. 그러나 로베르 무가베(Robert Gabriel Mugabe) 전 대통령 재임 시 토지 무상 제공 등 사회주의적 정책과 반외자 정서로 경제난을 겪었다. 이후 무분별한 화폐 발행으로 물가 폭등이 이어지는 등 실정을 거듭하다가 2017년 군부 쿠데타로 37년의 장기독재가 막을 내리게 되었다.

무가베에 이은 에머슨 음낭가과(Emmerson Dambudzo Mnangagwa) 대통령은 2017년 11월까지 무가베 전 대통령의 부통령이었다. 당선 후 그는 경제 재건을 다짐했지만, 외화 부족과 높은 실업률, 외국인 투자 미흡 등으로 인해 경제 문제는 여전히 심각하다. 2018년 11월 생필품 부족에 따라 대규모 반정부 시위가 일어났고, 2019년 1월에는 교사들이 월급 인상과 월급의 달러 지급 등을 요구하며 파업을 벌이기도 하였다.

잠비아는 9개국에 둘러싸인 내륙국이며, 영연방 국가로 매장량 세계 제4위의 구리 생산으로 유명하다. 1975년 10월 중국이 탄자니아의 항구 다르에스살람을 기점으로 한 탄자니아·잠비아 철도를 개통시켜준 덕분에 물류 수단으로 다르에스살람 항구를 주로 이용하고 있다. 영국인 탐험가 리빙스턴(David Livingstone)은 1855년 잔베지강을 탐험하고 빅토리아 폭포를 발견했는데 폭포는 잠비아와 짐바브웨 국경에 위치해 두 나라에서 모두 볼 수 있다.

그리고 앙골라는 30년에 가까운 내전으로 우리에게 익숙한 나라다. 내전 후 원유 수출을 바탕으로 꾸준한 성장세를 나타냈다. 뿐만 아니라 대규모 원유 수출을 바탕으로 아프리카 제7의 경제대국으로 거듭난 국가이기도 하다. 또한 거시경제 역시 매우 빠른 성장세를 보여왔다. 그러나 2014년 국제적으로 유가가 하락하며 앙골라의 경제는 나락으로 빠지기 시작했다.

결국 2016년부터 경제가 위축되고 국제통화기금(IMF)에 구제금융을 신청하며 재정 악화를 겪는 등 악재가 겹치고 있다. 그러나 다른 아프리카 국가들에 비해 그나마 사업 환경이 양호한 국가로 평가받고 있다.

기본적으로 아프리카에서 손꼽히는 산유국이고 앙골라의 주요 리스크로 꼽히며 독재로 인해 만연했던 '부패와 빈부격차' 역시 개선되고 있다. 현대자동차는 동부 아프리카의 에티오피아에 이어 2019년 3월 앙골라에도 자동차 공장 설립을 발표하였다.

모잠비크는 포르투갈의 식민 지배를 받은 탓에 포르투갈어를 공용어로 사용하고 있다. 수도 마푸투는 남아공 국경에서 2시간 거리여서 남아공 유통망이 직접 진출할 정도이다. 15~16세기 포르투갈인들의 손으로 발전하였으며, 인도양과 접경한 해안선이 길어 항만도시가 발달되었다. 과거 인도-말라카-향료제도-중국-일본으로 거쳐 가기 위한 중계점이자 보급항으로 활용되었다. 또한 모잠비크 북동부 해상지역에 금세기 들어 최대 규모의 가스전이 발견되어(확인 매장량 187TCF) 최근 천연가스 생산이 본격화된다면 경기 또한 회복될 전망이다.

말라위는 탄자니아, 잠비아, 모잠비크 등 거대한 3개국 사이에 끼어 있는 작은 내륙 국가이다. 아프리카에서 세 번째로 큰 호수이자 세계에서 10번째로 큰 호수가 있다. 일찍이 영국의 식민지로 지배를 받던 말라위는 세계적으로 빈국에 속하고 산업 인프라가 취약하며, 문맹률도 높다. 주로 농업에 의존하는데 담배 농사가 많고 세계적인 담배 회사의 가공 공장이 들어서 있다.

이 외에도 동쪽 인도양 쪽에는 휴양지가 많다. 그중 하나는 '지상 최초의 낙원'으로 불린 섬나라 세이셸(Seychelles)이다. 케냐 동쪽으로 1,600km 떨어진 천혜의 관광지로 115개의 섬으로 구성되어 있다. 잘 보존된 태고의 원시림과 생물, 다양한 해양생물과 산호 등이 유명하다. 영국 BBC의 '죽기 전에 꼭 가봐야 할 천국'으로 선정되기도 하였다. 인도양의 떠오르는 용 모리셔스(Mauritius)는 아프리카 동쪽 인도양 남서부에 있는 섬나라이다. 남아공 북동쪽 2,000km, 마다가스카르에서 동쪽으로 800km. 인도양의 중심에 위치해 있다.

마다가스카르(Madagascar)는 지구촌에서 네 번째로 큰 섬으로 8,000만 년 전 아프리카 대륙에서 떨어져 나온 것으로 추정된다. 현재 아프리카 대륙과 400km 떨어져 있으며, 서식 동물의 80%가 지구촌에 없는 고유종으로 구성될 정도의 신비를 간직하고 있다. 할리우드 애니메이션 〈마다가스카〉의 소재가 되었던 곳이기도 하다.

'동부' – 떠오르는 잠룡, 고성장을 거듭

아프리카 동부는 '동물의 왕국'이다. 우리에게도 잘 알려진 세렝게티, 마사이마라, 응고롱고로, 킬리만자로산이 동부에 있다. 아프리카 초원이 무대였던 영화 〈아웃 오브 아프리카〉의 촬영지이자 애니메이션 〈라이온 킹〉의 무대가 바로 이곳 아프리카 동부이다.

이집트가 나일강의 선물이라면 동부 아프리카는 동아프리카 지구대의 선물이다. 지구대는 과거 지구의 판이 이동할 때 지각의 약한 부분을 따라 쪼개진 곳이다. 그 틈으로 인해 지금도 깊이 꺼져 있거나 높이 솟아 있다. 아프리카 최고봉 킬리만자로(5,895m), 케냐와 탄자니아에 걸쳐 있는 빅토리아호는 러시아의 바이칼호 다음으로 넓은 담수호이다. 이 호수들은 지구대와 화산활동의 선물이다. 지구대를 따라 아프리카에서 기원한 인류가 아시아와 유럽으로 이주했을 것으로 추측된다.

동아프리카는 인도양과 접경하고 있어 과거부터 무역의 중심지였다. 13세기 아랍은 탄자니아 앞바다에 노예 무역국인 잔지바르를 건설하였다. 또한 15세기에는 포르투갈이 강력한 해군력을 바탕으로 동부 해안을 따라 정착지를 건설하기도 하였다.

탄자니아의 킬와는 짐바브웨에서 황금이 공급되면서 15세기에 무역거점으로서 절정기를 이루게 되는데 당시에는 상아와 노예무역이 성행하였다.

1890년대 후반 유럽인들은 동부 아프리카를 본격적으로 개발하고 유입하기 시작하였다. 동부 아프리카는 제국주의 열강들의 침략이 잦은 곳이다.

동부 아프리카의 케냐, 탄자니아, 르완다, 우간다는 형제국가를 자처하며 오래된 친구처럼 긴밀하게 연결되어 있다. 이 나라들은 모두 1960년대 초에 독립하였고, 식민시대의 유산들이 경제의 바탕이 됨과 동시에 현대 경제발전의 걸림돌이 되기도 한다. 또한 독립 전 영국의 지배를 받아서 정치·경제·교육 등이 영국과 매우 유사한 시스템이다. 언어도 스와힐리어, 영어를 공용어로 채택하고 있다. 서로 다른 국가이지만 역사·문화·경제적으로 많은 유사점을 갖고 있다.

주변국인 수단, 소말리아, 콩고에 비하면 민주적 정치제도 안착으로 인한 정치적·경제적 안정세에 접어들었다. 이 나라들은 동부 아프리카의 핵심국가로 동아프리카 진출을 위해 공동 이해가 필요하다.

또한 이들 국가는 경제공동체에 대한 논의가 활발하다. 동아프리카 공동체는 2016년 3월 남수단의 가입으로 총 6개국으로 구성되었는데 소비 인구 1억 5,000만 명, 국내총생산 1,460억 달러 규모로 단일 소비 및 투자시장을 형성하여 거대 시장으로 발돋움할 준비를 하고 있다.

또한 관세동맹과 함께 향후 EU와 같은 단일 화폐를 비롯, 정치 연합까지 진전하려는 노력을 기울이고 있다. 2005년부터 시행된 동아프리카공동체 관세동맹은 역내 관세 동맹국가 간 거래에서는 단일 시장을 목표로 무세(0%)가 적용되며, 역외 국가로부터 수입되는 물품에 대해서는 원부자재(0%), 중간재(10%), 소비재(25%)가 적용된다. 우간다, 탄자니아보다 산업 발전 단계가 우위에 있는 케냐의 경우 유예기간을 두었다가 2010년부터 일부 제품을 제외하고 완전무관세로 전환되었다. 이 외에도 상품, 서비스, 자본, 노동 등 전 분야를 대상으로 동아프리카공동체 단일 시장 협약이 발효되었으며, 향후 단일 통화에 대한 논의도 함께 진행되고 있다.

아프리카형 상품이 필요하다

아프리카에서도 현지화는 필수

아프리카에는 "한 손가락으로는 북을 칠 수 없다"라는 속담이 있다. 북을 치기 위해서는 스틱을 잡아야 하는데 한 손가락으로는 불가능하다. 최소한 두 손가락 이상이 필요하다. 즉 무언가를 하기 위해서는 거기에 상응한 기본적인 노력이 필요하다는 얘기이다.

당연한 얘기지만 현지에 물건을 팔기 위해서는 현지인의 기호가 반영되어야 한다. 현지 소비자들의 선호를 고려하지 않고 표준화된 단일 상품으로는 세계 방방곡곡에 펼쳐 있는 시장의 상품과 경쟁하긴 어렵다. 거기에 맞는 맞춤형 제품 개발이 필요하다. 그러나 현장에 있다 보면 철 지난 제품, 즉 사양 제품을 가지고 아프리카의 문을 두드리는 경우가 많다. 아무래도 아프리카가 개발도상국이다보니 한물간

재고물품 처리를 위한 기회로 여길 수도 있다. 그러나 모든 시장에는 특성이 있다. 각 시장에 맞는 상품 개발은 당연히 준비되어야 한다. 한 손가락으로만 북을 칠 수 없는 이유이다.

아프리카 전역에도 제한적이지만 다양한 상품이 공급되고 있다. 휴대폰 서비스의 확산으로 가장 원시적인 마을까지 최첨단 통신이 들어간다. 모바일 뱅킹이 되지 않는 곳이 없다. 성장률은 빠르고 소득은 증가하고 있다. 아프리카는 엄청난 잠재력을 지닌 대륙으로 소비자 시장, 특히 중산층 소비자 시장이 성장하고 있다. 아프리카의 소비자는 생각보다 구매력이 풍부하다.

아프리카는 고급품에서부터 먹고 살기 위해 꼭 필요한 생필품에 이르기까지 다양한 제품을 위해 기회를 제공하는 역동적인 시장이다. 고가 시장에는 프리미엄 제품을 위한 기회가 있고 저가 시장에는 가치 지향적인 제품을 위한 기회가 있다. 그러나 높은 가격을 선호하는 소비자들도 가치 지향적인 제품을 구매하고, 저가 시장 소비자들도 고가 제품을 열망하기 때문에 경계선이 뚜렷한 것은 아니다. 적절한 가격대에 있는 수익성 있는 제품을 개발해 농촌 시장과 같이 널리 퍼져 있는 판매 경로로 진출해야 한다.

현장에 있다 보면 한국에서는 이미 꽤 알려진 브랜드 기업의 진출 수요를 접하게 된다. 해외 신규 시장을 개척하여 매출을 확대해 보려는 목적으로 품목은 담배, 라면, 식료품 등 다양하다. 그러나 아쉽게도 상품의 판매 규모가 크고 널리 알려져 있을수록 현지의 입맛을 반영하는 정도는 크지 않다. 고작 현재 운영하는 생산라인의 일부 품목을 변경하거나 제품 개발의 일부를 수정하는 정도이다. 물론 아프리카의 협소한 시장을 위해 생산라인을 대대적으로 변경할 정도로 여유 있는 기업은 많겠지만 아무튼 시장에서 경쟁하고 생존하기 위해서는 현지인의 입맛을 감안해야 한다.

아프리카인들은 세제나 비누거품을 좋아한다. 한국 사람들과는 달리 세탁 후 진한 향이 날수록 세탁이 잘 되었다고 생각하는 경향이 있다. 현지인들이 청소한 바닥에는 항상 흔적이 남았다. 청소 후 바닥은 매우 미끄러울 정도로 흥건하게 젖어 있다. 강한 향의 세제가 아프리카에서는 더 잘 먹힐 가능성이 높다.

현지화는 해당 국가의 문화와 시민의 의식이나 성향 등에 맞춰 상품이나 서비스의 마케팅을 커스터마이징해야 하는 것이다. 세계시장을 단일 개념으로 보고 반복, 대량 생산이 아니라 현지의 기호를 감안한 새로운 작업이 필요하다. 반복적으로 대량생산할수록 생산 단위당 비용과 수고가 절감되어 규모의 경제 효과를 극대화시킨다. 하지만 현지화를 위한 노력 없이 현지인들의 입맛을 사로잡는 전략은 후발주자로서는 너무 교만한 것일지로 모른다.

아프리카 시장에 진입하려면 적절한 제품을 가지고 있어야 한다. 적절한 가격에 적절한 제품만 있으면 아프리카는 상당히 매력적인 시장이 될 수 있다. 흔히 말하는 현지 밀착형 마케팅과 제품 개발이 필수적이다.

아프리카에서는 큰 용량의 제품보다는 낱개 포장 제품이 유리하다. 미국 대형슈퍼에서 할인 가격으로 박스 채 구입하도록 유도하는 마케팅과는 정반대로 접근해야 한다. 기업은 창의적인 유통과 제품 디자인은 물론 소형 포장을 이용해 수익을 남기면서 저소득층 시장을 확대하는 길을 찾아야 한다. 캐드버리, 밀카, 오레오 등의 브랜드를 보유한 몬델레스(Mondelez International)의 경우 스티모롤(Stimorol) 츄잉껌

1개 포장 제품을 도입해 아프리카 시장을 성공적으로 개척했고, 그 결과 2015~2017년 껌 매출은 10% 상승한 9,600만 달러에 이르기도 했다.

아프리카 저소득층 소비자들에게는 단가를 낮추고 품질을 보장할 수 있다면 비닐봉지에 든 생수도 마케팅 전략이 될 수 있다. 다농 그룹이 인수한 덴마크 팬밀크(Fan Milk International)는 자전거를 활용한 아이스크림 판매방식 도입으로 비용 절감 및 경쟁력 있는 유통 시스템을 구축해 2017~2022년 매출액이 가나에서 34억 달러, 나이지리아에서는 14억 달러에 달할 것으로 전망했다.

전자제품은 현지 환경에 맞춰 설계한 특화 제품이 필요하다. 아프리카의 고질적인 전력 불안정에 대비할 수 있도록 내압 기능을 강화하고 생활가전 영역에서도 현지 특성을 고려해 절전에 신경을 써야 한다. 또한 TV의 경우 현지 위성방송 사업자와 손잡고 방송 설비가 취약한 아프리카 외곽도시의 소비자들에게 무료로 위성방송을 제공하는 특화 서비스도 고려해 볼 만하다. 이곳에서 활동하는 비즈니스맨들의 명함에는 핸드폰 번호가 2개 이상이다. 통신망이 불안할 경우를 대비해서 혹은 통신비 절감을 위하여 대부분의 현지 비즈니스맨들은 두 개 이상의 통신 심카드(듀얼심)를 사용하는 경우가 많기 때문이다.

좋은 에이전트 선별법

필자가 미국, 중국 지사에서 근무할 때 경험한 것이다. 미국은 분업이 잘 되어 있어서 대기업의 구매 담당자와 직접 연결하는 것은 하늘의 별따기다. 대부분의 회사는 인건비를 이유로 ARS로 고객을 응대하기 때문에 담당자를 찾기도 매우 어렵다. 그래서 미국의 경우 세일즈 랩을 활용한 마케팅이 유용한 수단이다. 세일즈 랩은 산업 분야의 경험이 있는 현지 전문 인력을 활용하여 마케팅하는 방법이다.

이 경우 이미 관련 업종에 네트워킹이 있는 사람을 활용한다. 이민 역사가 긴 미국에도 유능하고 마케팅 능력이 있는 한인이나 한인계 기업이 많이 있지만 대부분 세일즈 분야에서는 현지인, 백인의 비중이 우세하다. 현지인의 입맛을 가장 잘 반영하고 느낄 수 있기 때문이다. 중국도 마찬가지다. 조선족과 같은 동포가 있어 언어 소통에 편리한 점이 있긴 하지만 주류를 이루고 있는 한족에 비해서는 뭔가 부족한 면이 있다. 그래서 마케팅 인력에 관해서는 한족을 채용하는 것이 일반적이다.

아프리카도 예외일 수 없다. 아프리카처럼 넓고 다양한 시장에서 오는 위험을 제어하기 위해서도 당연히 현지 인력이 필요하다. 아프리카의 경우는 더욱 그렇다. 지구상에 가장 가난한 대륙으로 아직까지 많은 분야에서 선진국 시장은 물론이고 아시아 시장과도 전혀 다르다. 다양한 부족과 종족으로 구성된 아프리카의 국가들은 우리나라는 물론 일반적인 국가와는 다른 시스템이 필요하다. 즉 중국, 인도, 중남미, 러시아, 동유럽 등 신흥시장들은 언어, 종교, 인종 등 어느 정도 시장 동질성이라는 게 존재한다. 한 지역이나 국가에서의 사업 방식이 인근 지역이나 국가에서의 응용이 용이하다. 그러나 아프리카는 이질성이 크기 때문에 반영해야 할 변수가 많다. 현지화에 상대적으로 많은 시간과 비용이 필요하다.

특히 중소기업은 민첩함이 중요하다. 수많은 다국적 기업들과 경쟁에서 이기고 상품을 차별화하기 위해서는 재빠르게 현지 입맛을 감안하는 '현지화'만이 경쟁력을 확보할 수 있는 비결이다. 그래야 글로벌 브랜드를 이겨내고 경쟁할 수 있다. 특별한 브랜드 우월성이 없다면 현지인의 선호도에 걸맞는 상품을 개발하는 차별화된 전략이 필요하다. 상품에 대한 연구개발은 물론이고 현지인의 손길을 거칠 필요가 있다.

그래서 현지의 조력이 필요하다. "빨리 가려면 혼자 가고, 멀리 가려면 여럿이 가라"라는 아프리카의 속담은 상호 협력이 필요하다는 의미로 공식행사에서 VIP의 연설문으로 많이 인용되기도 한다. 대부분의 중소기업들은 비용상의 문제로 현지 마케팅 전문 인력을 확보하기 어렵다. 그러나 현지의 파트너와 소통하고 그 의견에 귀를 기울여야 한다. 현지 수입상, 에이전트를 잘 만나는 것이 중요한 선결과제이다.

현지에서 유력한 에이전트를 발굴하는 것은 수출입 거래뿐만 아니라 공공 조달 사업에 참여하여 성과를 내는 데 절대적으로 중요한 요소 중의 하나이다. 사업 성공의 50% 이상을 좌우한다고 할 수 있다. 현지 에이전트는 대기업보다 전문 중견기업이 좋다. 특정 프로젝트에 집중할 수 있기 때문이다. CEO의 출신 배경도 살펴봐야 한다. 학력과 경력뿐만 아니라 가능하다면 어떤 종족 출신인지도 검토해야 한다. 그리고 관련 업종에 인맥이 있는지도 확인해야 한다.

정치색이 강한 에이전트의 경우에는 고려할 필요가 있다. 정치적 상황이 불안하여 언제든지 갑작스럽게 실세 없는 사람 혹은 현 정부의 적대 세력으로 바뀔 수 있기 때문이다. 중국 알리바바의 창업주 마윈의 "정부와 연애는 하되 절대로 결혼을 해서는 안 된다"라는 말처럼 정치와 손잡는 것은 양날의 검이다.

장기 계약도 피해야 한다. 단기적으로 서로의 활동 상황과 성과를 검토한 후에 장기 계약을 검토하는 것이 좋다. 물론 1개국에 1개 에이전트 계약은 필수다. 불필요하게 여러 국가를 관할하는 독점계약을 준다든지 혹은 1개국에 복수의 에이전트 계약을 해서 에이전트와의 신뢰를 저해하는 것은 바람직하지 않다.

국제 비즈니스 거래는 국내 거래보다 고려해야 할 환경요인이 많다. 특히 아프리카처럼 미개척 시장은 더욱 그렇다. 그런 만큼 우리 기업들도 긴 호흡으로 접근해야 한다. 한 번에 끝장을 볼 수는 없다. 하나하나씩 긴 호흡으로 각개격파해야 한다.

현지화로 우버를 극복한 택시파이

요즘은 차량 공유가 대세다. 한국에선 차량 공유 서비스에 말이 많지만 이곳 아프리카에서도 우버나 택시파이(Taxify)를 쉽게 접할 수 있는데 특히 택시파이가 대세이다. 2018년 〈월스트리트저널〉에 따르면 아프리카의 택시파이 이용자는 우버의 약 2배에 이른다고 한다.

택시파이의 성장 비결은 철저한 현지화다. 우버보다 2년 늦게 진출한 후발주자였지만 현지화에 집중하였다. 아프리카에서 신용카드가 활발하지 않은 점을 감안, 신용카드로만 결제해야 하는 우버와 달리 현금 결제를 도입했다. 또 아프리카에서 흔히 볼 수 있는 오토바이 택시를 우버보다 먼저 운송 수단에 편입했다. 열악한 교통 환경과 교통 체증 환경의 아프리카에서는 상대적으로 가격이 저렴한 오토바이가 인기 있는 교통수단이다.

택시파이는 수수료를 대폭 낮췄다. 사하라 이남의 아프리카 전역에서 우버 수수료는 25%였지만 택시파이의 수수료는 15% 정도였다. 1인당 국내총생산이 1,000달러에도 미치지 못하는 나라가 많은 아프리카에서는 매우 큰 차이였다. 여기에 기존 택시 업계의 반발을 고려해 일반 택시도 플랫폼에 포함시켰다. 택시파이는 아프리카의 대중교통이 열악하고 자동차 수가 적어 차량 공유 수요가 많을 것이라는 것을 예측하고 시장에 적절하게 투입한 것이다.

아프리카를 휩쓴 중국의 휴대폰 기업 트랜션

최근에는 해외 어디서나 한국 전자제품 광고를 쉽게 볼 수 있다. 아프리카에서도 글로벌 기업으로 성장한 한국 브랜드를 쉽게 접할 수 있다. 기분 좋은 일이다. 필자는 아프리카에 부임한 지 얼마 되지 않아 길거리에 크게 설치된 광고를 보게 되었다. 중국 제품으로 보이는 핸드폰 광고였다. 중국에서 4년을 근무하였기 때문에 한국에는 아직 익숙하지 않은 중국 브랜드도 많이 알고 있었지만 그 브랜드는 처음 접했다. 궁금해서 찾아봤다. 그럴 수밖에 없었던 것은 아프리카에서만 론칭된 브랜드라고 한다. 중국에는 없는 브랜드, 다른 곳에서는 유통하지 않는 브랜드가 이곳 아프리카에서는 광고도 크게 하고 버젓이 유통도 하고 있는 것이다.

바로 중국의 휴대폰 회사 트랜션(Transsion)이다. 2006년 홍콩에서 설립된 트랜션은 한국은 물론 중국에서도 생소한 브랜드다. 그러나 아프리카에서만큼은 삼성, 노키아 등 글로벌 기업을 제치고 스마트폰과 피처폰 시장 1위 업체이다. 아직까지 중국 국내시장에서는 제품을 판매하지 않는다. 그러나 트랜션은 2008년부터 아프리카 시장 공략에 집중해 왔다. 현지에 최적화된 제품들을 출시하며 다양한 자사 브랜드를 활용해 소비층을 넓힌 것이다. 그리고 '아프리카의 삼성'처럼 중국 휴대폰 제조업체 트랜션과 화웨이는 아프리카 시장을 선도하는 기업으로 군림하고 있다.

트랜션은 나이지리아, 케냐, 탄자니아, 인도, 베트남 등 50여 개국에 진출해 매출의 대부분을 아프리카에서 달성하고 있다. 2011년에는 에티오피아에 공장을 설립하여 적극적으로 현지 생산 거점을 구축하였다. 2006년 회사 설립 초기에는 OEM(주문자 상표 부착 생산) 사업을 하다 2008년 대표 브랜드 '테크노(TECNO)'와 '아이텔(itel)'을 내세워 아프리카에 본격 진출한 뒤 2년 만에 아프리카 휴대폰 시장 점유율 3위로 올라섰다.

트랜션의 성공 전략은 가격 경쟁력과 철저한 현지화 전략이다. 과감하게 중국 시장을 버리고 아프리카 시장에 집중했기 때문에 가능한 일이다. 트랜션이 판매하는 스마트폰의 평균 가격은 96달러로 아프리카에서 판매되는 스마트폰 평균가인 145달러의 절반 수준이다. 피처폰은 10달러짜리도 있다.

이 밖에도 테크노의 현지화 노력은 여러 곳에서 찾아볼 수 있다. 듀얼심은 기본이다. 이동통신사가 다르면 사용료가 더 비싸기 때문에 현지인들은 심카드 여러 개를 가지고 다니며 사용한다. 그래서 하나의 휴대폰에 심 카드를 여러 개 꽂을 수 있다. 전력 사정이 열악한 아프리카를 감안하여 배터리 지속시간도 24시간으로 늘렸다. 밖에서 음악을 들을 수 있도록 스피커 음량도 다른 브랜드보다 크다. 전 세계적으로 보편적인 폰이 아니라 아프리카 맞춤형 폰을 만들면서 '아프리카의 삼성'이 된 것이다.

아프리카 전체 인구는 12억 명, 세계 인구의 17%를 차지한다, 2억 명이 중산층이기 때문에 성장 잠재력이 크다. 아프리카는 스마트폰 업계의 마지막 남은 블루오션이다. 철저히 현지화로 승부한 트랜션의 미래가 밝은 이유이다.

가발공장, 아이디어로 승부하라

세계의 대륙과 국가에는 성공한 한인 기업이 항상 있기 마련이다. 우리 한민족의 우수성을 반증한다고나 할까? 해외 근무를 하면서 그런 분들을 접할 기회가 많았다. 이국 타향의 어려운 여건에서도 성공신화를 써 내려가고 있는 분들이 있기에 항상 존경스러운 마음을 갖게 된다.

아프리카는 이민 역사가 짧아서 그런지 그런 한인 기업이 많지는 않다. 아프리카에서 가장 큰 한국 기업 중 하나는 아프리카 최대의 가발 회사인 사나그룹(회장 최영철)이다. 사나기업은 1989년 10월 나이로비에 공장을 설립하고 아프리카 가발 시장에 진출했다. 지금은 가발 시장의 40%를 점유한 케냐의 국민기업으로 성장하였다. 탄자니아, 에티오피아, 잠비아, 우간다 등 5개국에 지사와 공장이 있으며 현지 종업원만 5,500명이다.

현지인들에게 가발은 장식품이자 모두 2~3개씩은 갖고 있는 필수품이다. 아프리카 여성이 돈이 생기면 제일 먼저 구입하는 것이 가발이라고 할 정도이다. 흑인은 선천적으로 숱이 없고 자라면서 엉키는 심한 곱슬머리다. 빗방울도 스며들지 못할 정도로 빗질조차 잘 되지 않는다. 남성들은 머리를 짧게 자르고 다니기도 하지만 아프리카 여성들은 머리카락에 콤플렉스를 갖고 있다. 경제활동을 하는 여성들이 증가하면서 도시 여성의 80% 이상이 가발을 착용하고 있다.

사나의 마케팅 전략은 고품질 맞춤형 가발이었다. 흑인들에게 가발은 장식품이면서 필수품이기 때문에 비듬과 가려움증을 없애주고 두

피에 산소를 공급하는 인체 친화적 고품질로 승부한 것이다. 모발 특성을 고려해 150여 종으로 품목을 다양화한 것도 성공의 요인이다.

물론 현지에는 경쟁자의 위협과 도전도 있다. 케냐의 최대 슈퍼마켓 체인인 나쿠마트(Nakumatt)는 사나기업에 버금가는 규모의 공장을 짓고 중국인 기술자를 데려와 가발사업에 뛰어들었다. 그러나 사나는 견제 속에서도 현지인들의 모발 특성을 고려해 다양한 제품군으로 최대 유통업체의 추격을 따돌렸다. 사나그룹은 최근 몇 년 사이 케냐에서 삼성, 현대 등 글로벌 기업보다 유명한 한국 기업으로 성장했다. 경제성장과 더불어 아프리카 여성들이 미(美)에 더 큰 관심을 보이면서 뷰티산업 규모가 급성장하고 있기 때문이다. 앞으로도 승승장구하기를 기대해 본다.

아프리카 경제학은 다르다 :
최대 바이어는 정부

아프리카의 큰손은 공공 조달이다

　개발도상국가일수록 정부 부문의 역할은 크다. 아프리카에서도 정부의 역할은 매우 크다. 아프리카 정부가 최대 바이어인 이유이다. 서구시장에서 민간 분야가 발달되어 수요 공급의 원리, 규모의 경제와 같은 시장경제의 원리가 원활하게 작동되는 시장과는 다르다.

　민간 시장의 비중이 낮은 아프리카에서는 프로젝트 시장의 비중이 크다. 대부분의 프로젝트 자금원은 해외 원조에서 시작되는 경우가 많다. 또한 해외 원조의 대부분은 현지 정부의 공공 조달 형태로 이루어진다. 이와 같은 아프리카 시장의 공공 조달 규모는 GDP의 10~15%로 추정되며 173조에서 230조 원(1,500억 달러~2,200억 달러)으로 예측된다. 그런 원조를 발주하고 결정하는 주체가 아프리카의 정부인 것이다.

2020년 기준 아프리카에서 진행되는 프로젝트 수는 385건으로 금액은 3,986억 달러에 이른다. 5억 달러 이하 규모 프로젝트가 대부분이며 교통, 부동산, 에너지 부문이 아프리카 프로젝트 시장에서 차지하는 비중은 73.2%이다.

이중 동부 아프리카가 전체 아프리카 프로젝트 시장의 31%를 차지한다. 국가별로는 54개 국가 중 38개국에서 프로젝트가 진행 중에 있으며, 2020년 기준 남아공과 우간다가 각각 51건과 27건으로 가장 많은 프로젝트를 시행하고 있는 것으로 나타났다.

일반적으로 공공 조달 시장은 자국산 조달을 우선시하여 진입 장벽이 높은 것으로 알려져 있으나 아프리카의 경우 산업 기반이 부족해 외국 기업의 진입이 비교적 용이한 편이다. 또한 세계은행, 아프리카개발은행, 다자개발은행 등이 주도하는 공공 조달 시장은 비교적 투명한 공개경쟁 입찰로 진행된다.

가격 경쟁력 외에도 국제 인증을 요구하는 등 품질에 대한 평가도 중요한 요소이다. 또한 다자개발은행 발주 사업은 안정적인 예산 확보로 일반적으로 아프리카 국가와 거래할 때 발생할 수 있는 신용 위험을 회피할 수 있다.

프로젝트를 지원하는 해외 원조 기관의 유상원조 금액은 이자가 있지만 장기 저리여서 수혜를 받는 아프리카 국가뿐만 아니라 진출을 희망하는 기업들에게는 항상 모니터링해야 할 대상이리고 할 수 있다.

필자도 현장에서 아프리카의 수많은 공공 프로젝트들을 접한다. 공항, 도로, 전력 등 다양한 분야의 인프라 구축과 관련된 프로젝트들이 많다. 문제는 재원이다. 최근 아프리카에서는 경제성장의 일환으로 정부가 주도적으로 프로젝트를 추진하는 경우가 있다.

그러나 아프리카 국가는 정부의 재정이 빈약하다. 또한 정부 신뢰도도 매우 낮다. 그래서 관련 기업들은 재원이 불명확하고 아프리카 국가가 주도하는 프로젝트는 무시하고 그냥 넘어간다. 실효성이 떨어지는 것이다. 그나마 세계은행, 아프리카 개발은행과 같은 국제기구에서 제공하는 파이낸싱이 있는 프로젝트의 경우 실현 가능성이 있고, 자금 부족의 문제도 해결할 수 있다.

옥석을 가리는 게 중요하다. 직접 자금을 조달할 계획이 없다면 세계은행, 아프리카 개발은행, 다자개발은행으로 자금원이 확정된 프로젝트에 관심을 갖는 것이 좋다.

한국 정부의 유무상 지원 자금을 활용하자

한국은 2009년 11월 경제협력개발기구(OECD) 개발원조위원회(DAC)에 가입했다. 개발원조위원회는 경제협력개발기구 국가 중에서 차관을 제공하는 나라들로 구성된다. 개발원조위원회에 가입함으로써 '원조를 받던 나라'에서 '주는 나라'로 전환하게 되는 것이다. 또한 2021년 7월 유엔무역개발회의(UNCTAD) 57년 역사상 최초로 개도국에서 선진국으로 격상되고 G7 정상회의에 참석하는 등 국제적 위상이 크게 올라갔다. 선진국은 국제문제에 관심을 갖고 문제해결에 적극적으로 기여해야 하는 책임이 뒤따른다.

그러나 아직까지 한국의 유무상 원조와 관련한 절대 금액은 유럽, 미국, 일본에 비해 절대적으로 적다.

각국 정부의 유무상 지원은 다양한 형태로 진행된다. 유상 지원 차관 형태의 장기 저리를 제공하는 것 외에도 무상으로 공적개발원조(ODA)와 사회기여활동(CSR) 등을 통해 무상으로 제공하는 프로젝트가 의외로 많다.

무상원조는 공적개발원조라 불린다. 이것은 정부를 비롯한 공공기관이 개발도상국의 경제발전과 사회복지 증진을 목표로 제공하는 원조를 의미한다. 공적개발원조의 정의는 경제협력개발기구 개발원조위원회(OECD DAC)가 1961년 출범한 이후 통일해서 사용되고 있다. 금액 규모가 적기 때문에 의료, 소규모 인프라와 같은 분야에 집중되기 마련이다.

유상이든 무상이든 한국 정부에서 지원하는 사업이야말로 한국 기업이 제일 먼저 관심을 가져야 할 분야이다. 돈 주인이 한국 정부이다 보니 자연스럽게 한국 기업이 프로젝트 수행자로 선정될 가능성이 높기 때문이다.

무엇보다도 아프리카 시장 진입을 위한 수단으로 공적개발원조와 사회기여활동 등을 새로운 발판으로 검토해 볼 만하다. 현지 유력기관과 협력하여 CSR·ODA 사업 등을 활용한 무상·유상 기증을 하는 방법이다. 이것은 국내 브랜드를 쉽게 노출시키고 한국 제품을 홍보하며 향후 시장점유율을 높일 수 있다. 혹은 이미 진출한 한국 제품의 브랜드 파워를 강화할 수도 있다.

프로젝트의 경우 크든 작든 아프리카에서 수행한 실적과 경험은 회사 사체의 역량뿐만 아니라 자국 내 다른 프로젝트 혹은 다른 국가로 진출할 때 좋은 레퍼런스로 활용할 수 있는 기회이다.

인프라 구축과 관련된 한국 기업의 시공 능력은 뛰어난 것으로 정평이 나있다. 그렇지만 지금은 높은 인건비, 현지 장비 조달 비용 등으로 인해 특별한 기술이 필요하지 않은 도로, 공항, 항만 건설 분야에서 중국과 인도와의 경쟁에서 뒤떨어진다. 한국 기업 진출은 시공 분야가 아니고 설계, 감리 분야가 주를 이룬다. 그래도 아직은 인프라 컨설팅, 감리, 설계와 같은 분야는 한국의 충분한 경험과 노하우로 경쟁력을 갖고 있다.

한국의 B엔지니어링은 국제기구에서 지원하고 탄자니아 철도시설공사(RAHCO)가 발주한 5,400만 달러 상당 철도 사업의 설계·건설을 감리하는 건을 수주하였다. 국내 중소기업 주도로 8개사가 컨소시움을 구성하여 아프리카 시장의 설계·감리 분야에 진출한 것이다.

또한 한국의 K엔지니어링은 2019년 서울에서 시행된 간선급행버스 체계(BRT)를 탄자니아에 수출하기도 하였다. 도착 정보 시스템과 버스 우선 신호 체계 그리고 환승터미널을 갖춘 대중교통 체계의 설계 감리를 주관하게 된 것이다. 이는 세계은행 재원으로 4년간 과업을 수행하게 된다.

유상원조를 통한 관련 부품의 수출 효과도 기대할 수 있다. 탄자니아, 모잠비크의 경우 병원 건설을 한국 정부가 유상으로 원조하였다. 이로 인해 병원 장비인 의료 기자재·진단기기가 대규모로 납품되었고 2016년 기준 한국 의료기기는 수입점유율 1위를 차지했다. 공적 개발원조 사업으로 인해 2016년 의료기기 수출이 112% 증가한 바 있다.

한국수출입은행은 아프리카 곳곳에서 유상 원조 사업을 진행하고 있다. 케냐에서는 교육 인프라 사업이 추진되고 있다. 또한 한국과학기술원(카이스트)을 모델로 과학 기술 중심 고등 교육기관(석박사)을 설립, 고급 과학 기술 인력을 양성하고 있다. 여기에는 총사업 1억

3,700만 달러 중 대외경제협력기금 약 9,500만 달러가 차관으로 제공되었다. 또한 현지인을 위한 기술훈련소를 건축하고 컨설턴트를 고용하여 산업화 초기 단계에 필수적인 숙련 노동자를 양성하고 있다.

뿐만 아니라 우간다에는 중등교육과정을 지원하고 있다. 한국수출입은행에서 2,680만 달러의 차관이 제공되었다. 르완다는 2013년 출범한 르완다 국립대학(Unioversity of Rewanda)에 5,120만 달러의 차관을 지원하였다. 이 밖에도 탄자니아에 왕복 4차선 규모의 도로(1km)와 교량 건설을 위해 1억 달러를 지원하고 있다. 이로 인해 탄자니아의 경제수도인 다르에스살람 도심의 상습적인 정체가 해결될 것으로 내다보고 있다.

이 외에도 탄자니아에 8,402만 달러 규모의 차관으로 640병동 규모의 의과대학을 건립하고 의료 기자재를 공급하였으며, 2,700만 달러 규모의 의료장비와 교육훈련을 제공하고 병원 운영 컨설팅을 진행하여 의료 인력을 양성하였다. 이와 같은 프로젝트에는 직·간접적으로 한국 기업이 연관되어 활동하고 있음은 당연하다. 이를 통해 아프리카 진출의 레퍼런스로 활용할 수 있으며, 향후 시장 진출에 도움이 될 것으로 전망하고 있다.

한국 정부는 지식공유사업(KSP)도 진행한다. 한국의 발전 역량을 아프리카 등 개발도상국에 전수하는 것이 목적이다. 한국은 아프리카 주요 국가들의 전자정부, 산업정책 개발 관련 KSP를 연간 5~6건 정도 진행해 오고 있다. 대형 프로젝트의 사전 준비 단계로 사업 타당성 조사로 활용하기에 적합하다.

선진국에 비해 금액의 규모는 작지만 우리나라는 동아프리카 국가들의 산업발전에 도움이 되는 적정 기술과 중간 기술을 보유하고 있기 때문에 점차 늘어나는 아프리카 지원은 아프리카 국가의 경제 발전은 물론 한국 기업의 진출에 큰 도움이 될 것이다.

이런 기회를 잘 활용한다면 한국 기업의 현지 진출을 위한 마중물로 활용할 수 있다. 지난 15년간 연간 200억 달러 내외로 정체 중인 한국과 아프리카 무역이 확대될 수 있도록 정부 차원의 지원이 확대되어야 할 것이다. 중국에 편중된 글로벌 원자재 공급망의 다변화를 위해서는 아프리카가 그 대안이 될 수 있다.

넓게 보고 좁게 승부하라 :
소비재 공략

블랙 다이아몬드, 신흥 중산층에 주목하라

글로벌 시장은 계속 변화한다. 중국은 세계의 공장에서 시장으로 변했지만 노령화로 인해 구매 인구는 감소하고 있다. 신흥시장도 대부분 포화 상태다. 전문가들은 아프리카를 주목하고 있다. 아프리카의 인구와 소득은 지속적으로 증가하고 있고, 소비시장도 대폭 확대되고 있다.

아프리카 인구는 2018년 12억 명에서 2025년 인도와 중국을 추월하여 2030년에는 20억 명으로 예상하고 있다. 인구 증가에 따른 아프리카 소비재 시장은 지속적으로 성장하고 있다.

지속적으로 증가하는 아프리카의 소비재 시장은 젊은층과 신흥 중산층이 시장 확대를 주도하고 있다. 앞으로 신흥 중산층은 아프리카 소비시장에서 주목해야 할 대상이다. 글로벌 컨설팅사인 딜로이트는

<사하라 이남 아프리카 주요국 소비재 시장 규모>　　　　　(단위 : 억 달러, %)

주요 국가	2019		2020		2021	
	금액	증감률	금액	증감률	금액	증감률
케냐	637	6.7%	687	7.8%	741	8.0%
나이지리아	1,802	15.3%	1,919	6.5%	1,962	2.3%
가나	315	12.1%	360	14.3%	407	13.2%
남아공	1,705	3.1%	1,874	9.9%	2,004	7.1%
탄자니아	259	7.4%	279	8.1%	306	9.7%
에티오피아	563	6.3%	585	4.0%	612	4.6%
모잠비크	87	5.7%	94	8.9%	103	9.3%
합계	5,368	8.5%	5,799	8.0%	6,138	5.8%

자료원 : BMI Research

2016년 '블랙 다이아몬드'라 불리는 교육 수준이 높으며, 젊고 신흥 소비계층을 대변하는 젊은 중산층이 확대되어 신소비층으로 부상하고 있다고 강조한다.

　아프리카 신흥 중산층인 블랙 다이아몬드는 무조건적인 저가 상품 구매가 아닌 브랜드, 품질, 유행을 고려한 합리적 구매를 선호한다. 블랙 다이아몬드는 젊은 소비자들로 고성장을 경험하여 미래에 낙관적이고 소비 지향적인 것이 특징이다. 특히 온라인 플랫폼의 급격한 성장은 소비 패턴의 변화를 이끌고 있다. 아프리카의 젊은 소비층은 패션과 뷰티에 관심이 높은 편이며, 유튜브, 페이스북, 인스타그램의 확산으로 글로벌 트렌드에 민감한 편이다.

　뿐만 아니라 소득증가로 화장품을 포함한 미용 제품에 대한 관심이 높아지고 있다. 립스틱, 매니큐어 등 색조 화장품 소비가 증가하고 있으며, 덥고 습한 날씨로 인해 민감해질 수 있는 피부를 위한 보습 제품 시장으로의 진출 또한 유망하다. 그리고 머릿결을 감안한 헤어 커터기, 가발, 샴푸, 헤어탈취제 등 두발 관리용품의 수요도 증가할 것으로 전망된다.

여성의 경제활동 증가와 식생활의 서구화로 인스턴트 식품(라면, 파스타, 소스류, 통조림) 등 단시간 조리 가능 식품에 대한 수요도 증가하고 있다. 또한 저소득층을 중심으로 분말우유, 분유 등 현지 제조가 어려운 제품에 대한 소비도 확대되고 있으며, 누구나 사용하는 면도기, 칫솔, 치약, 비누 등 생활용품은 항상 진출이 유망한 품목이라 할 수 있다.

소득별·계층별로 구분하여 좁게 공략하라

아프리카는 다양한 국가와 다양한 문화권역이다. 넓게 보고 좁게 승부해야 한다. 획일적인 진출 전략은 실패할 가능성이 매우 높다. 아프리카 시장이 유망하기는 하지만 국가별로 시장 기호는 천차만별이기 때문에 소득수준과 기업 환경, 제도적 수준에 따라 전략을 세워야 한다. 이를 위해서는 품목, 국가별 GDP 등을 고려하여야 한다. 동일한 국가에서도 소비계층별로 선호하는 품목과 유통망을 차별적으로 공략하는 것이 필요하다. 현지 최종 소비자의 특성을 고려한 차별적인 마케팅 진략은 성공적인 현지 진출의 첫걸음임은 당연하다.

소득수준에 따라 고소득층, 중산층, 저소득층을 구분하여 공략할 필요가 있다. 고소득층은 주요 소비계층은 아니지만 제품 구입 시 가격뿐만 아니라 선진국의 고가 브랜드 제품을 선호하여 TV, 냉장고, 스

240

마트폰 등 가전제품과 건강식품 등 웰빙 식품에 대한 수요가 높아지고 있다. 남아공의 연소득 5만 달러 이상 인구는 2016년 40만 명에서 2021년에는 60만 명으로 증가했다.

'블랙 다이아몬드'라 불리는 신흥 중산층의 증가에도 주목해야 한다. 그들은 가전제품 소비를 많이 하며 최신 브랜드에 대한 충성도가 높은 계층이다. 중산층 이상은 중국산과 차별되는 품질 및 한국산 프리미엄 전략으로 대형가전을 공략할 필요가 있다.

마지막으로 저소득층은 대부분의 국가에서 대다수를 차지하는 그룹으로 극심한 빈부격차로 저소득층 시장도 전체 소비층의 30%를 차지한다. 식료품, 생필품 등이 주요 구매 대상이며, 저가의 중국 및 인도산을 선호하는 경향이 있다. 저소득층은 다리미와 전자레인지 등의 소형가전 시장 공략이 주효할 전망이다.

무엇보다 지역별 시장을 보다 세분화하는 게 중요하다. 먼저 남아공, 나이지리아, 케냐를 아프리카 3대 소비재 시장 권역으로 구분할수 있다. 이들을 거점으로 적합한 유망 상품을 개발하여 마케팅에 집중할 필요가 있다. 아직은 부분적이긴 하지만 아프리카에도 K-pop과 K-beauty에 대한 인지도가 높아지고 있다. 한류 콘텐츠를 확산하여 젊은 잠재 소비층에게 어필할 수 있으며 이는 트렌디한 소비로 인식될 수 있을 것이다.

아프리카 진출을 희망하는 중소기업들은 유통사 자체 브랜드(PB) 상품을 개발할 필요가 있다. 아프리카에서 PB 상품은 단순히 기존 브랜드를 대체하는 저렴한 제품이 아니라 신뢰도 높은 유통사가 만드는 좋은 제품이라는 인식이 있다는 분석이다. 화장품을 수출할 때 '화이트닝' 대신 '브라이트닝'이라고 해야 하는 등 인종 차별적인 단어를

〈아프리카 지역별 특징과 유망 품목〉

구분	주요 특징	유망 품목
나이지리아 (서부)	• 아프리카 최대 경제대국 • 아프리카 최대 인구 • 온·오프라인 유통망 발전	• 유아용품, 헤어케어, 가공식품, 화장품, 고급 소비재, 소형가전

케냐
(동부)
	• 동아프리카 맹주국
	• 높은 인터넷 보급률
	• 모바일 결제 활성화
		• 가공식품, 패션/의류, 미용제품,
		  건강보조식품, 홈케어, 전자제품,
		  음료

남아공 (남부)	• 선진 유통시장 형성 • 다양한 제품 수요 • 글로벌 기업의 진출 기지	• 고급 소비재, 화장품, 가공식 품, 문구, 식음료, 생필품

거르는 것도 중요하다.

이에 반해 아직 진출이 활발하지 못한 우리 기업들에는 저가의 중국산 제품과 차별화되는 품질을 갖춘 한국산 프리미엄 전략이 요구된다. 아프리카의 고소득층은 제품 구매 시 가격에 구애받지 않고 일본, 미국, 유럽 등 선진국의 고가 브랜드 제품을 선호한다.

현지 소비자 및 소비 트렌드에 대한 철저한 분석과 함께 한국 소비 제품의 인지도를 활용해 제품의 차별화와 현지화를 시도하고 대형 유통망 및 온라인 쇼핑몰 진출을 통해 제품 홍보와 프로모션을 함께 진행한다면, 미래 소비재 유망 시장인 아프리카에서 새로운 기회를 잡을 수 있다. 전자상거래 플랫폼을 통한 시장 진출, 한-아프리카의 거리석 한계를 극복할 수 있는 좋은 수단이 될 것이다.

블랙 다이아몬드는 서구식 대형 쇼핑몰과 온라인 쇼핑몰을 주로 이용한다. 블랙 다이아몬드를 공략하기 위해선 한국산 제품의 높은 인지도를 잘 활용해 온·오프라인 쇼핑몰에 균형 있게 접근할 필요가 있다.

〈진출 모형도〉

양적 소득 확대		질적 개선 도모		한류 확산		진출 거점 마련
• 빠른 도시화와 젊은 인구 증대 • 阿 소비재 시장 '21년까지 연평균 7.5% 성장		• 생필품 소비〈재량 소비 증가 • 브랜드, 품질에 대한 인식 제고		• K-pop/beauty의 글로벌 인기 • 젊은층 중심, 한류 콘텐츠 소비 증가		• 지역별 특성을 고려, 거점 마련 • 온·오프라인 융합 진출

소량 주문에 적극 대응하라

아프리카 수입상에게는 아쉬운 점이 하나 있다. 한국 수출 기업을 수소문해서 좋은 가격과 품질을 확신하고 수입하고 싶지만 물량이 한국 수출 기업의 기대치를 밑돈다. 한국 수출 기업은 건별 거래 금액이 크지 않다 보니 그냥 무시하기 쉽다. 수출자 입장에서 물류비를 감안하면 최소한의 물량, 가령 컨테이너 한 개 정도의 주문을 받아야 견적이 나온다. 그러나 아프리카 시장의 수입시장 규모는 매우 작다. 현실적으로 수입상이 몇만 달러 이상의 금액을 초기에 주문하기는 쉽지 않다.

그렇지만 이런 소량 주문에도 관심을 기울여야 한다. 아프리카 수입상의 초기 주문 금액이 적더라도 이것은 곧 수출 기업의 제품이 아프리카에 경쟁력이 있다는 것을 반증하는 것이다. 초기 주문은 얼마든지 시장이 확장되어 추가 주문이 이어질 수도 있다.

미국 근무 시절 한국의 품질 좋은 상품들이 유통체인이 발달한 미국 현지에서 주문량을 맞추지 못해 계약을 포기하는 사례를 여러 번 목격했다. 시장이 큰 미국의 유통체인은 상품을 대량으로 들여와 유통시키길 희망했지만, 한국 기업은 그 정도의 물량을 생산할 능력이 되지 않았기 때문이다.

아프리카에서는 반대의 현상이 일어난다. 현지 수입 기업은 수입을 하고 싶지만 수출 기업은 너무 적은 물량이어서 거래를 하지 못하는 상황이다. 아프리카 시장 규모상 이해는 되지만 한국 기업은 컨테이너 한 대도 되지 않는 물량의 핸들링을 꺼린다. 아프리카 리스크도 감안 하면 남지 않는 장사라고 결론을 내리고 포기하기 쉽다. 그렇지만 아 프리카 시장의 잠재력을 인정한다면 지금의 소량 주문이 점차 반복 오 더가 들어 올 수도 있으며 나중에 큰 규모로 확대될 수도 있는 것이다.

하고 있는 것, 할 수 있는 것에 집중해야 한다. 좁게 승부해야 한다. 아프리카와의 산업 격차 때문에 철 지난 산업 기술이 요구되는 제품 들의 수요가 많다. 그런 부분은 부가가치 창출이 어려울 뿐만 아니라 경쟁국과의 제품 경쟁에서도 이기기 어렵다. 아프리카에서 양철로 된 집은 나름 장식을 한 집에 속한다. 초가집을 개량하는 것처럼 양철 지 붕으로 개조 수요가 있어서 양철에 대한 수요가 많다. 그러나 시장은 이미 포화상태이다. 과거에 했던 것을 다시 복구하는 것보다 우리가 지금 할 수 있는 것에 집중하는 편이 낫다. 멀리 넓게 보되, 좁게 승부 해야 하는 이유이다.

너무 앞선 제품도 문제다. 우리나라는 친환경 소재에 민감하다. 블 라인드, 실내장식 자재 등 건축 자재에도 친환경이 항상 마케팅 포인 트이다. 아프리카에서는 아직 친환경을 고려하여 비싼 비용을 지불할 여유가 없다. 가격 경쟁력이 뒷받침되는 간단하고 실용적인 제품이 진출 가능성이 높다.

상대의 칼을 활용하라 :
제조업에 주목

아프리카의 트렌드는 '산업화'

해외시장에 진출할 때는 상대 국가에서 중요시하는 정책이나 이슈를 활용할 필요가 있다. 현지 정부에서 핵심적으로 추진하고 있는 사항, 혹은 소비자 트렌드에 맞는 테마를 가지고 진출한다면 기대보다 훨씬 더 좋은 반응을 얻을 수 있을 것이다. 무엇보다 상대의 무기와 약점을 간파하여 활용하는 게 중요하다.

고용 창출을 원하는 아프리카 정부는 산업화에 대단히 호의적이다. 고용 창출은 현지 신문 1면에 항상 대서특필되는 사안 중 하나이다. 아프리카는 저임금의 풍부한 노동력이 대기하고 있다. 이와 더불어 교육 수준도 점차 향상되고 있다. 풍부한 천연자원은 아프리카의 자랑이자 덤이다.

지속적인 경제발전과 고용 창출을 원하는 현지 정부, 그리고 단순 원조에서 산업화 지원으로 방향을 전환한 국제기구의 제조업 육성 의지가 매우 강하다. 산업화에 따른 각종 지원금이 줄을 잇는다. 이런 상황들로 아프리카 제조업 성장세는 더욱 빨라질 것은 당연하다. 기존의 아프리카 교역이 단순 수출이었다면, 앞으로는 현지 임가공이 필요한 이유이다.

필자는 탄자니아 근무 시절 탄자니아 정부에서 발주한 의료기기(엑스레이) 입찰을 지원한 적이 있었다. 유럽산 대비 저렴한 가격, 중국산 대비 뛰어난 품질, 거기에 현지 생산 설비 계획까지 제시함으로써 한국 기업이 낙찰을 받을 수 있었다. 품질과 가격 경쟁력은 물론이고 현지 정부의 산업화 정책에 대응하여 현지산 구매 정책, 현지 파트너와 합작(JV) 생산까지 제시하는 것이 입찰 성공의 포인트가 된 것이다.

아프리카 지역 중 그래도 아시아와 지역적으로 가까운 지역이 동아프리카이다. 인도양을 접경하고 인도, 중국, 한국 및 동남아시아 인접성이 매우 뛰어나다. 최근 동아프리카가 중국, 동남아를 잇는 섬유산업의 차세대 생산 공급 지역으로 주목받고 있다. 동아프리카는 한국과의 지역적 인접성, 풍부한 저임금 노동력과 값싼 전력, 선진국 진출에 유리한 수출시장, 정부의 적극적인 제조업 육성 정책으로 중국, 동남아에 이은 차세대 섬유산업 생산지로서도 중요하다.

현지 기업도 기회를 놓치지 않는다. 탄자니아의 언론 재벌인 IPP 사는 기존의 사업을 뛰어넘어 한국산 자동차 제조업에 뛰어들겠다고 공언한 바 있다. 정부와 국제기구 지원 하에 현지의 중대형 기업들도 제조업에 신규로 뛰어들고 있으며, 관련 산업을 확대하고 있다.

이런 수요로 인해 실제 지난 10년간(2004~2014) 아프리카 자본재,

246

원부자재 수입은 2배 이상 증가하고 있으며 대부분 아프리카 권역 외의 국가로부터 수입하고 있다. 앞으로도 원부자재 수입은 지속적으로 증가할 전망이다. 이에 제조업으로 경제발전을 이끈 한국의 기계 설비, 원부자재 기업들과의 협력 희망 수요 또한 증가할 것으로 전망된다. 특히 자동차, 가전 조립, 의료, 도축, 포장, 플라스틱, 섬유 의류, 피혁, 신발 등이 유망한 분야이다.

한국의 원부자재 기업과의 협력 수요 증가

아프리카의 제조업 성장세는 우리 한국 기업에겐 기회이다. 한국은 전통적으로 제조업이 강하다. 한국의 강점이 있는 분야는 더욱 그렇다. 자동차, 핸드폰 등이 그 예이다. 아프리카 제조업이 성장할수록 우리의 기계 설비, 원부자재 기업과 협력 수요가 증가할 것으로 예상된다. 한국 제조 기업이 관심을 가져볼 만한 대목이다.

현지 조립 공장을 설치하기 위해서는 막대한 자본이 투입되어야 한다. 그러나 자본력을 갖춘 탄탄한 파트너를 단번에 찾아내는 것은 쉽지 않은 일이다. 그래서 먼저 기계나 원부자재를 수출하고 동종 업종의 현지 기업들과 네트워크를 형성하며 신뢰 관계를 형성하는 것이 좋다. 더불어 파트너와 같이 중·소형 프로젝트에 참여하여 구체적인 시장 여건을 살펴본다든지, 한국 기재부의 KSP(지식공유사업)와 같은 지원사업과 연계하여 사업 타당성을 조사하고 투자 진출 방법을 모색하는 것이 좋다.

최근에 아프리카 정부의 구매 입찰에서도 단순한 구매뿐만 아니라 현지 생산 가능 여부를 요구하는 경우가 많아졌다. 아프리카에서도 자국의 경제발전을 위해 국산화율 등을 따지기 시작했고 이젠 단순한 부품 수출만으로는 부족할 수 있다. 바로 현지 생산을 고려해야 하는 이유이다.

아프리카에 맞는 프로젝트를 개발할 필요가 있는데 현지 기업과 협력하여 조립(CKD) 생산하는 것이다. 또한 자동차, 가전, 의료기기 시장 진출도 검토해 볼 만하다. 범용, 조립 및 단순 제품 생산 지원에서 시작하여 중장기적으로 제조업 기술 이전과 합작(JV) 진출이 가능할 것이다. 프로젝트 베이스로 생산거점을 구축할 수도 있다.

아프리카 현지 수요가 크게 증가하고 있는 음식료 및 의류, 가전 등 소비재 제품 생산라인도 매력적이다. 제조업의 성장에 맞춰 아프리카 소비재 시장도 급속히 성장 중이다. 2050년 아프리카 인구는 20억, 70% 이상이 30세 이하로 예상된다. 인구의 증가뿐만 아니라 도시화 및 소비도 계속 증가하고 있는 추세이다.

이와 발맞추어 동아프리카 정부에서는 노동집약적이고 고용 창출 효과가 큰 섬유산업을 중장기 경제개발을 위한 핵심 제조업으로 우대하고 있다. 유치를 위해 전력, 도로와 철도 등 수송 인프라 확충, 행정 시스템 개선, 산업인력 양성, 세금 우대 등 다양한 육성책을 펼치고 있다.

아직까지 미국과 유럽 의류 시장에서 동아프리카 지역 수출품의 점유율은 미미하다. 높은 자본 조달 비용, 낮은 노동 생산성, 정치적 불안 요소 등 지역적 한계는 여전하다. 그렇지만 정부 주도하에 빠르게 생산조건이 개선되고 있다. 아울러 아프리카 개발도상국에 내한 관세 및 쿼터 면제 혜택에 힘입어 수출액도 급격히 증가하고 있다.

글로벌 섬유업계의 동아프리카 지역 진출이 점차 확대되고 있는 가운데, 한국은 동아프리카 주요국과의 산업 협력과 이를 확대하는 것이 필요하다. 동아프리카 지역이 중국이나 동남아를 대체하는 글로벌 생산기지로 단기간에 부상하는 것은 어렵겠지만 글로벌 패션기업의 공급선 다변화 전략에 따라 미국 및 유럽 시장을 목표로 하는 지역 생산거점으로 자리 잡을 수 있기 때문이다.

그러나 아프리카의 산업화와 제조업 성장에 장밋빛 전망만 있는 것은 아니다. 인프라, 기술, 자본, 제도 등이 앞으로 많이 보완되어야 하고, 해결되어야 할 걸림돌도 산재해 있다. 거기에 아프리카 특유의 정치적 리스크까지 감안하여야 한다. 수준이 낮은 노동력도 현지 진출 기업에게 항상 염려되는 걸림돌이다. 아프리카 일부 국가에서는 정치·사회적 불안으로 안정적인 사업 수행이 어려워지기도 한다. 정책의 잦은 변경, 무사안일의 행정편의주의 등도 숨은 복병이다.

아프리카 제조업 수요는 지속적으로 증가할 수밖에 없기 때문에 한국 기계 설비, 원부자재, 소재 부품 공급 기업과 협력 수요도 당연히 높아질 것으로 예상된다. 동아프리카에 한국 기업의 진출이 점차 확대되고 있는 만큼 우리 정부도 동아프리카 지역 주요국 정부와 협력을 통해 상호 투자와 교역 확대, 한국 기업 전용 산업단지 구축 등 산업협력을 강화하기 위한 노력이 필요하다.

반드시 관심을 가져야 할 PPP

인프라 수요, 민관 합작과 자본 결합형으로 접근해야 한다

아프리카는 가난하다. 기아와 빈곤에 찌든 나라들은 도로, 교량, 공항과 같은 사회 인프라에 투자할 여력이 부족하다. 그런 아프리카가 서서히 변화하고 있다. 수년간 7~8%의 고도 성장을 지속하면서 그동안 1차 산업에 의존하던 경제 구조를 제조, 유통업, 서비스업 분야로 발전시키려고 노력하고 있다. 경제성장을 지속적으로 유지하고 가속 페달을 밟기 위해서는 도로, 철도와 같은 물류 인프라의 확충이 필요하다. 우리나라의 1960년내 경부고속도로 건실 때와 같이 모든 나라에서 도로, 철도 건설이 한창이다.

그러나 문제는 역시 자금이다. 아프리카는 자금 여력이 녹록지 않다. UN과 같은 국제기구, 그리고 선진국의 지원이 줄을 잇지만 교통 인프라를 단번에 확충시키는 데는 많은 비용과 시간이 필요하다. 그만큼 투입해야 할 자본량도 큰 규모이다. 중동과 달리 아프리카의 절대적인 문제는 현지 정부의 자금력이기 때문에 파이낸싱(재정부담)을 해결하지 않고서 사회 인프라 프로젝트를 수주하기에는 무리가 따른다.

그 사이를 중국이 자본력을 앞세워 발 빠르게 진출하고 있음은 물론이다. 국영기업을 내세우고 정부가 뒷배를 책임지는 형국이다. 중국은 가격 경쟁력을 바탕으로 토목과 건축 공사에 우위를 보이면서 중국 기업들이 활개를 치고 있다. 다만 중국 업체들의 시공 품질에 대한 신뢰도 때문에 아프리카 발주처들이 플랜트나 발전소 발주는 꺼리는 실정이다.

리비아 대수로, 버즈 칼리파 건설 등으로 한국 건설업계의 위상은 매우 높았다. 그러나 최근 들어 신규 사업은 점차 줄고 경쟁력도 이전 같지 않다. 후발국이 싼 인건비를 앞세워 해외시장을 빠르게 장악하고 있기 때문이다.

중동발 사업 수주가 여의치 않은 대기업들도 지금은 작은 규모라도 마다하지 않고 신규 시장을 찾고 있다. 중동발 프로젝트가 많았을 때는 쳐다보지도 않았던 사하라 이남의 소규모 프로젝트에도 관심이 높아졌다. 그러나 재원이 부족하고 불확실성이 높은 아프리카에서 한국 기업이 수주하는 대부분의 프로젝트는 한국 정부에서 지원하는, 자금원이 한국 정부인 ODA 프로젝트에 치중된다.

아프리카에서도 기존의 단순 도급형 공사 수주는 과거의 무용담이다. 가난하고 정부 재정이 빈약한 아프리카에서는 다른 변화된 방식이 필요하다. 탄자니아에서도 철도 프로젝트가 한창이다. 거기에 굴지의 한국 대기업도 참여를 희망하지만 항상 머리를 싸매야 하는 것이 자금 조달이다. 자금 조달 계획 없이 공사를 수주하겠다는 것은 아프리카 정부 입장에서 보면 '앙꼬 없는 찐빵'이다. 정부도 돈이 없기 때문이다.

건설사들도 개발형으로 전환해야 한다. 장기적으로 성공적인 해외사업 개발을 위해서는 사업 구조(structuring), 금융(financing), 지원(supporting) 측면에서의 필요 요인을 제시해야 한다. 즉 자본 결합형 모델을 발굴하는 것이다. 아프리카 어느 정부에서도 돈을 들고 오는 건설사를 마다할 이유가 없다. 아프리카 국가에서 중국의 부채 위험을 인식하고 꺼리고 있지만 한국은 아직까지 경계 대상이 아니다. 이젠 국내 건설사들도 개발형으로 전환해야 하고, 자금 조달을 포함한 디벨로퍼 역할이 필수적이다.

이를 위해서는 아프리카를 단순한 원조 대상이 아닌 미래의 시장으로 보고 접근해야 한다. 접근 방법이 다른 것이다. 좀 더 과감하게 사고의 틀을 전환해야 한다. 물론 아프리카는 정치, 경제적으로 리스크가 큰 곳이다. 그러나 미래 시장을 보면 포기하기엔 너무 이르다. 그래서 정부의 역할이 필요하고 민관 합작 투자형 사업을 주의 깊게 봐야 하는 이유도 여기에 있다. 민관 합작 투자 사업(PPP; Public-Private Partnership)이란 민간은 위험 부담을 지고 도로 등의 공공 인프라 투자와 건설, 유지나 보수 등을 맡되 운영을 통해 수익을 얻고, 정부는 세금 감면과 일부 재정 지원을 해 주는 방식이다.

민관 합작 투자를 위해서는 시장의 수요를 반영할 필요가 있다. 빨리 알아채고 긴 호흡으로 접근해야 한다. 먼저 아프리카의 산업화에 대응하여 1차적으로 설비 및 원부자재를 수출하고 아프리카 현지에서 범용, 조립 및 단순 제품 생산을 지원하는 것이다. 제조업과 기술

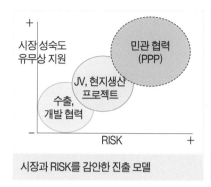

시장과 RISK를 감안한 진출 모델	진출 모델

이전, 현지 합작은 필연적이다. 그리고 이후 민관 협력으로 장기 프로젝트 사업에 참여하는 방법이다.

그러나 현장에서 민관 협력으로 진행되는 프로젝트는 많은 리스크를 가지고 있다. 특히 아프리카에서는 더할 나위가 없다. 그러나 진출을 확대하기 위해서는 단순한 수출과 개발 협력만으로는 한계가 있다. 기업의 수출과 개발 협력으로 프로젝트를 진행하기에는 금액 규모가 너무 크고 장기간이다. 정부가 추진하는 프로젝트형과 자본 결합형 등 진출 모델을 다양한 분야로 확대할 필요가 있다. 건설사들도 개발 역량이 아직 축적되지 않아 쉽지 않은 측면이 있지만 정부 지원, 민간 노력이 합쳐져 개발형 수주 쪽으로 가는 것이 추세이다.

한국 강점을 살린 패키지형 경제협력

후발 주자격인 한국은 진출 리스크를 최소화하는 것이 필요하다. 이를 위해서는 '패키지 딜' 형태의 적극적인 경제협력 추진을 검토해 볼 만하다. 한국의 선진 인프라 건설 능력을 활용, 자원 운송 및 수출을 위한 인프라 건설과 자원 개발을 동시에 추진하는 방식으로 진행

〈한-아프리카 협력 전략〉

시장 현황	한국의 선진 기술력과 가격 경쟁력을 앞세워 선제적으로 협력 사업 제시	협력 전략
• 제조기술, 활용방안 등 현지 산업 기반 부재 • 소수의 선진기업이 이미 시장을 선점		• 제반 인프라 건설과 자원 개발을 함께 추진하는 패키지 딜 형태의 협력 사업 진출 • 유관기관 및 정부 담당자들 간 지속적인 네트워킹 추진

하는 것이다.

안정적인 투자 진행을 위한 한국 정부 혹은 공기업과 민간 기업 간 협력이 필요하며, 적절하고 장기적인 차원의 협의 체계 구축이 필요하다. 핵심 자원을 풍부하게 보유한 일부 아프리카 국가들의 정부 및 민간 관계자들과의 지속적인 네트워킹을 통해 관련 경험 및 기술을 공유하는 것이다.

우리나라가 미국 및 유럽보다 가격에서, 중국보다 기술 우위를 선점하고 있는 점을 활용한다면 한국 건설사들에게 기회는 아직 있다. 아프리카 국가들이 갖추지 못한 자본력과 기술력 제공이 가능한 것이다.

한국 정부도 여기에 착안하여 2018년 7월 한국해외인프라·도시개발지원공사(KIND)를 설립했다. 하지만 2017년 한국 전체 해외 건설 수주액(290억 달러) 가운데 PPP는 약 5.5%인 16억 달러에 그쳤다. PPP 경쟁력을 위해서는 정부와 기업이 관심을 갖고 노력해야 한다.

사업 개발 단계에서 ODA 지원 정책을 적극적으로 활용할 필요가 있다. 현지 정부 및 역량을 갖춘 사업개발자와의 긴밀한 협력은 기본이다. 국내 ODA 지원기관들도 정책 수립, 안건 발굴, 사업 개발, 본사업 수행 등 각 단계에 걸친 지원책을 제시하고 있다. 사전 조사로 한국 정부의 지원책으로는 기재부에서 지원하는 KSP(Knowledge Sharing Program), 코이카에서 지원하는 DEEP(Development Expericence Exchange Program), 일반 부처의 기술지원(TA, Technical Assitance) 등의 프로그램이 있다.

KT는 아프리카에 공격적으로 진출하고 있다. 지난 2013년 르완다 정부와 공동으로 조인트 벤처(JV)인 KTRN(르완다네트웍스)을 1,500억원 규모의 투자금을 들여 설립하고 르완다 LTE 전국망 구축을 시작하여, 2014년 11월 수도 키갈리에 상용 서비스를 제공하고, 2018년 아프리카 최초로 르완다에 LTE 전국망 구축을 완료하였다고 발표하였다. KT는 르완다 정부와 2014년부터 2038년까지 25년 동안 4G 이동통신 서비스인 LTE 도매사업 독점 사업권을 갖고 있다. KTRN 지분 51%를 가지고 있는 최대주주다.

그러나 가야 할 길은 아직 멀다. 아직은 이익보다 손실이 많고 손실은 누적되고 있다. KT는 KTRN이 아프리카 지역 진출 교두보 역할을 할 것으로 기대 중이다. 또한 르완다에서의 사업경험을 바탕으로 '르완다 모델'을 나이지리아, 남아프리카공화국, 말라위, 베냉, 세네갈 등 다른 아프리카 국가들로 ICT 수출을 확대해 나간다는 계획이다.

정부 통계는 참고만 하라

아프리카의 비공식 경제

아프리카에 있다 보면 한국의 1960~1970년대의 추억을 되살릴 때가 많다. 특히 길거리 노점상을 보면 더욱 그렇다. 사람들의 왕래가 많은 곳은 어디든지 허름한 가건물이 즐비하게 있고 각종 잡동사니를 판매하고 있다. 건물이라고 하기에는 조금 민망한, 그냥 비를 피할 수 있는 정도의 수준이다. 차량 왕래가 많은 사거리, 교통체증이 많은 곳에서는 항상 길거리 상인들이 활개를 친다. 팔릴 것 같지도 않은 장난감, 지도, 차량용품, 화장지 등을 손에 들고 손님을 찾는다.

아프리카의 대도시에서는 국가 통계에서 보여주는 것보다 훨씬 더 많은 비즈니스가 이루어질 가능성이 높다. 즉 한국처럼 카드나 영수증으로 쉽게 노출되는 매출보다 그렇지 않는 매출이 더욱 많다는 것이다. 사실 이런 상업 활동은 지난 10년에 걸쳐 갑자기 생긴 것이 아니다. 아프리카 전역에는 엄청난 양의 경제 활동이 항상 존재해 왔다. 공식적인 기관의 통제를 받거나 IMF 통계에 포착되지 않았을 뿐이다.

이처럼 비공식적으로 존재하는 보이지 않는 경제들이 아프리카에는 부지기수다. 그중 하나는 아프리카의 비공식 경제이다. 모든 것이 신용카드로 결제를 대신하는 한국과는 너무 다르다. 아마도 자녀들의 과외를 위해 대학생에게 주는 개인 과외비, 집안 일을 도와주는 가사 도우미 비용 정도가 가장 흔하게 있을 법한 비공식 경제 활동일 것이지만 아프리카에서는 크기나 중요성 면에서 비공식 시장이 공식 경제를 무색하게 만들 정도로 크다고 할 수 있다.

동아프리카 국가의 경우에도 다를 바 없다. 사업자등록을 하지 않고 가내에서 만든 농림 수산품이나 수공예품을 팔아 생계를 유지하는 사람들, 농촌에서 무작정 도시로 진입하여 친척이나 지인의 도움으로 숙소를 해결하며 최저 수준의 일당 노동으로 생계를 잇는 사람들이 이런 비공식 부분을 형성한다.

이들은 국가에 세금을 직접적으로 내지는 않지만 그로 인해 받을 수 있는 정부의 보호나 금융 혜택으로부터 배제된다. 또한 불법적인 영업 행위나 범죄에 노출되기 쉽다. 이들이 비공식 부분에 머무르는 이유는 자발적 의사가 아니라 공식 부분에 자리가 없기 때문이다. 이런 경제 활동이 정부의 공식 통계에서 배제되는 것은 당연하다.

이와 같이 비공식 경제는 "정부 기관이나 공식적인 거래소와 같은 정식 체계에 의해 기록되지 않는 상업 거래"를 말한다. 통화 없이 이루어지는 물물교환, 세금이 없고 공식 GDP에 계상되지도 않는 비즈니스이다.

해외 마케팅의 기본은 국가의 기본 정보를 파악하는 것이다. 진출하고자 하는 나라의 인구, 소득수준, 주된 수출입 국가, 수출입 품목 도시 등을 먼저 보게 된다. 그러나 아프리카에서는 이런 비공식 경제를 감안해야 한다. 통계로 보이는 것이 전부가 아닐 수 있다.

아프리카 근무 시절, 우리나라의 백색가전으로 유명한 대기업 주재원의 푸념을 들은 바 있다. 한국의 대기업은 현지 에이전트를 통하여 에어컨, 냉장고 등을 주력으로 판매하고 있었다. 그러나 에이전트를 통하여 공식적으로 유통되는 자사 브랜드 제품보다 실제로 시중에 유통되는 자사 제품이 두 배 이상 된다는 것이다. 물론 항공택배로 반입하는 경우도 있을 수 있지만 밀반입도 배제할 수 없다.

각종 기관에서 발표하는 아프리카의 소득수준은 국제 수준에 한참이나 떨어진다. 그런 통계가 과연 어느 정도의 신뢰성을 가질 수 있을까? 아프리카의 잠재력이 과소평가되는 것 중의 하나는 경제 밖에서 이루어지는 경제 활동, 즉 비공식 경제 규모가 크다는 것이다. 2014년 아프리카 개발은행은 아프리카 경제 활동의 55%, 노동력의 80%를 비공식 부문이 차지하고 있는 것으로 추정했다. 맥킨지 앤드 컴퍼니에 따르면 아프리카 총 노동인구의 60%가 비공식적이고 취약한 상업 활동에 관여하고 있다고 밝혔다. 그러나 아프리카의 산업별 통계는 농업 부분과 농업 부문 종사자가 많음을 보여주고 있다. 그렇다면 길거리에서 행상을 하는 사람들의 직업은 과연 어떤 통계에 잡혀 있을까?

이와 같은 아프리카 미공식 경제의 공식화가 진행될 여지가 많다. 정부에서도 재정 확대를 위해 각종 세원을 발굴하는 데 혈안이 되어 있다. 정부 전산화가 바로 그것이다. 주민등록, 토지 등 전산화 작업은 향후 세수원 확보에 큰 도움이 될 것이다. 또한 기존 상업 활동과 다른 비즈니스 활동을 수량화하려는 노력이 전개되고 있다. 각종 정보를 전산화하여 정부에 축적하는 것이다. 관세 시스템도 현대화 작업이 진행 중이다. 기존의 주먹구구식 세금 부과 및 탈루를 피하기 위해 전 과정을 전산화하여 세금 누수를 없애는 것이다.

이는 앞으로 아프리카 국가의 성장에 따른 혜택을 국민에게 돌려주고 재투자하기 위한 재원으로 사용될 것임이 분명하다. 아무튼 아프리카 경제를 파악하고 진단할 때 알려진 각종 통계 정보는 분명한 제약이 있다는 것을 알아야 한다.

여유 인력과 예비 기간을 계상하라

아프리카의 노동생산성은 매우 낮기로 악명이 높다. 물론 기계와 같은 설비, 유통 등 기반 여건이 선진국에 비교할 바는 아니다. 아프리카 노동력의 개인적인 역량은 많이 부족한 셈이다. 현지 교육 시스템이 부실하고 제한된 여건에서 노동력의 질이 많이 떨어질 수밖에 없는 것이 현실이다.

필자가 아프리카에서 근무할 때 주재원들의 불만이 있었다. 적정한 현지 인력을 뽑기가 어렵다는 것이었다. 입사지원서는 차고 넘친다. 리셉션 1명 뽑는 데 무려 100장의 이력서는 기본이다. 그러나 옥석을 가린 후 면접과 실기에서 놀랄 일이 생긴다. 서류에는 컴퓨터와 MS 오피스 사용이 능숙하다고 기재되어 있지만 실기테스트 결과 실제로는 사용을 못 했다. 돌아오는 답변은 간단했다. 학교 다닐 때 컴퓨터가 많지 않아서 하는 것만 구경했다는 것이다.

그래서 현지 주재원들은 인력을 0.7로 계산해야 한다는 푸념을 늘어놓는다. 열악한 노동생산성을 감안한 자조 섞인 말이다. 어떤 프로젝트에 대한 창의적인 사고는 차치하고라도 회사에서 적용하는 기본 시스템, 지각 등의 기본적인 개념이 없는 것도 감안해야 한다. 현지의 낮은 교육 수준도 고려해야 한다. 공사 현장에 있는 많은 노동력도 실제 활용에는 예상하지 못한 많은 문제에 봉착할 수밖에 없다. 그러면서도 현지 노동법은 영국법계를 따르며, 아프리카 대부분의 나라가 사회주의를 경험하였기 때문에 노동자에 대한 보장은 비교적 철저하다.

이뿐만 아니다. 공사 기간은 프로젝트 비용에 많은 영향을 미친다. 공사 기간에 따라 프로젝트 수행에 필요한 원가의 증감은 당연한 것이다. 현지에서 프로젝트를 진행하는 기업 대부분이 겪는 애로사항은 늦은 행정 처리이다. 관공서에서 허가를 해 줘야 일이 진척되는데 지연되고 있다는 것이다. 거기에 날씨도 한몫한다. 우기에는 공사에 차질이 생길 수밖에 없다. 대중교통 또한 문제다. 한국의 촘촘한 환경과는 달리 아프리카에는 매우 느슨한 규칙들이 사업 환경에 깔려있다. "하라카 하라카 하이나 바라카(빨리빨리 하면 행운이 깃들지 않는다)"라는 현지 속담이 있을 정도다. 이런 단어가 가지고 있는 의미를 정확하게 파악하는 날, 그날이 아마도 아프리카를 이해하고 현지화되는 순간이 아닌가 싶다.

그래서 작업 기간은 1.5로 계산하여야 할 필요가 있다. 너무 타이트한 작업 공정은 아프리카에 적합하지 않다. 현지인들의 느슨한 성격도 감안해야 한다. 늦은 행정 처리로 일을 단축시키는 즐거움보다는 악재만이 있을 가능성이 많기 때문이다.

비효율을 이해하고
지역사회를 배려하라

'뽈레 뽈레'를 이해하라

아프리카 비즈니스를 위해서 처음 기억해야 할 것은 인내심이다. 시간 개념은 나라마다 다르다. 한국보다 더 빨리 돌아가는 나라도 많지 않겠지만 아프리카 시계는 한국과 당연히 다르다. 한국처럼 빠르지 않다. 걷는 속도도 매우 느릿느릿하다. 공무원의 일 처리도 이와 비슷하게 따라간다. 아프리카 시계는 정말 느리게 가는 듯하지만, 세월의 변화는 빠르다. 시계절이 분명하지 않아서 그런지 어제가 그제 같고 그제가 엊그제 같기도 하다.

스와힐리어에 '뽈레 뽈레(Pole Pole)'라는 단어가 있다. 우리나라의 '빨리빨리'와 발음은 비슷하지만, 뜻은 정반대로 '천천히 하라'라는 뜻이다. 아프리카 최고 영산인 킬리만자로산을 등반할 때 지나치게 빨리 등반하면 고산증 때문에 쉽게 지치기 때문에 천천히 올라가야 한다. 빨리 가다가는 기압차로 더 이상 못 올라간다고 한다. 천천히 기압차를 느끼면서 올라가는 자만이 원하는 목적지에 도달할 수 있다. 앞에서도 얘기했지만 "하라카 하라카 하이나 바라카", 즉 "빨리 하면 행운이 깃들지 않는다"라는 속담이 왜 있는지 조금은 이해할 수 있을 것 같다.

그래서 아프리카에서는 지각이 자주 일어나는 현상이다. 아프리카에서 '10분 뒤 도착'이라는 말이 있다. 심지어 공식행사에서도 쓰인다. 현지 정부 차관 이상의 고위급 관료임에도 불구하고 지각은 흔히 있는 일이다. 환영사를 해야 할 고위급 인사의 도착이 늦어져 공식행사 일정이 지연되는 경우는 이곳 아프리카에서는 흔한 일이다. 오는 것만 해도 다행이라 생각하는 것이 정신건강에 좋다. 늦는 것은 그들의 문화 중 하나일 수도 있다. 물론 우리가 이해하기는 어렵다. 하지만 이 사람들은 그동안 이렇게 살아왔다. 자신을 기다려줄 것이라고 믿는 사람들의 일상을 무작정 욕할 수는 없다. 원활하지 못한 도로 사정 등을 감안하면 아프리카에 특화된 이유가 있기도 하다.

아프리카에서 오래 비즈니스를 하고 있는 분들에게도 몸에 밴 '뽈레 뽈레'가 느껴지기도 한다. 아프리카 비즈니스의 많은 부분이 정부 프로젝트이다보니 지지부진한 경우가 많다. 3년 전 길게는 10년 전 프로젝트가 아직도 진행 중이거나 심지어 검토 중인 경우가 많다. 한국에서는 신삭 섰어야 할 일늘이지만 그래도 계속 팔로우업하며 정부 관계자들과 면담하는 것을 목격하기도 한다. 정말 인내가 필요한 곳이 아프리카임을 실감한다.

'우분투', 당신이 있기에 내가 있다

한국 TV에서 아프리카의 가난한 사람들을 위한 성금 모금 광고를 쉽게 만날 수 있다. 실제로 아프리카에서도 자원봉사자들의 활동이 낯설지 않다. 각종 시민단체와 NGO, 각국 구호 기관들의 활동을 목격할 수 있다. 한국에서도 선교사를 비롯하여 의료봉사가 줄을 잇는다. 정말 고마운 일이다. 험지를 마다하지 않고 봉사하는 활동이야말로 존경받아 마땅하다. 혜택을 받는 소비자인 아프리카 현지인 입장에서도 나쁠 것이 없다. 공짜로 지원해 준다는 데 감사할 따름이다.

아프리카에도 상생이라는 정서가 이미 존재하고 있다. '우분투'가 그것이다. 노벨평화상을 수상한 넬슨 만델라가 강조하면서 널리 알려진 개념이다. 이는 미국 대통령을 비롯해 여러 유명 인사들의 연설에 인용되고 있으며 남아공 시장을 위해 타타가 디자인한 '우분투'라는 마을버스처럼 제품에도 사용되고 있다.

유럽인 선교사가 과자 바구니를 상품으로 걸고 아이들에게 달리기를 시켰더니 아이들이 모두 손잡고 같이 결승점에 들어왔는데, 그 이유가 친구들과의 경쟁이 아닌 같이 먹고 싶어서 그랬다는 이야기에서 유래한다고 한다. 다른 한편으로는 줄루족의 격언 "Umuntu ngumuntu ngabantu(사람이 사람인 것은 다른 사람을 통해서이다)"에서 기인했다고도 하는데, 줄루어로 '우분투'는 인간다움, 공동체, 다른 사람에 대한 인간애를 나타낸다. 반투어로 '우분투'는 "네가 있기에 내가 있고, 우리가 있기에 내가 있다"라는 의미이다.

우분투는 서로의 상생을 강조한 말이다. "네가 있어 내가 있다." 참 좋은 말이다. 아프리카 정신의 기초이기도 한 우분투는 "사람이 사람인 것은 다른 사람을 통해서다"라는 공동체 정신을 강조하고 있다.

아프리카 시장에서 성공하려면 아프리카의 우분투 정서를 이해해야 한다. 지역사회의 상황을 이해하지 못하면 성공할 수 없다. 아프리카의 부는 아프리카 사람들에게서 나온다. 다른 곳에서도 마찬가지지만 아프리카에서는 더욱 인간사회에 대한 기본적인 고민과 지역사회에의 공헌이 필요하다. 즉 '우분투'를 고려한 시장 접근이 필요하다.

이런 측면에서 기업 차원의 사회 공헌 활동도 검토할 만하다. 물론 현지에 진출한 지상사 기업들도 영리 목적이 아닌 개별적이고 비공식적으로 아프리카 국가를 도와주는 경우도 많다. 서울 본사의 자체 성금으로 현지의 어려운 사람들을 위해 우물을 파주는 경우도 있었다. 그리고 종교시설에서 무료 급식을 제공하는 등 다양한 분야에서 좋은 일을 하시는 분들이 많다.

공식적으로는 CSR 활동이 있다. 상업적 판매 이전에 제품 홍보 차원에서 무료교실을 열어 주민에게 배포하는 것이다. 먼저 유통을 염두에 두고 홍보하는 것이다. 주료 교육/의료 지원 형태로 지원하는 KOICA 외에 NGO와 KOTRA 등 개별기관에서도 지원해 주고 있다.

CSR 활동은 최종 소비자에 국한되지 않는다. 현지 정부도 포함된다. 아프리카 최대 바이어인 정부에 물품을 기증하면서 현지 타당성을 검토하게 하는 것이다. 아프리카 시장 진출 초기에는 사회 봉사적인 측면도 감안하는 것이 현지인의 호응을 이끌어내기 쉽다. 의약품과 같이 정부가 구매 담당자인 조달 품목이 대표적이라 할 수 있다.

위를 만나야 밑에서 움직인다, 책임자를 만나라

어떤 회사든, 어떤 성격의 일이든 최고위층의 결심은 매우 중요하다. 의사결정에는 단순한 경제적 이익뿐만 아니라 고려해야 할 많은 요인이 있다. 가령 각종 이권이 개입할 수 있고 복잡다단한 재무구조 등 최고 책임자가 직관적으로 판단해야 할 사항도 있다. 단기간의 프로젝트가 아닌 국가 전체적인 산업구조를 아울러야 할 수도 있다. 그래서 고위층을 만나 직접 설득하는 것이 빠르다.

우리나라는 어른을 공경하는 문화를 갖고 있다. 그래서인지 회의할 때는 자기가 부득이하게 발언을 해야 하는 기회가 아니면 최상급자가 주로 발언을 한다. 최상급자를 제외한 배석자들은 메모하는 데 집중한다. 오죽하면 적자생존, 적는 자가 생존한다는 농담까지 있었겠는가? 중국이나 일본과의 비즈니스 상담에서도 유사하다. 대부분의 회의에서 하급자는 말을 아낀다. 미팅에서 주로 최상급자가 회의를 주재하고 발언을 한다. 하급자는 메모에 집중한다. 회의의 포커스가 최상급자에게 집중될 수밖에 없다. 누가 의사결정을 하는지 명확하게 알려주는 듯하다.

10년 전 미국에서 근무하면서 놀란 점 중의 하나는 미국 기업의 의사결정 과정도 한국 못지않게 경직되어 있다는 것이다. CEO의 의중까지 파악하여 회의 때 언급할 정도로 정치적인 면을 보이며 서슴지 않고 얘기를 할 정도이다. 물론 회의의 형태가 경직되어 있는 것은 아니다. 좌석배치나 형식 등은 동양에 비하면 매우 자유분방하다. 그러나 의사결정의 본질은 역시 최고 책임자의 몫이다. 생각한 것보다 미국 기업에서도 경직적인 의사결정 체계가 있음을 보고 놀라웠다.

최고 책임자의 의사결정은 동서고금을 불문하고 매우 중요하다. 높은 사람이 관심을 가져야 밑의 직원들이 움직인다. 국가마다 약간의 정도의 차이, 형식의 차이가 있을 수는 있다. 특히 개발도상국의 경우 하향식이 지배적이다. 오랜 식민지 문화의 잔재물일 수도 있고 사회주의 특성일 수도 있다.

아프리카 국가의 장·차관 면담이 어렵지는 않다. 정부 각료의 일정은 항상 바쁘기 마련이지만 선진국처럼 면담 주선이 거의 불가능하지는 않다. 최소한 실장 혹은 국장 선을 만나 사업 브리핑을 할 필요가 있다.

아프리카 근무 시절 에너지 관련 프로젝트를 아프리카 정부에 설명하는 자리가 있었다. 방대한 프로젝트로 밑에서부터 밟아가기에는 너무도 많은 시간이 소요되었고, 담당 국장의 관심도 그때뿐으로 더 이상 진척이 없었다. 이후 상급자인 담당 차관과의 면담이 성사되었고 그 일은 결론이 내려졌다. 비록 아직은 시기상조라는 결론이었지만 아무튼 의중은 확인한 셈이다.

두려워하지 말고 책임자와의 면담을 요청하라. 책임자를 설득해야 한다. 그래야 밑에서 움직인다. 동서고금을 막론한 비즈니스의 정설이다.

사기에 유의하라

이메일 해킹, 현지 진출 기업도 사기당할 판이다

해외 현장에서 가끔 접하는 것이 무역 사기이다. 아쉬울 때가 대부분이다. 손을 쓰기에는 이미 사건이 진행되어 조치할 수 있는 묘안이 없을 때가 많기 때문이다. 일단 예방이 최선인데 말이다. 무역 사기는 원거리 및 정보 부족으로 현지 기관이나 기업의 확인이 사실상 어려운 점을 악용하고 있다. 공공기관을 사칭한다든지 정부 입찰 등을 미끼로 수수료, 로비 지금 등을 갈취하는 형태이다.

이전 파키스탄과 중국에서 근무할 때는 한국으로의 불법 취업을 목적으로 초청장을 받고자 한국 기업에 거짓을 유포하는 경우가 많았다. 과도한 샘플 요구 등도 많이 있었다. 좀처럼 무역 사기가 없을 법한 미국에서는 수입상이 법적으로 부도처리되어 수입 대금을 미지급하는 사례를 목격하기도 하였다. 나름 합법적인 범위를 활용한 것이다.

최근 들어 인터넷으로 연락하는 방법이 무역에서도 많이 활용되는데 이메일 등이 대표적이다. 이를 통한 무역 사기도 활발해지고 있다. 이메일을 사용하는 사람이라면 스팸 메일에 이미 익숙하다. 왕세자, 정치적 망명자의 미망인 운운하며 거액의 돈을 인출하기 위해 현금이 필요하다는 황당한 메일을 접하기 일쑤다. 아프리카도 황당 메일 발송의 주 발원지 중 하나이다.

아프리카 근무 당시 목격한 사례도 있다. 진짜 바이어를 가장하여 비슷한 이메일 주소를 만든 후 한국 기업에 입금 계좌가 변경되었다는 메시지를 보낸 것이다. 이러한 1차원적인 사기 외에 보다 고차원적인 방법도 활용된다. 그러므로 반드시 중복으로 확인해야 한다.

무역 사기뿐만 아니라 현지에 진출한 기업도 이런 사기 메일에 노출되어 있다. 실제 탄자니아에 있던 K엔지니어링은 금요일 저녁에 현재 거래선의 사장으로부터 메일을 받았다. 거래 은행으로부터 계좌를 변경하라는 안내가 있어 변경 계좌를 통보할 때까지 기성비 지급을 보류해달라는 내용이었다. 늘 연락하던 거래선 사장의 이메일이고 어제 경리를 통해 영수증도 받은 터라 변경 계좌를 보내주는 대로 송금하겠다고 답장하였다. 저녁 늦게 거래선으로부터 이해해 줘서 고맙다는 말과 함께 변경된 계좌를 통보받았다. 토요일 아침 이상한 생각이 들어 거래처 현지 사장에게 전화로 확인해 보니 계좌를 바꾼 적도 없고 그런 메일을 주고받은 적도 없다고 했다. 하마터면 금전적인 손해를 입을 뻔한 것이다. 메일을 자세히 보니 진짜 사장의 이메일은 Emmanuel@---였고 사기꾼 이메일은 Ernmanuel@---였다. m이 rn으로 바뀌었으나 육안으로 자세히 확인하지 못한 것이다. 더 놀라운

268

것은 금요일 저녁에 지사장의 가짜 메일로 현지 직원에게 "변경 계좌로 송금하라"라는 메일을 보낸 것이다. 물론 지사장의 메일에는 보낸 기록이 없고 경리직원의 컴퓨터에서만 받아 볼 수 있었다. 무서운 세상이다.

금 사기도 항상 있다. 그 내용은 낮은 가격에 금을 살 수 있으니 바로 현금을 입금하라는 것이다. 소설 같은 황당한 이야기다. 대부분의 사람들은 '설마 그런 말에 현혹된다고?'라며 웃어넘기겠지만 잊어버릴 만하면 다시 나타나는 피해 기업을 보면 단순히 웃어넘길 일은 아닌 것 같다. 이곳 탄자니아에서 금값은 저렴하다. 세계 시세의 약 90%에 거래된다고 한다. 그러나 이 금이 해외로 반출되기 위해서는 10% 이상의 수출관세가 부과된다. 정당한 수출을 통한 거래만이 금의 품질을 보장할 수 있다. 그런 정상적인 거래에도 불구하고 이를 악용하여 사기에 도용하는 경우가 있으니 조심해야 한다.

개발도상국의 경우 무언가의 거래는 비정상적이며, 비밀스럽지만 일확천금으로 유혹한다. 특히 아프리카가 정보화가 늦고 폐쇄적인 정보 시스템을 가진 것을 악용하여 은밀한 거래를 요구하는 경우가 많다. 전산화가 느려 상대에 대한 정보를 쉽게 알 수 없는 것도 한몫한다. 그래서 무역 거래를 빙자하는 사기성 거래도 많이 발생하고 있다. 항상 거래 당사자를 중복 확인하고 세심하게 접근하여야 한다.

현장에서 이런 사기만 있는 것이 아니다. 소소한 클레임도 많다. 한국 수출자의 AS 미시행, 계약 미이행 등 수많은 건이 접수된다. 특히 한국 수출자가 중소기업이고 단발성 거래인 경우 당초 계약에서 약속된 AS 제공이 제한적일 수밖에 없다. 파키스탄 근무 시절에는 한국으로부터 수입한 섬유기계가 고장이 났는데 매뉴얼이 국문으로만 되어 있어 수리를 해결할 방법이 없다는 하소연을 받은 적도 있다. 또한 각종 사후 지원을 믿고 선결재를 하였으나 후속 조치가 이뤄지지 않아 클레임이 제기되는 것도 다반사로 일어나는 일이다.

사기 유형별 사례와 대응 전략

한국의 중소기업 수출을 지원하는 코트라에서 2017년 8월부터 2018년 8월까지 해외무역관에서 파악한 한국 기업 대상 국제 무역 사기는 총 137건이었다. 특히 아프리카의 경우 총 36건의 무역 사기가 접수되어 전체의 약 30% 이상을 차지한다.

한국 수출 기업 A사는 남수단 재무부로부터 자사 제품 수의계약 입찰을 통해 납품계약자로 선정되었으니 관련 보증금을 납부하고 필요 서류를 제출하라는 메일을 받았다. 미심쩍었던 A사는 KOTRA 해외무역관에 사실 확인을 요청했다. 무역관이 남수단 재무부에 확인한 결과 해당 입찰 건은 알 수 없으며, 재무부에서 업체에게 직접 이메일을 보내는 경우는 없다고 응답하였다. 또한 이와 비슷한 사기가 빈번히 발생하여 기관에서 수사에 나서고 있다고 했다.

가장 흔한 경우는 서류 위조이다. 사업자등록증, 송금증, 인보이스, 공문서 등 중요 문서를 위조하는 것이다. 국내기업 A사는 에티오피아 바이어 B사로부터 에티오피아 정부 조달을 위한 앰뷸런스 22대와 소방차 8대에 대한 납품 제의를 받았고 이후 B사가 한국에 방문하여 계약을 체결하였다. 수일 후 B사는 선수금을 제외한 잔금을 T/T로 송금했다며 외환 송금증 사본, 에티오피아 정부의 공공 조달 구매 의향 서류 사본 등을 A사에 송부해 왔다. 한편 송금증에 명시된 금액이 입금되지 않고 지연되자 A사는 잔금이 송금되지 않았다고 B사를 독촉하

〈무역 사기 대표 유형 7가지〉

사기 유형	유형별 주요 사례
서류위조	구매대금 입금 영수증(송금증), 법인등록증, 세금납부증명서, 수표 등을 위조하고 입금을 완료했다며 허위 물류회사를 통해 납품을 요구하고 운송비 및 제품 갈취
이메일 해킹	사기범이 무역 당사자 간의 이메일을 해킹하여 거래 진행 상황을 지켜보다가 결제시점에서 바이어에게 결제은행이 변경되었다는 메일을 송부, 결제 대금을 사취
금품갈취	국제입찰, 원부자재 공급 등 계약추진에 필요한 입찰서류 구입비, 로비자금, 변호사 비용, 공증 비용, 수수료, 담당자 선물 명목 등으로 금품 사취. 국제기구, 공공기관, 대기업 직원 등 신분 사칭
불법체류	바이어로 위장하여 접근 후, 제품 확인을 위해 국내 공장 방문 등을 목적으로 비자 초청장을 요청하는 경우
결제사기	상품을 수령했으나 바이어가 의도적으로 결제를 거부하거나 회피하는 경우
선적불량	계약 체결 후 송금을 완료했으나 수출업체와 연락이 두절되고 상품을 받지 못하는 경우 또는 수출업체가 의도적으로 선적을 거부하거나 계약 조건에 맞지 않는 상품을 선적하는 경우가 해당 (예: 산업쓰레기, 하자 물품)
기타	해외투자 사기, 제품 상표권을 무단 등록하고 현지에서 판매정지를 요구한 지적재산권 사기, 고의로 기업을 부도처리하고 대금을 지급하지 않는 사례 등

자료원 : KOTRA

였으나 이후 B사와 연락이 두절되었다. 또한 A사가 BL 등 선적 서류를 B시에 전달하지 않았음에도 불구하고 B사는 선적 화물을 이미 수취해 간 것으로 밝혀졌다.

최근 들어 이메일 해킹 또한 다양하게 이루어지고 있다. 이메일 해킹은 서류위조 다음으로 많이 발생한다. 결제단계에서 유사한 이메일 주소로 판매자를 사칭해 접근한 후 계좌가 변경되었다며 대금을 가로 채는 사례가 일반적이다. 해외 바이어는 수년간 거래해 오던 한국 수출상으로부터 은행 계좌가 감사 문제로 당분간 수취 불가하므로, 변경된 계좌(멕시코)로 송금해 달라는 내용의 메일을 받게 된다. 이에 에이전트 C사는 이 내용을 바이어에게 전달했고, 현지 바이어는 변경 계좌로 송금을 진행했다. 그러나 해당 메일은 H사를 사칭한 해커가 보낸 것이었고, 메일에 첨부된 문서들도 모두 위조된 것으로 밝혀졌다.

돌다리도 두드려 보고 건너야 한다는 옛 속담처럼 신규 바이어와의 첫 거래는 물론이고 기존 거래선과의 계약에도 항상 주의를 기울여야 한다.

먼저 첫 거래 전에 상대 기업의 정보를 확인하는 것은 필수적인 절차이다. 기업의 신용도, 과거 거래 내역 등 기업 정보에 대한 확인이 필요하다. 허위 웹사이트, 위조 사업자등록증이 자주 발견되므로 여러 채널을 통해 종합적으로 기업 정보를 확인할 필요가 있다. 회사 이메일이 아닌 지메일(gmail), 핫메일(hotmail) 등 개인 이메일을 쓸 경우 더욱 각별한 주의가 필요하다. 간단한 조사는 KOTRA 해외무역관 및 무역보험공사 기업 신용도 조사 서비스 등의 이용이 가능하다. 아프리카처럼 전산화가 미흡한 국가일수록 현장 조사의 중요성은 더욱 크다. 구미 선진국도 그렇지만 개발도상국 바이어의 경우 수입상을 직접 접촉하는 것도 나쁘지 않다. KOTRA 해외무역관을 통해서 수입상에게 공식적인 질의 절차를 거치는 것도 추천한다.

두 번째는 우호적인 거래 조건이다. 급하게 진행되는 거래는 일단 의심해야 한다. 대량주문, 선금 제안, 각종 거래 비용 바이어 부담 등 일면식 없는 바이어가 매력적인 거래 조건을 제시한다면 무역 사기를 의심해야 한다. 대금을 미리 납부했다면 송금증을 보내는 경우 위조의 가능성을 염두에 두고 계좌에 입금될 때까지 기다려 봐야 한다.

세 번째로 무역 사기가 빈번하게 발생하는 국가 혹은 대규모 거래의 경우 무역보험 가입을 통해 결제 위험을 낮추는 것도 검토해 볼 만하다. 바이어와의 거래에서 선금 비율을 최대한 높여 거래하는 것도 향후 피해를 최소화하는 방법이라 할 수 있다.

마지막으로 최근 이메일 해킹 무역 사기가 자주 발생한다. 양쪽 당사자 모두 유의해야 한다. 이메일 외의 다른 교신 수단을 통한 안전장치가 필요하다. 계약서에 '수취 계좌 변경 시 프로토콜'을 별도로 명시하여 사전에 안전장치를 구축하는 것도 필요하다. 기존 거래 기업이라도 갑작스럽게 계좌 변경을 통보해 온다면 유선으로 재확인이 필요하다.

건강과 안전이 우선이다

현대 의학이 정복하지 못한 질병들

2020년 중국발 코로나 바이러스로 지구촌이 시끌벅적할 때, 필자는 아프리카에서 근무하고 있었다. 당시 아프리카는 잠잠한 상태였다. 격리시설은 물론 검진 키트도 구하기 어려웠다. 감염률 발표도 믿을 수가 없었고 탄자니아 정부는 검진 키트가 의심스럽다고 주장하며 코로나 검사는 물론 통계 발표도 중단했다.

현지 교민들은 "코로나는 아프리카 풍토병이 무서워 오지도 못한다"라고 자조 섞인 농담을 주고받기도 한다. 이보다 훨씬 치사율이 높은 풍토병들이 많기 때문이다. 아프리카는 에이즈, 에볼라 바이러스, 말라리아, 수면병, 황열병, 웨스트나일열, 뎅기열, 각종 기생충 등 우리나라에서 보기 힘든 질병이 많다.

아프리카 풍토병의 매개는 모기가 대부분이다. 한국에서 모기에 물리면 가렵다가 말지만 아프리카 모기에 잘못 물리면 목숨을 잃을 수도 있다. 모기에 물리지 않으려면 야간 활동을 자제하고 긴소매 옷을 입는 것이 바람직하다. 취침 시 모기향, 모기장은 기본이다. 노출된 피부에는 곤충 기피제를 바르는 것이 좋다. 현지에서 손을 잘 씻는 등 개인위생을 철저히 해야 한다. 음식물은 반드시 익히거나 안전한 것만 먹어야 한다. 과로를 피하고 무리하지 않도록 일정을 잡아 피로 누적을 피하는 것이 바람직하다.

필자가 탄자니아에 부임하기 직전 탄자니아에 거주하던 30대 초반의 젊은 한국 여성이 말라리아로 사망한 사건이 있었다. 한국을 오가며 느낀 몸살 감기 기운을 가볍게 여기다 현지에서 돌연 사망한 것이다. 과거 태권도 사범과 같은 건강한 사람도 감기로 알고 치료를 미루다가 갑자기 사망한 사건도 전설처럼 전해지고 있다. 이처럼 말라리아는 사전에 발견되면 쉽게 치유할 수 있지만 무시할 경우에는 사망에까지 이르게 되는 치명적인 질병이다.

주위의 현지인들은 흔한 감기처럼 매년 한 번 말라리아에 감염되었다고 며칠씩 안 보이기도 한다. 현지인들은 말라리아를 '위험한 감기' 정도로 치부하는 듯하다. 감기처럼 잘 걸리지만, 치명적이라는 뜻이다. 같이 일하는 동료 직원들도 말라리아를 이유로 병가를 내는 경우가 자주 있다. 2~3일 후면 정상으로 출근하는 경우가 많지만, 우리 같은 외국인에게는 놀랄 만한 일이다. 아무튼 초기에 예방하지 않으면 갑자기 사망하는 경우가 많기 때문에 조심해야 한다.

비교적 주거 환경이 양호한 곳에서 근무하는 한국 주재원도 말라리아를 앓은 사례도 수차례 있었다. 그 주재원은 무사히 임기를 마치고 본국으로 귀임했지만, 말라리아를 매우 위험한 병으로 기억하는 듯하다. 온몸이 쑤시고 약이 매우 독해서 며칠간을 비몽사몽 고생했다고 한다.

말라리아는 열대지방의 풍토병이다. 아프리카의 경우 사하라 이남 지역 대부분이 말라리아 발병 지역이다. 사하라 이남 아프리카와 함께 동남아시아, 중남미 지역도 말라리아 유행 지역이다. 말라리아 모기에 물리면 8~25일간의 잠복기 후 고열과 오한, 근육통이 나타난다. 중증의 경우 호흡 곤란, 혼수, 발작, 혈뇨를 동반하기도 한다. 치료는 항말라리아 약을 복용하거나 중증인 경우 정맥주사로 약제를 투여하기도 한다.

말라리아가 무서운 것은 급성 감염병이고 예방 백신이 없다는 점이다. 단지 먹는 약으로 예방하거나 치료해야 하는데 말라리아 약은 매우 독해서 인체의 장기, 특히 간에도 피해를 미친다.

한편 대부분의 동부 아프리카 국가들은 황열병 예방 국가이다. 이 나라들을 입국하는 경우 출국 10일 전에 예방접종을 하고 황열병 접종 증명에 대한 국제공인증명서를 가지고 가야 한다. 증명서가 없으면 먼 길을 갔어도 헛걸음이다. 황열은 황열 바이러스(Yellow fever virus) 때문에 발생하는 급성 바이러스성 출혈열로 치사율이 25~50%에 이르는 치명적인 감염병이다. 황열 바이러스는 모기의 체내에 증식하고 있다가 모기에게 물린 경우 감염된다. 3~6일간의 잠복기 후 갑작스런 고열과 두통이 발생한다. 근육통과 구토, 결막과 얼굴이 충혈된다. 증상이 심하면 황달과 피를 토하거나 혈뇨, 혈변이 나오기도 한다. 아프리카와 아메리카 지역에 황열병을 전파하는 모기가 서식하고 있다. 감기처럼 가볍게 지나갈 수도 있지만 심할 경우 발열과 오한, 두통과 근육통, 코와 입에서 출혈이 나타난다. 위 속의 피가 응고되어 검은 피를 토하고 결국 간이 나빠져 황달처럼 노란색으로 변해 급성 신부전이 발생하여 보통 2주 이내에 사망한다.

에볼라 바이러스는 치사율이 최고 90%에 이른다. 아프리카 서부 기니, 라이베리아, 시에라리온, 나이지리아 등에서 발병한 적이 있다. 감염되면 7~10일 이후 갑작스런 두통과 근육통, 구토 현상이 나타난다. 발열이 지속되면서 설사와 기침을 동반한 가슴통증도 발생한다. 발병 후 5~7일째 구진 같은 피부발진 이후 피부가 벗겨진다. 이 질환의 숙주는 아직 확인되지 않았다.

이뿐만이 아니다. 2010년 기준으로 세계적으로 4,200만 명가량의 HIV 바이러스 감염자가 있고, 그중 대부분인 2,900만 명이 아프리카에 있다. 1990년만 해도 아프리카 전체에서 에이즈를 일으킨 HIV 바이러스에 감염된 사람은 주민의 1% 미만이었지만 10년 동안 수백만명의 아프리카 사람들이 감염되었다. 감염되고 증세가 나오기까지 보통 6년에서 8년이 걸리고, 그 사이에 아무런 증세도 나타나지 않기 때문에 전체적인 규모가 밝혀지기 전까지는 오랜 시간이 걸린다.

웨스트나일열은 아프리카와 미국 등지에서 주로 발생하는 감염병으로 역시 모기에 의해 전파된다. 급성 중추신경계 질환이다. 예방 백신이 없기 때문에 모기에 물리지 않도록 조심해야 한다.

수면병은 잠자는 병으로 알려져 있다. 째째파리(tsetse flies)가 옮기는 풍토병으로 사하라산맥 이남 북위 10도 남위 25도 사이의 열대·아열대 지방에서 유행한다. 째째파리는 흡혈 파리로 약 20종이 있다. 크기는 집파리 정도이지만 주둥이 끝에 이빨이 있으며 이 파리에 물린 경우 부기와 통증, 가려운 증상이 있으며, 임파선종대, 전신쇠약, 무력

감, 언어장애가 나타나고 혀와 손이 떨린다. 말기에는 계속 잠을 자며 결국 영양실조, 뇌염, 혼수상태로 사망하게 된다.

이와 같이 우리가 들어보지도 못한 풍토병이 많지만 현지 의료시설은 당연히 쾌적하지 않다. 세계적으로 코로나 바이러스가 유행하고 있지만 아프리카는 그와 같은 질병이 항상 곁에 있다.

현지 풍토병은 현지에서 잘 안다. 말라리아 약은 한국에서 구하기가 어려울 수도 있다. 그래서 일부 사람들은 출장 기간 중 현지 말라리아 약을 미리 구매해서 한국으로 귀환 후 문제가 있다고 판단되는 경우 현지에서 구입한 약을 복용하는 것이 좋다고 추천하기도 한다. 단기 출장이든 장기 주재든 건강은 항상 첫째로 고려해야 하고 항상 유의해야 한다.

신변 안전은 기본, 현지인에게 원한은 금물

아프리카의 밤은 매우 길다. 부족한 전력 때문에 도로의 가로등도 쉽게 구경하기 어렵다. 길도 좋지 않아서 운전하기 여간 불편한 게 아니다. 밤거리를 걸어서 돌아다니는 것은 매우 위험하다. 언제 어디서든 범죄의 타깃이 될 수 있기 때문이다. 단순한 강도는 약과일 수도 있다. 가지고 있는 현금과 핸드폰 등만 건네주면 목숨은 건지기 때문이다. 그러나 더 이상의 현금을 목적으로 납치라도 당하면 더욱 복잡해진다.

아프리카에서는 언제 어디서든 사건 사고가 빈번하다. 아프리카 어느 지역을 가더라도 교민사회에서 전설로 내려오는 강도를 포함한 흑역사 한두 건은 항상 준비되어 있다. 장소를 가리지 않는다. 집이나 길거리에서의 노상강도는 기본이며, 어디에나 항상 위험이 상존하고 있다.

탄자니아에서는 굴지의 재벌기업 총수가 납치되기도 하였다. 2018년 10월, 탄자니아 최대 부호가 헬스클럽에서 운동 후 나오다 무장 괴한들에게 납치당한 것이다. 납치된 탄자니아의 최대 부호인 무함마드 듀지(43)는 아프리카의 최연소 억만장자로 불리며, 탄자니아 최대 민간 기업인 MeTL 그룹의 수장이었다.

여러 가지 음모론과 1억 실링(약 5억 원)의 현상금까지 걸렸다. 결국 그는 납치된 지 9일 만에 풀려났다. 듀지는 직접 자신의 무사귀환을 알리며 탄자니아 수사 당국에 감사의 뜻을 표명한다. 몸값에 대한 내용은 없었고, 경찰의 수사망이 좁혀지자 체포를 우려한 납치범들이 몸값 요구를 포기한 것으로 발표되었다.

총기 난사와 같은 섬뜩한 사건도 많다. 대부분 큰 돈이 현금으로 인출되어 이동하는 시점과 관련이 있다. 탄자니아에서도 과거 현지 진출 기업에서 은행에서 직원 월급을 수령하여 회사로 귀환하던 중 무장강도로부터 총기 난사를 받았다고 한다. 운전사는 현장에서 즉사했고, 본사 파견 직원은 복부 관통상까지 입었지만 다행히 생명에는 지장에 없었다고 한다.

뿐만 아니라 단순 날치기와 같은 미미한 생계형 범죄도 많다. 탄자니아 근무 시절 몇 차례 노상강도 소식을 전해 들었다. 국제기구에 근무하던 젊은 백인 여성이 현지인에게 납치되어 강도와 함께 ATM을 섭렵하면서 현금 인출을 협박받았다. 다행히 신체적 피해는 없었지만 강도사건 이후 그녀는 본국으로 즉시 귀국하였다고 한다. 이 외에도 쇼핑센터 근처에서 일어나는 생계형 범죄, 날치기 등의 사건은 잊을 만하면 다시 발생하는 소식들이다.

노상강도는 도보하던 외국인의 가방을 날치기하는 것이 대표적인 수법이다. 주로 오토바이, 차량을 이용하여 범행을 저지른다. 이 경우 가방을 뺏기지 않으려고 강력하게 저항하는 것은 더 큰 피해를 초래할 수 있다. 아시아계 여성이 소매치기에 저항하다 뇌진탕으로 현장에서 즉사한 적도 있다. 그래서 국제학교에서도 학생 가방을 소매치기 당했지만 한쪽 어깨로만 가방을 매서 추가 피해는 없다고 밝히며, 불행 중 다행으로 생각하기도 한다. 그리고 가방을 양쪽으로 매지 말고 한쪽으로만 매도록 권고한다. 가방과 함께 몸이 차량이나 오토바이에 끌려가면서 추가 피해를 입을 수 있기 때문이다.

차량을 운전할 때도 항상 주의가 요구된다. 후진국에서는 밤길 운전 시 적신호일 때라도 위험하지 않으면 그냥 운행을 계속하는 것이 좋다. 언제 오토바이를 탄 강도가 덤벼들지 모르기 때문이다. 물론 모르는 사람이 차를 세울 때도 마찬가지다. 운행 차량에 달걀을 던지거나, 앞 유리에 잘 닦이지 않는 화학물질을 뿌려 차가 정차하기를 기다린 다음 범죄를 저지르는 사례도 있다고 한다.

현지인과의 원한은 절대 금물이다. 2018년 여름, 탄자니아에 주재 중국 주재원이 사망한 사건이 발생하였다. 언론보도에 따르면 현지 진출 기업의 본사 파견 직원인 중국인이 현지인에게 해고 통보를 하였고, 격분한 현지인은 중국인을 현장에서 살해한 것이다.

다른 사건도 있었다. 한국 주재원이 거주하던 집에 강도가 침입했다. 수법도 대범해서 아파트 5층에 거주하던 한국 주재원 집의 현관문을 통째로 뜯고 침입한 것이었다. 다행히 휴가 중 일어난 일이라 인명 피해는 없었으나 보관한 현금을 도난당했음은 말할 나위 없다.

대부분의 범죄는 사실 내부자의 공모와 관련되어 있을 가능성이 많다. 회사 자금 인출, 과다한 현금 보유 등의 내용을 잘 알고 있는 현지인의 공모 가능성이 바로 그것이다. 항상 현지인과는 멀지 않게 그렇지만 너무 가깝게 지내지 않는 것이 좋다. 이런 화를 불러올 수 있기 때문이다. 특히 운전기사, 가정부 등과의 대화에도 주의하여야 한다. 집을 장기간 비울 때도 믿을 만한 사람에게 가끔 둘러보게 하는 것도 좋은 방법이다.

출퇴근길이나 급여 인출 후에는 이동 수단과 노선에 각별하게 신경을 써야 한다. 마치 영화 속에 나오는 첩보원처럼, 일상적으로 움직이는 출퇴근 루틴을 가끔 바꾸는 것이다.

　한국을 비롯한 선진국 시장은 이미 노령화로 정체기에 접어들고 있다. 일본도 잃어버린 20년이 계속되고 있다. 천연자원이 부족한 우리나라는 수출로 경제성장을 견인하여야 한다. 지금의 주력 시장이 나중에도 지속적인 교역을 이끌어 줄 수 있는 시장일지 아무도 장담할 수 없다. 미개척 시장에 관심을 가져야 하는 이유이다.

　최근 아프리카 시장이 재조명되고 있다. 서구 열강 침탈의 역사가 아직도 남아 있지만 잠재력은 도처에 깔려 있다. 천연자원도 많고 인구도 폭발적으로 증가하고 있다. 잠재적인 모든 면에서 독보적이다. 미래 시장으로서 한국 경제성장을 이끌어줄 대안이 될 수 있다.

　아프리카의 잠재력과 시장의 가치는 제대로 평가받지 못하고 있다.

종족 간의 분쟁, 쿠데타, 장기 집권으로 이어지는 악순환은 경제성장을 방해하고 있다. 모든 국가가 그런 것은 아니다. 우리에게는 아프리카에 대한 무수한 편견만이 가득하였다. 부패, 기아, 투자 위험 요소에 대한 무수한 선입견이 우리 기업과 언론에 고착되어 있다.

아프리카를 모르는 사람은 없지만 아프리카에 대한 인식은 대부분 피상적인 수준이다. 아프리카를 마치 하나의 국가처럼 말하지만 이 대륙에 속한 나라들은 각기 다른 특징을 가지고 있다. 일부 국가는 내전으로 인해 국민이 가난과 절망 속에서 고통을 받고, 일부 현대화된 국가는 활력이 넘치고 중산층 인구가 나날이 증가하고 있다.

아프리카의 변화에서 기회를 찾아야 한다. 2050년이 되면 아프리카 대륙의 인구는 20억 명을 돌파하고 전 세계 노동 가능 인구의 25%를 보유하게 된다. 중산층의 급성장은 세계 시장으로서의 아프리카 역할을 예고하고 있다. 중국과 동남아를 대체할 수 있는 생산기지이자 최대 소비 시장이다. 세계가 아프리카를 주목하고 있다. 중국을 필두로 아프리카를 선점하기 위한 신쟁탈전이 벌어지고 있는 것이다.

이것은 우리 기업에 분명 희망적인 요인이다. 아프리카 시장에 대한 선입관에서 벗어나 다양한 소비계층과 문화를 직접 접한다면 인구 12억 명의 거대한 시장이 우리 앞에 활짝 펼쳐질 것이다.

미국과 중국을 포함하여 20년이 넘게 해외에서 한국 기업의 수출

을 지원한 필자의 경험과 아프리카에서의 주재 3년 반이 넘는 기간 동안의 생각을 독자들과 나누고 싶었다. 앞으로 아프리카를 생각하는 모든 분들에게 조금이라도 도움이 되기를 바란다.

많은 분의 도움이 이 책을 완성하는 원동력이 되었다. 재직 중인 KOTRA(대한무역투자진흥공사)의 사장님, 외국인투자 옴부즈만님, 모든 선후배님께 감사드린다. 이 책을 집필한 나의 모든 지식과 경험은 회사의 덕이다. 파키스탄, 미국, 중국, 아프리카에서 주재원으로 활동하면서 한국 기업의 수출 현장에서의 경험들이 바탕이 되었다. 서술된 내용들은 모두 아프리카와 관계된 선배의 경험과 지식에서 나온 것이다.

마지막으로 가족에게 감사한다. 국내외를 오가며 바뀌는 환경에서도 자리를 굳건히 지켜준 사랑하는 아내, 그리고 두 딸 승은과 정은에게는 항상 고마울 따름이다.

2022. 5.

저자 이홍균

부동산/재테크/창업

장인석 지음 | 17,500원
348쪽 | 152×224mm

롱텀 부동산 투자
58가지

이 책은 현재의 내 자금 규모로, 어떤 위치의 부동산을 언제 살 것인가에 대한 탁월한 분석을 펼쳐 보여 준다. 월세탈출, 전세탈출, 무주택자탈출을 꿈꾸는, 건물주가 되고 싶고, 꼬박꼬박 월세 받으며 여유로운 노후를 보내고 싶은 사람들을 위한 확실한 부동산 투자 지침서가 되기에 충분하다. 이 책은 실질금리 마이너스 시대를 사는 부동산 실수요자, 투자자 모두에게 현실적인 투자 원칙을 수립할 수 있도록 해줄 뿐 아니라 실제 구매와 투자에 있어서도 참고할 정보가 많다.

나창근 지음 | 15,000원
302쪽 | 152×224mm

나의 꿈,
꼬마빌딩 건물주 되기

'조물주 위에 건물주'라는 유행어가 있듯이 건물주는 누구나 한 번은 품어보는 달콤한 꿈이다. 자금이 없으면 건물주는 영원한 꿈일까? 저자는 현재와 미래의 부동산 흐름을 읽을 줄 아는 안목과 자기 자금력에 맞춘 전략, 꼬마빌딩을 관리할 줄 아는 노하우만 있으면 부족한 자금을 충분히 상쇄할 수 있다고 주장한다. 또한 액수별 투자전략과 빌딩 관리 노하우 그리고 건물주가 알아야 할 부동산지식을 알기 쉽게 설명한다.

박갑현 지음 | 14,500원
264쪽 | 152×224mm

월급쟁이들은 경매가 답이다
1,000만 원으로 시작해서 연금처럼 월급받는 투자 노하우

경매에 처음 도전하는 직장인의 눈높이에서 부동산 경매의 모든 것을 알기 쉽게 풀어낸다. 일상생활에서 부동산에 대한 감각을 기를 수 있는 방법에서부터 경매용어와 절차를 이해하기 쉽게 설명하며 각 과정에서 꼭 알아야 할 중요사항들을 살펴본다. 경매 종목 또한 주택, 업무용 부동산, 상가로 분류하여 각 종목별 장단점, '주택임대차보호법' 등 경매와 관련되어 파악하고 있어야 할 사항들도 꼼꼼하게 짚어준다.

초저금리 시대에도 꼬박꼬박 월세 나오는
수익형 부동산

현재 (주)기림이엔씨 부설 리치부동산연구소 대표이사로 재직하고 있으며 [부동산TV], [MBN], [한국경제TV], [KBS] 등 방송에서 알기 쉬운 눈높이 설명으로 호평을 받은 저자는 부동산 트렌드의 변화와 흐름을 짚어주며 수익형 부동산의 종류별 특성과 투자노하우를 소개한다. 여유자금이 부족한 투자자도 전략적으로 투자할 수 있는 혜안을 얻을 수 있을 것이다.

나창근 지음 | 17,000원
332쪽 | 152×224mm

주식/금융투자

북오션의 주식/금융 투자부문의 도서에서 독자들은 주식투자 입문부터 실전 전문투자, 암호화폐 등 최신의 투자흐름까지 폭넓게 선택할 수 있습니다.

주식투자
기본도 모르고 할 뻔했다

코로나 19로 경기가 위축되는데도 불구하고 저금리 기조가 계속되자 시중에 풀린 돈이 주식시장으로 몰리고 있다. 때 아닌 활황을 맞은 주식시장에 너나없이 뛰어들고 있는데, 과연 이들은 기본은 알고 있는 것일까? '삼프로TV', '쏠쏠TV'의 박병창 트레이더는 '기본 원칙' 없이 시작하는 주식 투자는 결국 손실로 이어짐을 잘 알고 있기에 이 책을 써야만 했다.

박병창 지음 | 19,000원
360쪽 | 172×235mm

하루 만에 수익 내는
데이트레이딩 3대 타법

주식 투자를 한다고 하면 다들 장기 투자나 가치 투자를 말하지만, 장기 투자와 다르게 단기 투자, 그중 데이트레이딩은 개인도 충분히 가능하다. 물론 쉽지는 않다. 꾸준한 노력과 연습이 있어야 한다. 하지만 가능하다는 것이 중요하고, 매일 수익을 낼 수 있다는 것이 중요하다. 그 방법을 이 책이 알려준다.

유지윤 지음 | 25,000원
312쪽 | 172×235mm

최기운 지음 | 18,000원
424쪽 | 172×245mm

10만원으로 시작하는
주식투자

4차산업혁명 시대를 선도하는 기업의 주식은 어떤 것들이 있을까? 이제 이 책을 통해 초보투자자들은 기본적이고 다양한 기술적 분석을 익히고 그것을 바탕으로 향후 성장 유망한 기업에 투자할 수 있는 밝은 눈을 가진 성공한 가치투자자가 될 수 있다. 조금 더 지름길로 가고 싶다면 저자가 친절하게 가이드 해준 몇몇 기업을 눈여겨보아도 좋다.

박병창 지음 | 18,000원
288쪽 | 172×235mm

현명한 당신의
주식투자 교과서

경력 23년차 트레이더이자 한때 스패큐라는 아이디로 주식투자 교육 전문가로 불리기도 한 저자는 "기본만으로 성공할 수 없지만, 기본 없이는 절대 성공할 수 없다"고 하며, 우리가 모르는 '기본'을 설명한다. 아마도 이 책을 보고 나면 '내가 이것도 몰랐다니' 하는 감탄사가 입에서 나올지도 모른다. 저자가 말해주는 세 가지 기본만 알면 어떤 상황에서도 주식투자를 할 수 있다.

최기운 지음 | 18,000원
300쪽 | 172×235mm

동학 개미
주식 열공

〈순매매 교차 투자법〉은 단순하다. 주가에 가장 큰 영향을 미치는 사람의 심리가 차트에 드러난 것을 보고 매매하기 때문이다. 머뭇거리는 개인 투자자와 냉철한 외국인 투자자의 순매매 동향이 교차하는 곳을 매매 시점으로 보고 판단하면 매우 높은 확률로 이익을 실현할 수 있다.

곽호열 지음 | 19,000원
244쪽 | 188×254mm

초보자를 실전 고수로 만드는
주가차트 완전정복

이 책은 주식 전문 블로그 〈달공이의 주식투자 노하우〉의 운영자 곽호열이 예리한 분석력과 세심한 코치로 입문하는 사람은 물론 중급자들이 놓치기 쉬운 기술적 분석을 다양하게 선보인다. 상승이 예상되는 관심 종목 분석과 차트를 통한 매수매도타이밍 포착, 수익과 손실에 따른 리스크 관리 및 대응방법 등 주식시장에서 이기는 노하우와 차트기술에 대해 안내한다.

유지윤 지음 | 18,000원
264쪽 | 172×235mm

누구나 주식투자로
3개월에 1000만원 벌 수 있다

주식시장에서 은근슬쩍 돈을 버는 사람들이 있다. '3개월에 1000만 원' 정도를 목표로 정하고, 자신만의 투자법을 착실히 지키는 사람들이다. 3개월에 1000만 원이면 웬만한 사람들 월급이다. 대박을 노리지 않고, 딱 3개월에 1000만 원만 목표로 삼고, 그것에 맞는 투자 원칙만 지키면 가능하다. 이렇게 1000만 원을 벌고 나서 다음 단계로 점프해도 늦지 않는다.

근투생 김민후(김달호) 지음
16,000원 | 224쪽
172×235mm

삼성전자 주식을 알면
주식 투자의 길이 보인다

인기 유튜브 '근투생'의 주린이를 위한 투자 노하우. 국내 최초로 삼성전자 주식을 입체분석한 책이다. 삼성전자 주식은 이른바 '국민주식'이 되었다. 매년 꾸준히 놀라운 이익을 내고 있으며, 변화가 적고 꾸준히 상승할 것이라는 예상이 있기에, 이 책에서는 삼성전자 주식을 모델로 초보 투자자가 알아야 할 거의 모든 것을 설명한다.

금융의정석 지음 | 16,000원
232쪽 | 152×224mm

슬기로운 금융생활

직장인이 부자가 될 방법은 월급을 가지고 효율적으로 소비하고, 알뜰히 저축해서, 가성비 높은 투자를 하는 것뿐이다. 그 기반이 되는 것이 금융 지식이다. 금융 지식을 전달함으로써 개설 8개월 만에 10만 구독자를 달성하고 지금도 아낌없이 자신의 노하우를 나누어주고 있는 크리에이터 '금융의정석'이 영상으로는 자세히 전달할 수 없었던 이야기들을 이 책에 담았다.

터틀캠프 지음 | 25,000원
332쪽 | 172×235mm

캔들차트 매매법

초보자를 위한 기계적 분석과 함께 응용까지 배울 수 있도록 자세하게 캔들 중심으로 차트의 원리를 설명한다. 피상적인 차트 분석이 아니라 기계적으로 차트를 발굴해서 실전에서 활용하는 데 초점을 맞춘 가이드북이다. 열심히 공부하고 노력하여 자신만의 매매법을 확립해, 돈을 잃는 투자자에서 수익을 내는 투자자로 거듭날 계기가 될 것이다.